ENCORE

TRICOLORE 1

nouvelle édition

Sylvia Honnor and Heather Mascie-Taylor

ICT Consultant: Terry Atkinson

Nelson Thornes

a Wolters Kluwer business

First published in 2000 by:
Thomas Nelson and Sons Ltd

Reprinted in 2001 by:
Nelson Thornes Ltd
Delta Place
27 Bath Road
CHELTENHAM
GL53 7TH
United Kingdom

08 09 10 / 20 19 18 17 16 15 14

A catalogue record for this book is available from the British Library

ISBN 978 0 17 440 271 8

Illustrations by Sally Artz, David Birdsall, Joan Corlass, Richard Duszczak, Clare
Hollyman, Martin Impey, Lorna Kent, Judy Musselle, David Pattison, Matt Shelley,
George Turner, John Wood
Page make-up by Pardoe Blacker

Printed and bound in China by Midas Printing International Ltd

Acknowledgements
Mr Alan Wesson
The Collège Chante Cigale in Gujan-Mestras

All schools who took part in the formal and informal research on Encore Tricolore
and provided valuable feedback, and in particular Mrs H Jones and Mrs S Hotham
of Wakefield Girls High School.

Editorial: Michael Spencer
Language consultant: Philippe Bourgeois
Cover design: G&E 2000
Picture research: Zooid Pictures Limited

Photography by:
Yann Arthus-Bertrand/Corbis UK Ltd: p9 (bottom right); p123 (natation)Robert
Estall/Corbis UK Ltd: p66 (top centre left); p68 (top left)
Owen Franken/Corbis UK Ltd: p9 (top left); p33
Sylvia Honnor: p10 (girl b); p129
Mike King/Corbis UK Ltd: p123
Office de Tourisme de la Rochelle: p9 (bottom left, top right, centre); p10
(La Rochelle); p66, p68, p76 (left, centre)
Michael Spencer: p10 (ferme); p24 (a, b, e, f); p38 (8); p49; p90; p96–97
(1, 3, 6, 10, 11, 19); p106; p123 (escalade); p124 (volley)
Adam Woolfitt/Corbis UK Ltd: p10 (Tolouse)
All other photographs by David Simson

Front Cover Photography by: Robert Estall/Corbis UK Ltd; Owen Franken/Corbis
UK Ltd; Chris Hellier/Corbis UK Ltd; Richard List/Corbis UK Ltd
Massimo Listri/Corbis UK Ltd
Back Cover Photography by: Philip Gould/Corbis UK Ltd

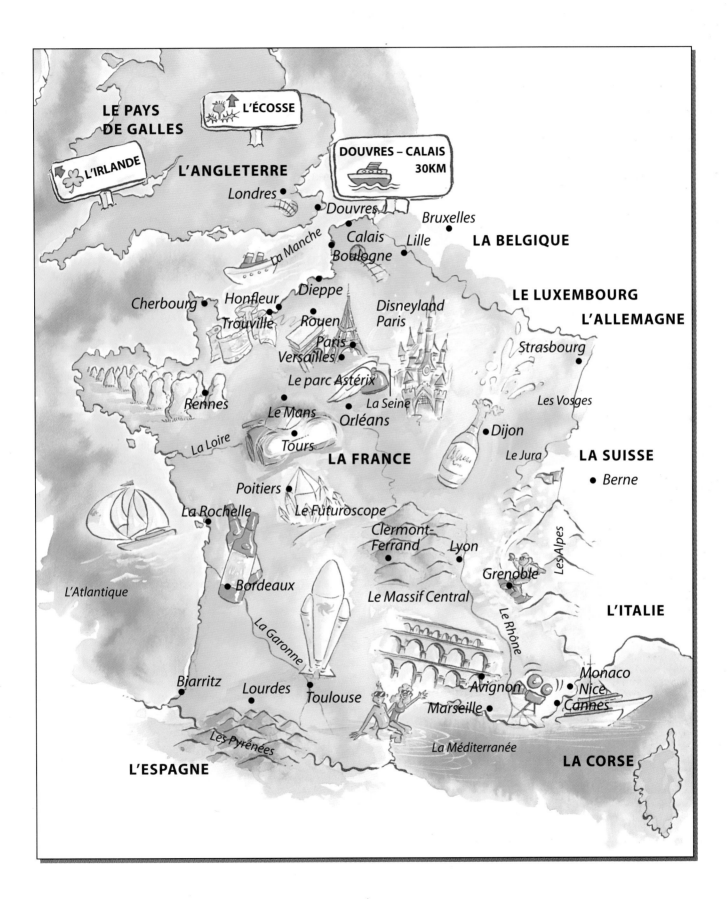

Table des matières

LES SYMBOLES:

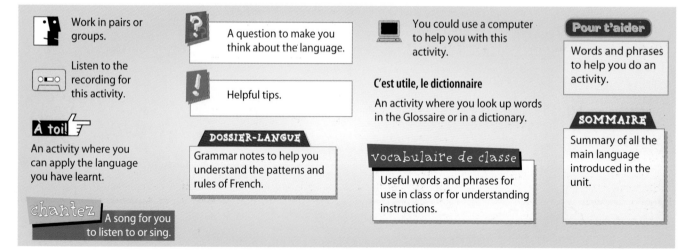

Work in pairs or groups.

Listen to the recording for this activity.

À toi!
An activity where you can apply the language you have learnt.

chantez A song for you to listen to or sing.

A question to make you think about the language.

Helpful tips.

DOSSIER-LANGUE
Grammar notes to help you understand the patterns and rules of French.

You could use a computer to help you with this activity.

C'est utile, le dictionnaire
An activity where you look up words in the Glossaire or in a dictionary.

vocabulaire de classe
Useful words and phrases for use in class or for understanding instructions.

Pour t'aider
Words and phrases to help you do an activity.

SOMMAIRE
Summary of all the main language introduced in the unit.

Table des matières

unité

1

Bonjour!

1 Bonjour!

Écoute et répète.

Bonjour Coralie.
Bonjour Sébastien.

Bonjour Monsieur Garnier.
Bonjour Jean-Marc.

Salut Olivier!
Salut Magali!

Au revoir Isabelle.
Au revoir Loïc.

2 Une conversation

Travaillez à deux.

1 Comment t'appelles-tu?

2 Je m'appelle Sophie. Et toi, comment t'appelles-tu?

3 Je m'appelle Luc.

3 Qui est-ce?

Qui est-ce? Et qui est absent?
Exemple: 1 *C'est Coralie.*

4 🔊 **Ça va?**

Écoute et écris ✔ ou ✘ pour chaque personne.
Exemple: *Nicole* ✔

😊 ✔ 😞 ✘
Ça va   Pas très
bien.   bien.

5 🔊 **Qui parle?**

Écris 1–5. Écoute la cassette.
Qui parle?
Exemple: 1 *Olivier*

Nicole

1 Lucie   2 Daniel   3 Sanjay

4 Sarah   5 Sophie   6 Marc

12 Sébastien

13 Coralie

14 Olivier

15 Magali

16 Isabelle

6 🗣 **Quel âge as-tu?**

Travaillez à deux.
Exemple:

Tu es Nicole. Quel âge as-tu?

J'ai onze ans.

1   2   3   4   5   6   7

20   8

Patrick   Christophe   Nicole   Julie

19   9

18   10

Rémi   Lucie   Daniel   Claire

17   16   15   14   13   12   11

1 🔊 Des affaires scolaires

Écris 1–13. Écoute la cassette et écris la lettre.
Exemple: 1 *c*

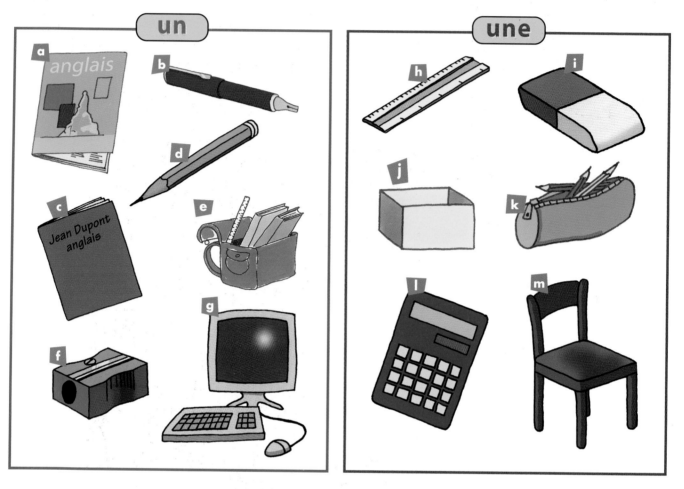

2 👤 Combien?

Travaillez à deux.
Exemple: 1

Il y a combien de ✏️ ?

Il y a 3 crayons.

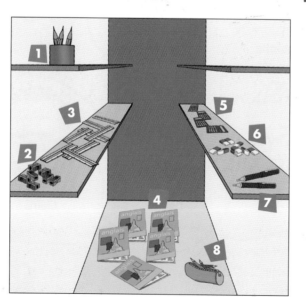

Vocabulaire de classe

Trouve les paires.
Exemple: 1 *c*

1 Écoute	**a**	*Complete / Fill in*
2 Regarde	**b**	*Write*
3 Travaillez à deux.	**c**	*Listen*
4 Réponds	**d**	*Work in pairs.*
5 Écris	**e**	*Repeat*
6 Répète	**f**	*Look*
7 Trouve	**g**	*Reply*
8 Complète	**h**	*Find*

unité 2

J'habite ici

In this unit you will learn how to ...

- say where you live and ask other people where they live
- talk about things in the classroom
- use numbers up to 30
- find out about a town in France called La Rochelle.

You will also ...

- learn the different ways of saying 'in' for houses, towns and countries.

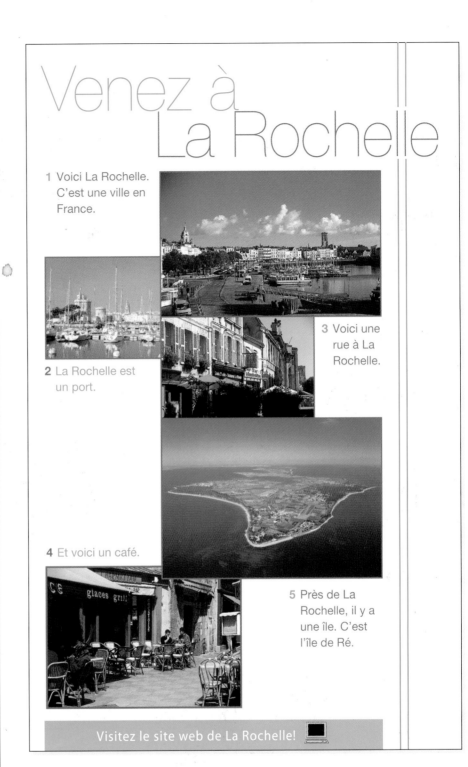

Venez à La Rochelle

1 Voici La Rochelle. C'est une ville en France.

2 La Rochelle est un port.

3 Voici une rue à La Rochelle.

4 Et voici un café.

5 Près de La Rochelle, il y a une île. C'est l'île de Ré.

Visitez le site web de La Rochelle!

1 La Rochelle

*Lis les phrases 1–8. Écris **vrai** ou **faux**.*
Exemple: 1 faux

1 La Rochelle est en Angleterre.
2 La Rochelle est une ville.
3 La Rochelle est un port en France.
4 La Rochelle est un village.

5 La Rochelle est une île.
6 L'Île de Ré est une ville en France.
7 L'Île de Ré est près de La Rochelle.
8 L'Île de Ré est en Angleterre.

1 🔊 J'habite ici

Écris 1–8. Écoute la cassette et écris la lettre.
Exemple: 1 d

a Moi, je m'appelle M. Lafitte. J'habite ici. C'est une ferme.

b Moi, j'habite ici, dans un village près de Trouville.

c J'habite ici, à Paris – c'est fantastique!

d J'habite ici, à La Rochelle.

e Moi, j'habite à Poitiers, dans un appartement.

f Je m'appelle Mme Meyer et j'habite ici, à Strasbourg.

g Moi, j'habite ici, à Toulouse.

h Je m'appelle Séverine et j'habite ici. C'est mon village.

2 Où habites-tu?

Écris des phrases complètes.
Exemple: 1 J'habite près de Cherbourg.

1 J'habite — CHERBOURG 1km

2 J'habite dans

3 J'habite dans

4 J'habite dans

5 J'habite — TOULOUSE 5km

6 J'habite dans

7 J'habite dans

8 J'habite — PARIS 8km

a une ferme.

b près de Cherbourg.

c un appartement.

d une ville.

e près de Toulouse.

f une maison.

g près de Paris.

h un village.

3 À toi!

Où habites-tu?

J'habite à (+ city, town or village) en/au (+ country).
J'habite dans (+ house, flat or farm).

Exemple: J'habite à Cardiff, au Pays de Galles. J'habite dans un appartement.

Pour t'aider

J'habite	à	Paris	en	Écosse.
		Glasgow		Angleterre.
		Londres		Irlande (du Nord).
		Dublin		France.
		Belfast		
		Cardiff	au	Pays de Galles.

4 Qui habite où?

Écoute la cassette et trouve les paires.
Exemple: 1 (Olivier) 7

1 Olivier

2 Coralie

3 Magali

4 Loïc

5 Sébastien

6 M. Garnier

7 Jean-Marc

8 Isabelle

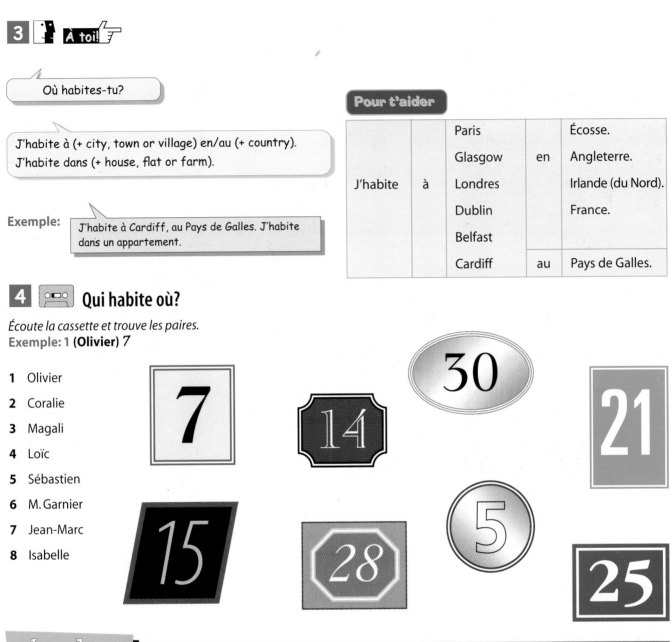

chantez

– 1, 2, 3,
Salut! C'est moi!

4, 5, 6,
J'habite à Nice.

7, 8, 9,
Dans la rue Elbeuf.

10, 11, 12,
Et toi?
– Toulouse.

13, 14, 15,
Dans l'avenue de Reims.

16, 17,
Je m'appelle Colette.

18, 19, 20,
C'est la fin!
Recommence au numéro un …

 The word for 'I' is sometimes *je*, but sometimes shortened to *j'* – can you work out why?

1 🔊 Télé-jeu: 30 secondes

Écoute la cassette. Hélène gagne quatre choses et Marc gagne six choses. Écris les numéros dans l'ordre.

Exemple:
Hélène – 1,...

2 🔊 Je pense à quelque chose

*Regarde les choses dans la section **A** et la section **B**. Écoute la cassette et note les numéros.*
Exemple: *5*

👤 *Maintenant, jouez à deux.*
Exemple:

> Je pense à quelque chose.

> C'est une chaise?

> Non. (Non, ce n'est pas ça.) ✗

ou

> Oui, c'est ça. ✔

🔊 *Regarde la section **C**. Voici des choses au pluriel. Écoute la cassette et note les numéros.*
Exemple: 1 *16*

👤 *Jouez à deux.*
Exemple:

> Je pense à quelque chose.

> Ce sont des gommes?

> Non. (Non, ce n'est pas ça.) ✗

ou

> Oui, c'est ça. ✔

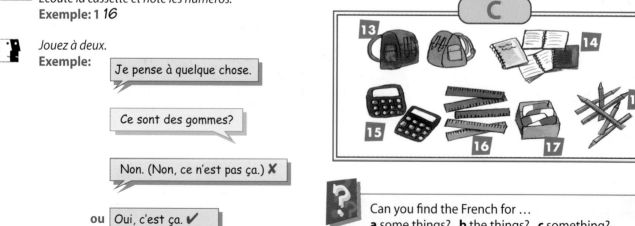

> ❓ Can you find the French for …
> **a** some things? **b** the things? **c** something?

vocabulaire de classe

Trouve les paires.
Exemple: 1 *c*

1	Asseyez-vous.	**6**	Fermez le livre.
2	Ouvrez le livre.	**7**	Rangez vos affaires.
3	Regardez les images.	**8**	Levez-vous.
4	Écoutez la cassette.	**9**	Jouez à deux.
5	Comptez.	**10**	Vrai ou faux?

a	*Play in twos.*	**f**	*Close the book.*
b	*Put away your things.*	**g**	*Listen to the cassette.*
c	*Sit down.*	**h**	*Count.*
d	*Stand up.*	**i**	*Open the book.*
e	*Look at the pictures.*	**j**	*True or false?*

SOMMAIRE

Now you can …

● **say hello and talk about your name and age**

> Bonjour! Je m'appelle Lynda. Comment t'appelles-tu? Quel âge as-tu?

> Salut Lynda! Je m'appelle Alain. J'ai 14 ans.

Hello. I'm called Lynda. What are you called? How old are you?

Hi Lynda! I'm called Alain. I'm fourteen.

● **ask people how they are and say how you are too**

> Ça va?

How are you? Okay?

> Ça va bien, merci.

Fine, thank you.

> Non, pas très bien.

No, not so good.

● **talk about where you live**

Où habites-tu?	Where do you live?
J'habite …	I live …
dans une maison	in a house
dans un appartement	in a flat
dans une ferme	in a farm
dans une ville / un village	in a town / a village
à Londres / près de Paris	in London / near Paris
en France	in France
en Angleterre	in England
en Écosse	in Scotland
en Irlande	in Ireland
au *Pays de Galles*	in Wales

● **talk about other people and places**

un/une enfant	child
une femme	woman
une fille	girl
un homme	man
un café	café
un cinéma	cinema
une rue	street

● **ask and answer a few basic questions**

Qui est-ce?	Who is it / this?
Qu'est-ce que c'est?	What is it / this?
C'est …	It is …
Ce n'est pas …	It isn't …
Ce sont …	They are …
Oui, c'est ça.	Yes, that's right.
Non, ce n'est pas ça.	No, that's not right.
Voici …	Here is / Here are …
Il y a …	There is / There are …

● **and name things in the classroom**

masculine words

un baladeur	walkman (personal stereo)
un cahier	exercise book
un cartable	schoolbag
un classeur	file
un crayon	pencil
un lecteur de CDs	CD player
un livre	book
un magnétophone	cassette player
un ordinateur (de poche)	computer (palm-top)
un sac (à dos)	bag (rucksack)
un stylo (à bille)	pen (ballpoint)
un taille-crayon	pencil sharpener

feminine words

une boîte	box (or tin)
une calculette	calculator
une chaise	chair
une fenêtre	window
une gomme	rubber
une porte	door
une règle	ruler
une table	table
une télévision	television
une trousse	pencil case

unité 3

Chez moi

In this unit you will learn how to …

- talk about your family and your home
- talk about other people's homes and families
- say where things are
- say who things belong to
- talk about the days of the week
- use numbers up to 70

You will also learn about …

- *le* and *la* ('the'), *un* and *une* ('a')
- some possessive adjectives (*mon, ma, mes* and *ton, ta, tes*)
- the singular of the verb *être* (to be)

1 🔊 Ma famille

a *Écoute la cassette et lis le texte.*

1 Je m'appelle Thomas Laurent et j'ai douze ans. Dans ma famille, il y a cinq personnes: mes parents et trois enfants.

2 Voici mon frère. Il s'appelle Daniel et il a dix ans.

3 Je m'appelle Louise et je suis la sœur de Thomas et de Daniel.

Voici ma sœur. Elle a quatorze ans.

4 Voici ma mère, Madame Claire Laurent.

5 Voici mon père, Monsieur Jean-Pierre Laurent.

b *Copie et complète.*

La famille Laurent

Le père Jean-Pierre		La ....
La fille .... 14 ans	Le fils Thomas	Le fils .... 10 ans

2 Qui est-ce?

Regarde le texte, lis les phrases et écris les noms.

Exemple: 1 *Thomas*

1 «J'ai douze ans.»

2 «J'ai quatorze ans et j'ai deux frères.»

3 «J'ai une sœur et un frère et j'ai dix ans.»

4 «Je suis le père et j'ai trois enfants.»

5 «Je suis la fille de M. et Mme Laurent. »

6 «Je suis la mère. J'ai deux fils et une fille. »

7 Il est le père de la famille.

8 Elle est la sœur de Daniel.

3 La famille Laurent

Complète la description avec les mots dans la case.

Exemple: 1 *M. Laurent est le père.*

1 M. Laurent est le ....
2 Mme Laurent est la ....
3 Il y a trois enfants dans la .... Laurent.
4 Il y a deux garçons et .... fille.
5 Thomas et Daniel sont les .... de M. et Mme Laurent
6 Il y a .... garçons dans la famille.
7 Thomas et Daniel sont les .... de Louise.
8 Louise est la .... de Daniel et de Thomas.

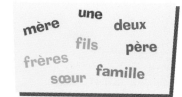
mère   une   deux   fils   père   frères   sœur   famille

Masculine and feminine

Before a **masculine** word …
- use *un* for 'a', e.g.   *un garçon*   *un livre*
- use *le* for 'the', e.g.   *le garçon*   *le livre*

Use *il* to say 'he' or 'it'.

Before a **feminine** word …
- use *une* for 'a', e.g.   *une fille*   *une calculette*
- use *la* for 'the', e.g.   *la fille*   *la calculette*

Use *elle* to say 'she' or 'it'.

4 Une grande famille

Tu as des frères et des sœurs?

Ah, oui! J'ai une grande famille.

J'ai quatre sœurs et trois frères … Voilà mes sœurs.

Ah, c'est ton petit frère, hein?

Non, c'est moi!

5 🔊 **Trois familles**

a   *Écoute la cassette et lis le texte.*

1

2

3

– Talia, tu as des frères ou des sœurs?
– Non, je suis fille unique.

– Et toi, Simon, as-tu des frères ou des sœurs?
– Non, je suis fils unique.
– Et tu habites avec ta grand-mère et ton grand-père. C'est ça?
– Oui, j'habite avec mon père et mes grands-parents.

– Et toi, Alice. Tu es enfant unique aussi?
– Non, non. Dans ma famille, il y a aussi mon demi-frère, David, et ma demi-sœur, Erika. Ils sont fantastiques!

b   *Écris* **vrai** *ou* **faux**.
Exemple: 1 *faux*
1   Talia a un frère.
2   Simon a deux sœurs.
3   Alice a un demi-frère, David.
4   Talia est fille unique.
5   Simon a un demi-frère.

6   Alice est fille unique.
7   Simon a des grands-parents.
8   Simon est fils unique.
9   David a une sœur, Erika et une demi-sœur, Alice.
10 Erika a une demi-sœur, Alice.

6 À toi! 👉

Écris une petite description de ta famille – avec des photos ou un dessin, si possible.
Exemple:

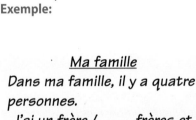

Ma famille
Dans ma famille, il y a quatre personnes.
J'ai un frère / …… frères et …… sœur / …… sœurs.
Ma sœur / Une sœur s'appelle Sarah. Elle a deux ans.
Mon frère / Un frère s'appelle ……… Il a ……… ……
ou
Je suis ……… unique.
Mon père s'appelle …………
et ma mère s'appelle ………

Pour t'aider

Regarde le Sommaire à la page 21.

DOSSIER-LANGUE

How to say 'my' and 'your'

In the work on families, three different words have been used for 'my': *mon*, *ma* and *mes*
and three similar ones for 'your': *ton*, *ta* and *tes*.
Can you work out the rule for which word to use?
Here are some clues:

> Tu habites avec tes parents, ton frère et ta sœur?

> Oui, c'est ça. J'habite avec mes parents, mon frère Alain et ma sœur Alice.

Here's the rule:

1	masculine	feminine	plural (m or f)
my	mon	ma	mes
your	ton	ta	tes

2 The correct word for 'my' or 'your' matches the word which <u>follows</u> it.

If the singular word begins with a vowel, use *mon* for 'my', *ton* for 'your' <u>even if the word is feminine</u>, e.g.

un ami – friend (masc.)	*mon ami* – my friend
	ton ami – your friend
une amie – friend (fem.)	*mon amie* – my friend
	ton amie – your friend

1 La famille Corpuscule

Complète la description de la famille avec **mon**, **ma** *ou* **mes**.
Exemple: 1 *Ma*

> Je suis Désastre Corpuscule. Voici ma famille.

1 … sœur s'appelle Enferina.

2 Voici … parents.

3 … père s'appelle Tombô.

4 … mère s'appelle Draculine.

5 … grand-père s'appelle Sangfroy.

6 … grand-mère s'appelle Mortine.

7 J'habite ici avec … parents et … grands-parents dans le château Corpuscule.

2 Des questions utiles

Tu parles à un jeune visiteur français.
Complète ces questions avec **ton**, **ta** *ou* **tes**.

Exemple: 1 *Ton*

1 … frère, comment s'appelle-t-il?
2 … sœur, comment s'appelle-t-elle?
3 … parents sont ici avec toi?
4 … collège (m), comment s'appelle-t-il?
5 Tu aimes … collège?
6 … amie, comment s'appelle-t-elle?
7 Où est … maison en France?
8 Où sont … affaires?

3 Tu as tes affaires?

La mère de Sophie a beaucoup de questions. Complète les questions et les réponses.
Attention – les mots **masculins** sont en **bleu**,
les mots **féminins** sont en **rouge**.

Exemple: 1 *ta; ma*

1 Tu as … **trousse**?
2 Tu as … **règle**?
3 Tu as … **livre** de français?
4 Tu as … **cahiers**?
5 Tu as … **crayons**?
6 Tu as … **ordinateur** de poche?
7 Tu as … **stylo**?
8 Tu as … **gomme**?
9 Tu as … **classeur**?
10 Et tu as … **sac**?

1 Oui, voici … **trousse**.
2 Oui, voici … **règle**.
3 Oui, voici … **livre**.
4 Oui, voici … **cahiers**.
5 Oui, voici … **crayons**.
6 Oui, voici … **ordinateur**.
7 Oui, voici … **stylo**.
8 Oui, voici … **gomme**.
9 Oui, voici … **classeur**.
10 Oh non! Zut! Où est … **sac**?

4 La semaine

Écoute la cassette et écris une liste dans l'ordre.

Exemple: *lundi*   Monday
....   Tuesday
....   Wednesday (etc.)

> a lundi   b samedi
> c dimanche
> d vendredi   e jeudi
> g mardi   f mercredi

5 Quel jour sommes-nous?

Écoute la cassette, écris 1–8 et la lettre du jour correct.

Exemple: 1 *e*

LUNDI — Voici une carte postale de mon frère. Il est à Nice.

MARDI — Voici le baladeur de mon frère. C'est super, hein?

MERCREDI — C'est le vélo de mon frère. J'aime le vélo!

JEUDI — Très intéressant! C'est le livre de mon frère.

VENDREDI — Où est mon cartable? Ah, je prends le sac à dos de mon frère.

SAMEDI — Je vais à la discothèque. Voici la copine* de mon frère.

DIMANCHE — Aïe! Voici mon frère!

* une copine = une amie

6 Dani et son frère

Choisis la bonne phrase.
Exemple: 1 *b*

Here is one way of saying who something belongs to in French.
*C'est le chat **de** Louise.*

1
a C'est le baladeur de Dani.
b C'est le baladeur de son frère*.

2
a C'est le sac à dos de Dani.
b C'est le sac à dos de son frère.

3
a C'est le livre de Dani.
b C'est le livre de son frère.

5
a C'est le T-shirt de Dani.
b C'est le T-shirt de son frère.

4
a C'est le vélo de Dani.
b C'est le vélo de son frère.

6
a C'est la copine de Dani.
b C'est la copine de son frère.

* son frère – *his brother*

4 la chambre de M. et Mme Laurent

5 la chambre de Thomas et de Daniel

6 la salle de bains

7 la chambre de Louise

1 le salon

2 la salle à manger

3 la cuisine

le jardin

1 La maison de la famille Laurent

Regarde le plan de la maison, écoute la cassette et lis la description.

Voici notre maison et notre jardin.

Dans la maison, il y a sept pièces: le salon, la salle à manger, la cuisine, la salle de bains et trois chambres.

Dans la chambre de mes parents, il y a un lit et un magnétophone.

Dans la chambre de mes frères, il y a deux lits et une console.

Il y a une télévision dans le salon et aussi dans les chambres de mes parents et de mes frères. Il y a aussi un téléphone dans la chambre de Maman et Papa.

Dans la salle à manger, il y a une table et cinq chaises.

Dans la cuisine, il y a une radio et un téléphone.

Dans ma chambre, il y a mon lecteur de CDs, mon ordinateur – et, regardez, sur mon lit, il y a mon chat, Mimi!

2 C'est quelle pièce?

Regarde le plan de la maison et écoute la cassette. Écris 1–9 et le numéro de la pièce.
Exemple: 1 *5*

3 Les pièces

Trouve les paires.
Exemple: 1 *b*

1 Dans la maison,	**a** dans la chambre de Thomas et Daniel.
2 Il y a un téléphone	**b** il y a sept pièces.
3 Le chat est	**c** il y a un magnétophone.
4 Dans la salle à manger,	**d** il y a une télévision.
5 Dans la chambre de Louise,	**e** il y a un lecteur de CDs.
6 Les jeux électroniques sont	**f** il y a une radio et un téléphone.
7 Dans le salon,	**g** dans la chambre de Louise.
8 Dans la chambre de M. et Mme Laurent,	**h** il y a cinq chaises et une table.
9 Dans la cuisine,	**i** dans la chambre de M. et Mme Laurent et dans la cuisine.
10 Dans la chambre de Thomas et Daniel,	**j** il y a deux lits, une console et une télévision.

4 🔊 Notre chambre

Regarde le dessin, écoute la cassette et lis la description.
Je suis Thomas Laurent et Daniel est mon petit frère.

Voici notre chambre et voici notre console avec les jeux électroniques et les manettes.

Voici mes affaires. Mes livres sont sur la table et mes crayons sont dans la boîte. Mon stylo est sur le cahier et mes classeurs sont sous la table. Et voici mon baladeur.

Mais voici les affaires de mon frère Daniel.

Où est le sac à dos? Ah oui, il est sur le lit! Dans le sac, il y a une règle et des livres. Et qu'est-ce qu'il y a sous le lit? Voilà! Le baladeur de Daniel est sous le lit. Et voici la trousse de Daniel – elle est sur la chaise. Et qu'est-ce qu'il y a dans la trousse? Regardez! Il y a une gomme dans la trousse, mais les crayons et le stylo sont sous la chaise!

5 Dans la chambre

Complète les phrases avec
sous, **sur** *ou* **dans**.
Exemple: 1 *dans*
1 La télévision est … la chambre.
2 Où est le sac à dos? Il est … le lit de Daniel.
3 Et où est la gomme de Daniel? Elle est … la trousse.
4 Et la trousse est … la chaise.
5 Les crayons de Thomas sont … la boîte et la boîte est … la table.
6 La règle de Daniel est … le sac.
7 Où est le baladeur de Daniel? Il est … le lit.
8 Et où est le baladeur de Thomas? Il est … la chaise.

6 🔊 Samedi

Écoute la cassette et lis la conversation.
C'est samedi chez la famille Laurent. Où sont les enfants?

Mme L. Où est Louise? Je pense qu'elle est dans sa chambre. Louise, tu es dans ta chambre?
Louise Oui, Maman. Je suis ici. J'écoute des CDs.
Mme L. Et Thomas? Il est dans sa chambre aussi?
Thomas Je suis dans le salon. Je regarde la télé.
Mme L. Très bien. Mais où est Daniel? Daniel, tu es dans ta chambre?
Daniel Oui, Maman, je suis dans ma chambre. Je range mes affaires.

DOSSIER-LANGUE

Être (to be)

In this unit you have met all the singular parts of a very important French verb – *être* (to be).
Can you find all four parts to complete it? They are all in the conversation above (**Samedi**).

je ……	I am	il ……	he (or it) is
tu ……	you are	elle ……	she (or it) is

Watch out for these words – they are used a lot. You will find out more about them in *Unité 5*.

1 Masculin ou féminin?

Fais deux listes en français et en anglais.

	masculin		féminin	
	français	anglais	français	anglais
Exemple:	*un livre*	*a book*	*ta gomme*	*your rubber*

> un livre   ta gomme   un crayon   ma calculette
> ton ami   un ordinateur   le cartable   ta chaise
> le baladeur   l'amie   mon grand-père   une table

2 Où est …

Trouve les paires.
Exemple: 1 c

1 Où est le chat?

2 Où est Marie?

3 Où est le cartable de Daniel?

4 Où est la maison?

5 Où est Jean-Pierre?

6 Mais, où est ma calculette?

a Elle est sur la table.

b Elle est en ville.

c Il est sur la table.

d Il est sous le lit.

e Elle est sur la chaise.

f Il est en ville.

DOSSIER-LANGUE

Masculine and feminine

All nouns in French are either masculine or feminine. You can often tell if a word is masculine or feminine because of the word which goes in front of it, e.g.

masculine	feminine
Mon frère a **un** ordinateur.	Voici **la** radio de **ta** sœur.

	masculine	feminine	beginning with vowel
a (or an)	*un*	*une*	*un/une*
the	*le*	*la*	*l'*
my	*mon*	*ma*	*mon*
your	*ton*	*ta*	*ton*

The French for 'he' is *il*.
The French for 'she' is *elle*.
But these words can also mean 'it', e.g.

*Où est **le** crayon?*
***Il** est sur la table.*
*Et voici **la** trousse.*
***Elle** est sous la table.*

3 À toi!

Fais une description de ta maison ou de ton appartement (avec une photo ou un dessin, si possible).
Exemple: Dans ma maison, il y a . **six** .
pièces: le salon, …… chambre(s), la cuisine et …
Dans la chambre de (mes parents / mon frère / ma sœur), il y a un lit et …
Il y a une télévision dans …
Il y a un téléphone dans …

Écris 2–4 phrases sur ta chambre.
Exemple: Dans ma chambre, …

Il y a ***des jeux***
électroniques.

Ma radio est ***sur la table***
(etc.)

Trouve les paires.
Exemple: 1 *c*

1	Pour vos devoirs …	**a**	*It's for a test on Friday.*
2	Copiez vos devoirs.	**b**	*Listen to the cassette.*
3	Écoutez la cassette.	**c**	*For your homework …*
4	Faites l'exercice à la page vingt.	**d**	*Read X on page 30.*
5	C'est pour lundi.	**e**	*Copy down your homework.*
6	Apprenez le vocabulaire à la page vingt-cinq.	**f**	*It's for Monday.*
7	C'est pour un contrôle, vendredi.	**g**	*Learn the vocabulary on page 25.*
8	Lisez X à la page trente.	**h**	*Do the exercise on page 20.*

SOMMAIRE

Now you can…

● **ask about someone's family**

Tu as des frères ou des sœurs?	Have you any brothers or sisters?
Tu as des grands-parents?	Have you any grandparents?

● **talk about your family**

ma famille		my family	
J'ai	un père	I have	a father
	une mère		a mother
	une sœur		a sister
	deux sœurs		two sisters
	un frère		a brother
	trois frères		three brothers
	un demi-frère		a step brother
	une demi-sœur		a step sister
	un(e) cousin(e)		a cousin
	un grand-père		a grandfather
	une grand-mère		a grandmother
	des parents		parents
	des grands-parents		grandparents
Je suis	fils unique	I am	an only son
	fille unique		an only daughter
	enfant unique		an only child
	l'ami(e) de …		the friend of …

● **say where things are**

		sur
dans	in, inside	dans
sur	on, on top of	
sous	under, underneath	sous

● **talk about your home**

Dans ma maison, il y a …	In my house there is/are …
la salle à manger	the dining room
la salle de séjour	the living room
le salon	the lounge/sitting room
la cuisine	the kitchen
la salle de bains	the bathroom
la chambre	the bedroom
un lit	a bed

● **ask and give information about people and places**

Il/Elle s'appelle comment?	What is he/she called?
Il/Elle s'appelle …	He/She is called …
Il/Elle a quel âge?	How old is he/she?
Il/Elle a … ans.	He/She is … years old.
Il/Elle habite où?	Where does he/she live?
Il/Elle habite à …	He/She lives in …
Qui est-ce?	Who's that?
C'est …	It's …

● **say who things belong to**

C'est l'ordinateur de Guy.	It's Guy's computer.
C'est le frère de Dani.	It's Dani's brother.

● **use the days of the week (*les jours de la semaine*)**

Quel jour sommes-nous? What day/date is it?

lundi	Monday	*vendredi*	Friday
mardi	Tuesday	*samedi*	Saturday
mercredi	Wednesday	*dimanche*	Sunday
jeudi	Thursday		

● **use *mon, ma, mes* (my) and *ton, ta, tes* (your)** (see page 16)

● **recognise masculine and feminine words** (see page 20)

● **use the right words for 'he', 'she', 'it'** (see page 20)

● **recognise and use the singular form of the verb *être*** (see page 19)

● **count up to 70**

0 *zéro*	7 *sept*	14 *quatorze*	21 *vingt et un*
1 *un*	8 *huit*	15 *quinze*	30 *trente*
2 *deux*	9 *neuf*	16 *seize*	31 *trente et un*
3 *trois*	10 *dix*	17 *dix-sept*	40 *quarante*
4 *quatre*	11 *onze*	18 *dix-huit*	50 *cinquante*
5 *cinq*	12 *douze*	19 *dix-neuf*	60 *soixante*
6 *six*	13 *treize*	20 *vingt*	70 *soixante-dix*

Rappel 1 unités 1-3

1 Deux conversations

Copie les conversations dans l'ordre.

1 Exemple:

– Bonjour Marc.
– ......
– ......
– ......

- Ça va, merci.
- Bonjour Suzanne, ça va?
- Bonjour Marc.
- Oui, ça va bien, merci, et toi?

2 Exemple:

– Bonjour Lucie.
– ......
– ......
– ......
– ......

- Bonjour Lucie.
- Oui, ça va bien, merci, et toi?
- Bonjour David, ça va?
- Au revoir, Lucie.
- Non, pas très bien.
Au revoir David.

2 Masculin, féminin

Écris deux listes.
Exemple:

masculin	féminin
	elle

ellefillefrèregarçonillalemamèremonpèresœurtatonununune

3 Un multi-quiz

Choisis la bonne réponse.
Exemple: 1 c

En France

1 La Rochelle est
  a un village
  b une région
  c une ville
2 Dans une maison française, le lit est souvent dans
  a la cuisine
  b la chambre
  c le salon
3 Les Alpes sont
  a des montagnes en France
  b des montagnes en Écosse
  c des montagnes au Pays de Galles

Au collège

4 Mes affaires sont dans
  a un cartable
  b un ordinateur
  c un magnétophone
5 Je range mes crayons dans
  a un classeur
  b une trousse
  c un cahier
6 Dans ma classe au collège, il y a environ 30
  a professeurs
  b magasins
  c élèves

En famille

7 Je suis un garçon. Je suis l'enfant de ta mère et de ton père. Alors, je suis
  a ton cousin   **b** ton demi-frère
  c ton frère
8 Tu n'as pas de frères et tu n'as pas de sœurs. Tu es
  a un enfant extraordinaire
  b un enfant fantastique   **c** enfant unique

Résultats du multi-quiz:

Compte un point pour chaque réponse correcte.
  6 à 8 points   Fantastique! Tu es un génie.
  4 à 5 points   Très bien. Tu as une très bonne mémoire!
  2 à 3 points   Un peu plus de concentration, s'il te plaît!
  0 à 1 point   Vite! Au travail!

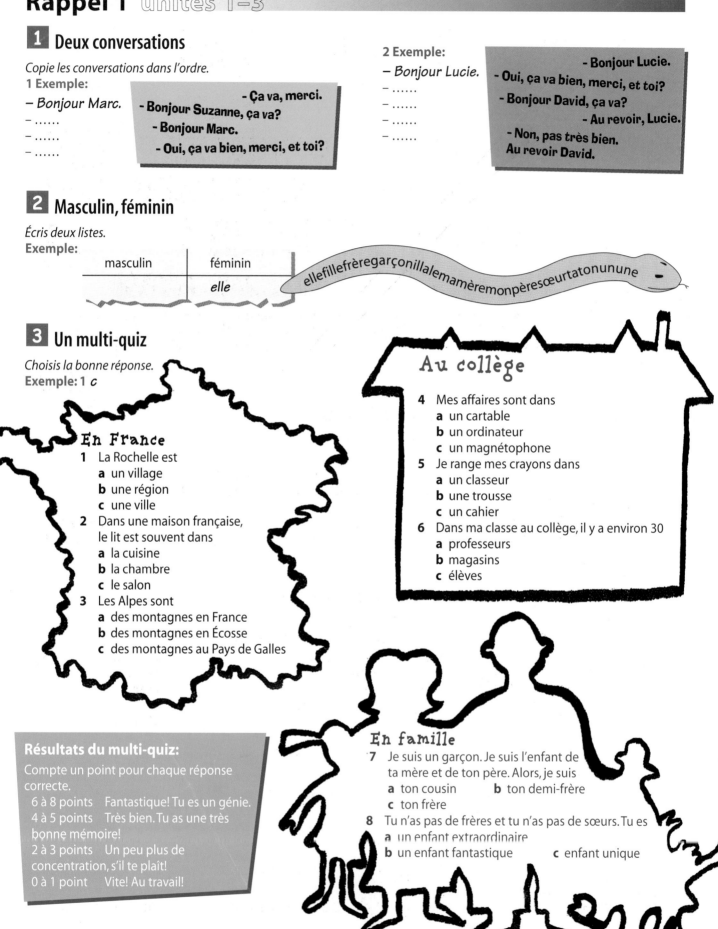

4 Le jeu des images

Trouve les paires.
Exemple: 1 *b*

1 Comptez.

2 Chantez.

3 Viens ici!

4 Jouez à deux!

5 Dans la boîte, il y a un crayon, une règle et un stylo.

6 La radio est sur la table.

7 La radio est sous la table.

8 Il y a deux crayons et une règle dans la boîte.

9 Voici une ville. C'est près de Lyon.

10 Voici un village. C'est près de Bordeaux.

5 Des descriptions

Copie et complète les phrases.
Exemple:1 *Dans la cuisine, il y a une* <u>table</u>, *une ...*

1

Dans la cuisine, il y a une`......, une
...... et un ......

2

Dans la rue, il y a des ...... et un ......

3

Voici une grande .... Dans la famille, il y a une ......, quatre...... et deux .... L... fille s'appelle Caroline. Elle a quatre ......

6 Les petits mots

Complète les phrases.
Exemple: 1 *une*

a Dans ton sac, il y a (**1** *a*) ...... calculette, (**2** *a*) ...... gomme, (**3** *your*) ...... stylo, (**4** *your*) ...... trousse et (**5** *the*) ...... crayon de (**6** *your*) ...... frère.

b Dans notre famille, il y a (**7** *my*) ...... sœur, (**8** *my*) ...... demi-frère, Martin, (**9** *my*) ...... mère et (**10** *my*) ...... père. Il y a aussi (**11** *the*) ...... chat de Martin qui habite avec nous.

7 Questions et réponses

Écris tes réponses.
Exemple: 1 *Je m'appelle Richard/Suzanne.*

1	Comment t'appelles-tu?	Je ....
2	Quel âge as-tu?	J'ai ....
3	Où habites-tu?	J'habite ....
4	Tu as des frères ou des sœurs?	....
5	Quel jour sommes-nous?	C'est ....
6	Où est le livre?	Il est ....
7	Où est la gomme?	Elle est ....
8	Où est le crayon?	Il est ....
9	Qu'est-ce que c'est?	C'est ....
10	C'est le chat de Louise?	Oui/Non, c'est ....

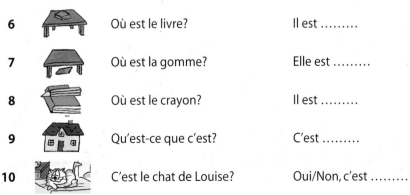

unité 4

Les animaux

In this unit you will learn how to ...

- talk about animals, especially pets
- describe animals and other things (including their colour and size)
- talk about your likes, dislikes and preferences
- use the French alphabet and ask how to spell things

You will also learn ...

- about the singular of the verb *avoir* (to have)
- how to ask questions
- how to say 'you' in French, in two different ways

---

1 Grand Concours National

Trouve les paires.
Exemple: 1 *c*

GRAND CONCOURS NATIONAL
Voici les 6 finalistes

1 Le gros chien s'appelle Samba.

2 La petite souris blanche s'appelle Minnie.

3 Le petit hamster brun s'appelle Flic.

4 Le lapin noir et blanc s'appelle Carotte.

5 Le cochon d'Inde s'appelle Dodu.

6 Le chat gris et brun s'appelle Minou.

---

2 Vote, vote, vote!

a *Tu préfères quel animal? Écris le nom.*
Exemple: *Je préfère Flic.*

b *Dans la classe, comptez les votes. Quel animal a gagné?*

c *Écris 1–3. Écoute les résultats et écris les noms.*

> To say an animal is big you normally use *gros(se)*. For people, use *grand(e)*, which can also mean 'tall' – if you use *gros(se)* it means 'fat'.

3 C'est à qui?

Regarde les animaux. Ils sont à qui? Écris les noms.
Exemple: 1 *Christophe*

1 L'oiseau bleu et vert est à …
2 Le gros oiseau bleu, rouge et jaune est à …
3 La très petite perruche jaune et bleue est à ..
4 Le cheval brun et blanc est à …
5 Le cheval noir et blanc est à …
6 Le petit poisson rouge, très mignon, est à …
7 Le gros poisson rouge, orange et blanc est à ..
8 La tarentule noire est à …

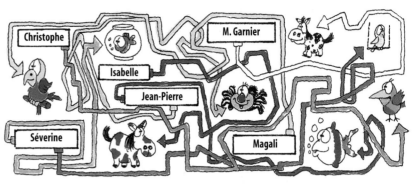

Christophe / Isabelle / Jean-Pierre / Séverine / M. Garnier / Magali

DOSSIER-LANGUE

Adjectives – how to describe animals in French

Voici un chien noir et blanc. Il est assez petit et il est très mignon.

Voici une souris blanche. Elle est assez petite et elle est très mignonne.

● The words which describe your pets (or anything else in French) must be **masculine** or **feminine** to match what they describe.
● Colours, like many other adjectives, go **after** the words they describe.
● If you want to say your pet is 'quite' big just put *assez* before the adjective.

Masculine nouns (*un/le*) must have **masculine adjectives**.
Feminine nouns (*une/la*) must have **feminine adjectives**.

Look at the descriptions above to see how this works. You can often make an adjective feminine by adding -*e* to the masculine form (unless it ends in -*e* already).

4 Des adjectifs

Copie et complète les listes.

	masculin	féminin
colours Exemple:	noir	noire
	brun	**1** *brune*
	gris	**2** ………
	blanc	blanche
	jaune	jaune
	rouge	**3** ………
size	gros	grosse
	grand	grande
	petit	**4** ………
	énorme	**5** ………
nasty	méchant	méchante
nice	mignon	mignonne

5 Les animaux de Jean-Pierre

Complète les phrases avec les mots dans la case.
Exemple: 1 *petit;* ………

 1 Voici mon chat Minuit. Il est ……… et ………

 2 Mais sa sœur Vanille est assez ……… et ………

 3 Mon poisson est très ……… Regarde ses couleurs. Il est ………, ……… et ………

 4 Regarde Arabelle, ma tarentule. Elle est ……… et ……… Et elle est ……… aussi, non?

Voici mes animaux. J'ai deux chats, un poisson et une tarentule. J'aime le poisson et j'aime beaucoup les chats, mais j'adore la tarentule! Elle est mignonne!

petit   grosse   noir   noire   blanc   blanche   grosse   rouge   orange   mignonne   gros

1 🔲 Trois interviews

Lucie

Est-ce que tu as un animal à la maison?

J'ai un perroquet. Il s'appelle Piko.

David

J'ai une tortue. Elle s'appelle Vitesse.

Écoute les interviews et réponds **oui** *ou* **non** *à ces questions.*
Exemple: 1a *Oui.*

1 Jean-Paul
   a Est-ce que Jean-Paul a un animal à la maison?
   b Est-ce que le chien de Jean-Paul est gros?
   c Est-ce qu'il est noir et blanc?

2 Charlotte
   a Est-ce que Charlotte a un chat?
   b Est-ce que le frère de Charlotte a un animal?
   c Est-ce que Charlotte habite dans un village?

3 Mme Bernard
   a Est-ce que Mme Bernard a beaucoup d'animaux?
   b Est-ce qu'elle habite dans une ville?
   c Est-ce qu'elle aime les animaux?

DOSSIER-LANGUE

Asking questions

There are lots of ways of asking questions in French, but one of the easiest is just to put the expression *Est-ce que …* in front of a sentence.

Look at the questions below and notice how *Est-ce que …* has just been added to an ordinary sentence to ask a question.

Look and see what happens when *Est-ce que …* is followed by a vowel.

---

2 Questions et réponses

Voici des questions. Trouve les réponses (**a–h**).
Exemple: 1 *d*

> **1** Est-ce que tu as un lapin?
> **2** Est-ce que tu aimes les chats?
> **3** De quelle couleur est ton lapin?
> **4** Comment s'appelle-t-il?
> **5** Comment ça s'écrit?
> **6** Et ta tortue, comment s'appelle-t-elle?
> **7** Elle est comment?
> **8** Elle a quel âge?

> **a** Oui, j'aime beaucoup les chats.
> **b** Il s'appelle Mickey.
> **c** Il est noir et blanc.
> **d** Oui, j'ai un lapin.
> **e** Ça s'écrit M-I-C-K-E-Y.
> **f** Elle a un an.
> **g** Elle est très grosse.
> **h** Elle s'appelle Lulu.

---

3  Inventez des conversations

Travaillez à deux. Lisez les conversations. Puis changez les mots en couleur. Choisissez les mots dans les cases.

Conversation 1
Exemple:

- *Est-ce que tu as un animal à la maison?*

- *Oui, j'ai un chien.*

– Est-ce que tu as un animal à la maison?
– Oui, j'ai **un hamster**.
– Comment s'appelle-t-il?
– Il s'appelle **Toto**.
– Comment ça s'écrit?
– Ça s'écrit T-O-T-O.
– Il a quel âge?
– Il a **trois** ans.
– Il est comment?
– Il est très **gros**.

Conversation 2
Exemple:

- *Est-ce que tu as un animal à la maison?*

- *Non, moi, je n'ai pas d'animal. Mais mon amie a une souris.*

– Est-ce que tu as un animal à la maison?
– Non, moi, je n'ai pas d'animal. Mais mon ami(e) a **une gerbille**.
– Comment s'appelle-t-elle?
– Elle s'appelle **Fifi**.
– Comment ça s'écrit?
– Ça s'écrit F-I-F-I.
– Elle a quel âge?
– Elle a **un** an.
– Elle est comment?
– Elle est **petite**.

un lapin
un chat
un chien
un hamster
un cochon d'Inde
un oiseau
un poisson …

Noiraud
Néron
César
Pirate
Minou
Tigre
Toto

un, deux, trois, quatre …

Minette, Mimi, Fifi, Lulu, Blanchette, Mathilde

une souris   une tortue
une gerbille   une tarentule

gros(se)
petit(e)
mignon(ne)
méchant(e)
blanc(he)
noir(e)
brun(e) …

4 À toi!

Est-ce que tu as un animal à la maison?

Oui? *Alors écris une petite description de ton animal (avec une photo ou un dessin, si possible). Si tu veux, écris la description sur l'ordinateur.*

Exemple: J'ai **un chien.**
Il s'appelle **Rover.**
Il a **trois** ans.
Il est **brun et blanc.**
J'aime beaucoup **mon chien.**
Il est **mignon.**

Non? *Tu n'as pas d'animal? Alors …*

a *Dessine un animal et invente une description.*

Exemple: Voici **un chat.**
Il s'appelle **Astérix.**
(etc.)

ou

b *Écris la description de l'animal d'un(e) ami(e).*

Exemple:
Mon ami, David a **une tortue.**
Elle s'appelle **Cléo.**
Elle a **deux** ans. (etc.)

5 📼 **C'est quelle phrase?**

*Écoute les conversations et choisis la bonne phrase (**a** ou **b**).*
Exemple: 1 a

1 a Simon a un perroquet.
 b Simon a une perruche.
2 a Suzanne a un frère.
 b Suzanne a deux frères.
3 a Christophe a une amie qui s'appelle Alice.
 b Christophe a une sœur qui s'appelle Alice.
4 a Sophie a une télévision dans sa chambre.
 b Sophie n'a pas de télé dans sa chambre.
5 a Michel a une console dans sa chambre.
 b L'ami de Michel n'aime pas les jeux électroniques.
6 a Il y a un ordinateur dans la salle de classe d'Alain.
 b Il n'y a pas d'ordinateurs dans la salle de classe d'Alain.

DOSSIER-LANGUE

Avoir (to have)

In this unit you have met all the singular parts of another important French verb – *avoir* (to have).

Can you find all four parts to complete it? They are all in the conversation opposite.

*j' ……	I have
tu ……	you have
il ……	he (or it) has
elle ……	she (or it) has

* In this case, *je* (I) has been shortened to *j'*. Why do you think this is?

Watch out for this verb – it is used all the time. You will find out more about it in *Unité 5*.

French people use the verb *avoir* to say their age. They seem to be saying that they 'have' so many years.

> Quel âge **as**-tu?

> J'**ai** douze ans.

> Et ta sœur?

> Elle **a** seize ans.

---

6 À toi!

a *Invente quatre phrases.*
b *Invente deux questions à poser à ton (ta) correspondant(e).*

J'ai	un	frère(s)	
As-tu	une	sœur(s)	
Est-ce que tu as	des	cousin(s)	
Ma sœur a	deux	ordinateur(s)	
Mon frère a	beaucoup de (d')	jeux électroniques	(?)
Mon ami(e) a		chat(s)	
		chien(s)	
		animal (animaux)	
		CD(s)	

1 Des animaux extraordinaires

a *Écoute et lis la description.*

b *Lis les phrases et écris **vrai** ou **faux**.*

Exemple: 1 *vrai*

1 Éric aime les animaux.
2 Le chien de Marc aime la télévision.
3 Blanco (le chat) n'aime pas beaucoup la radio.
4 Il préfère la télévision.
5 Blanco aime beaucoup la musique.
6 Jules (le perroquet) adore la musique.
7 Néron n'aime pas les chats.
8 Il préfère les perroquets.
9 Il adore la musique.
10 Il déteste le football.

Je m'appelle Éric Garnier. J'habite dans une ferme, près de Toulouse. J'aime beaucoup les animaux, mais à la maison, il y a des animaux extraordinaires … par exemple, il y a Télé – c'est le petit chien noir de mon frère, Marc. Il s'appelle Télé parce qu'il adore la télévision.

Et il y a aussi Blanco, le petit chat de Maman. Naturellement, il s'appelle Blanco parce qu'il est blanc. Il déteste la télévision, mais il aime beaucoup la radio et il adore la musique.

Eh bien, Télé aime la télévision, mais Blanco préfère la radio … voilà, c'est très bien … mais non! Ce n'est pas très bien parce qu'il y a aussi Jules et quelquefois, il y a Néron. Jules est le perroquet de ma sœur, Claire. Il est petit et très mignon, mais il n'aime pas la télévision, il n'aime pas la radio et il déteste la musique.

Et Néron, qui est-il? Eh bien … Néron est un gros chien noir et blanc. C'est le chien de mon grand-père et il est très méchant. Il déteste les chats, il déteste les perroquets, il déteste la radio, il déteste la musique et il n'aime pas beaucoup le chien de Marc. Alors, qu'est-ce qu'il aime, Néron? Il aime deux choses … mon grand-père et le football … à la télévision, naturellement! Il adore ça!

2 Des opinions

Écoute les trois conversations et écris le numéro et la lettre.

Exemple: 1 *a*

Daniel
1 ♡ Il aime …
2 ✗ Il n'aime pas …
3 ♡ ✔ Il préfère …

Luc
4 ✗✗ Il déteste …
5 ♡ Il aime …
6 ♡ ✔ Il préfère …

Mireille
7 ♡ – Elle n'aime pas beaucoup …
8 ✗✗ Elle déteste …
9 ♡ Elle aime …
10 ♡♡ Mais elle adore …

a la musique
b les hamsters
c les jeux électroniques
d les chiens
e le football
f la télévision
g le tennis
h la radio
i les souris
j les chevaux

3 A toi!

Qu'est-ce que tu aimes? Complète les phrases.

1 ♡ J'aime …
2 ♡ + J'aime beaucoup …
3 ♡♡ J'adore …
4 ♡ – Je n'aime pas beaucoup …
5 ✗ Je n'aime pas …
6 ♡ ✔ Je préfère …
7 ✗✗ Je déteste …

Exemples: 1 *J'aime les oiseaux.*
5 *Je n'aime pas les poissons.*

Pour t'aider

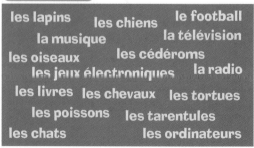

les lapins   les chiens   le football
la musique   la télévision
les oiseaux   les cédéroms
les jeux électroniques   la radio
les livres   les chevaux   les tortues
les poissons   les tarentules
les chats   les ordinateurs

4 Qui dit ça?

Regarde les images et trouve la bonne bulle.
Exemple: 1 *g*

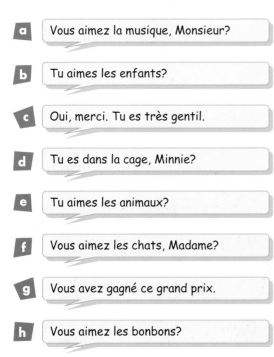

DOSSIER-LANGUE

You

In French there are two ways to say 'you' – *tu* and *vous*.
Use the informal word **tu** …

1 for a friend
2 for someone your own age or younger
3 for an animal

Use the more formal word **vous** …

4 for two or more people
5 for an older person
6 for someone you don't know well

Look back at the cartoon captions to see how this works.

Find an example from the captions for each of the six different uses of *tu* and *vous*.

For example, **1** (using *tu* for a friend) is caption **e**.

a Vous aimez la musique, Monsieur?

b Tu aimes les enfants?

c Oui, merci. Tu es très gentil.

d Tu es dans la cage, Minnie?

e Tu aimes les animaux?

f Vous aimez les chats, Madame?

g Vous avez gagné ce grand prix.

h Vous aimez les bonbons?

chantez

L'alphabet

Moi, je sais l'alphabet.
Écoute, est-ce que c'est bon?
ABCDEFGH …
    Ça continue comment?
Moi, je sais l'alphabet.
Écoute, est-ce que c'est bon?
ABCDEFGH
IJKLMNOP …
    Ça continue comment?
Moi, je sais l'alphabet.
Écoute, est-ce que c'est bon?
ABCDEFGH
IJKLMNOP
QRSTUVW …
    Ça continue comment?

Moi, je sais l'alphabet.
Écoute, est-ce que c'est bon?
ABCDEFGH
IJKLMNOP
QRSTUVW
XYZ …
    Ça continue comment?
Idiote, c'est tout, c'est bon!
ABCDEFGH
IJKLMNOP
QRSTUVW
XYZ

1 Combien d'animaux?

Il y a combien d'animaux sur le dessin?
Exemple: 1

> Il y a combien de hamsters?

> Il y a trois hamsters.

1 Il y a combien de hamsters?
2 Il y a combien de chiens?
3 Il y a combien d'oiseaux?
4 Il y a combien de chats?
5 Il y a combien de souris?
6 Il y a combien de poissons?
7 Il y a combien de lapins?

2 La chasse à l'intrus

Quel mot ne va pas avec les autres?
Exemple: 1 *vingt*

1 lundi, mardi, mercredi, vingt
2 cinq, dix, oui, vingt
3 un chien, une maison, une souris, un lapin
4 un crayon, un garçon, une règle, une boîte
5 gris, jaune, noir, gros
6 la cuisine, la sœur, le frère, le père
7 un magasin, une maison, un appartement, une tortue
8 Angleterre, Paris, France, Écosse
9 cinquante, soixante, treize, trente
10 quinze, vingt, quarante, soixante

é (e with an acute accent)

This accent is very common in French words. It shows how the letter is pronounced.

If you are spelling a word aloud in French, you say *e, accent aigu*.

Try spelling these words aloud:

1 *écoute*
2 *écris*
3 *magnétophone*
4 *numéro*
5 *télévision*
6 *unité*
7 *téléphone*

Can you find four or more words with *e accent aigu (é)* on pages 30 and 31?

Do you know how to write *é* on your computer or word processor?

a *Décide si le professeur parle à toute la classe –*
   tu écris **classe** *– ou à un(e) élève – tu écris* **élève**.

b *Écris l'anglais pour chaque phrase.*

Exemple: 1 *classe – Listen carefully.*

1 Écoutez bien.
2 Copiez ces mots.
3 Lève-toi.
4 Viens ici.
5 Répétez après moi.
6 Écris ton nom.
7 Vérifiez vos réponses.
8 Lis à haute voix.
9 Chantez!
10 Regardez le tableau.

SOMMAIRE

Now you can...

● **talk about animals and pets**

Est-ce que tu as un animal à la maison?	Have you a pet at home?
Oui, j'ai un chat/ chien/etc.	Yes, I have a cat/dog/etc.

Remember: *je* (or *j'*) means 'I', e.g.

je préfère	I prefer
j'ai	I have
j'aime	I like

les animaux	animals/pets
un chat	cat
un cheval	horse
un chien	dog
un cochon d'Inde	guinea pig
un hamster	hamster
un lapin	rabbit
un oiseau	bird
un perroquet	parrot
un poisson (rouge)	(gold) fish
une souris	mouse
une tortue	tortoise

● **describe animals and other things, especially their colour and size**

De quelle couleur est-il/elle?	What colour is he/she/it?
Il/Elle est gris(e).	He/She/It is grey.
Est-ce qu'il/elle est gros(se)?	Is he/she/it big?
Il/Elle est gros(se).	He/She/It is big
Il/Elle est comment?	What is he/she/it like?
Il/Elle est petit(e).	He/she/It is small

les couleurs		colours
masculin	féminin	
noir	noire	black
bleu	bleue	blue
brun	brune	brown
vert	verte	green
gris	grise	grey
rouge	rouge	red
blanc	blanche	white
jaune	jaune	yellow

la taille		size
Il est (très)	grand.	He is (very) big/tall.
Elle est (assez)	grande.	She is (quite) big/tall.
petit	petite	small
gros	grosse	big, fat
énorme	énorme	enormous

● **other qualities**

Il est méchant.	He is bad/naughty.
Elle est méchante.	She is bad/naughty.
Il est mignon.	He is sweet/cute.
Elle est mignonne.	She is sweet/cute.

● **say what you like/dislike/prefer**

Est-ce que tu aimes …?	Do you like …?
♡ ♡ J'adore …	I love …
♡ + (Oui), j'aime beaucoup …	I like … a lot
♡ J'aime …	I like …
♡ ✔ Je préfère …	I prefer …
♡ – (Non), je n'aime pas beaucoup …	I don't like much …
✘ (Non), je n'aime pas …	I don't like …
✘ ✘ Je déteste …	I hate …

● **say 'you' correctly in French** (see page 29)

● **use the French alphabet and ask how to spell things**

– Comment tu t'appelles?	What is your name?
– Hortense.	Hortense.
– Comment ça s'écrit?	How do you spell that? / How's it written?
– H-O-R-T-E-N-S-E.	H-O-R-T-E-N-S-E.

● **ask questions in French** (see page 26)

To make a sentence into a question, add *Est-ce que* to the beginning, e.g.

Est-ce que tu habites dans une maison?	Do you live in a house?
Est-ce que vous aimez le sport?	Do you like sport?

● **recognise and use the singular form of the verb** *avoir* (see page 27)

Henri ou Henriette?

1 Cet été, M. et Mme Martin décident d'adopter un chat perdu. Ils consultent l'Internet et Mme Martin téléphone à la Société pour la Protection Animalière (SPA). Le lendemain matin, M. Simon, un membre de la société, arrive avec un chat très mignon.

Voilà Henri, Madame. Pendant une semaine, fermez les portes et les fenêtres et gardez votre chat dans la maison.

Oui, oui, Monsieur, et merci. Henri est fantastique!

2 M. et Mme Martin sont contents. Ils aiment Henri. Henri aussi semble content. Mais … une nuit, Mme Martin laisse une petite fenêtre ouverte.
Le lendemain matin, hélas, Henri n'est pas là.

Ils cherchent dans la maison, ils cherchent dans le jardin. Henri n'est pas là! Finalement, ils téléphonent à la SPA.

3 M. Simon n'est pas content. Il arrive chez les Martin avec une grande cage.

Cette nuit, laissez la cage ouverte avec du poisson ici. Quand le chat entre dans la cage, la porte ferme.

4 Les Martin laissent la cage et le poisson devant la porte de la cuisine. Le lendemain matin, il y a des cris terribles.

Quel désastre! C'est le chat de la famille Dupont.

5 Cette nuit, on laisse la cage devant la porte encore une fois et, le lendemain matin, il y a encore un animal dans la cage – mais cette fois, c'est un hérisson!

M. et Mme Martin sont désespérés! Cette nuit, ils ne laissent pas la cage devant la porte. Mais…

6 … le lendemain matin, M. Martin entre dans la cuisine et il écoute. Derrière la porte, il y a des cris. «Miaou, miaou, miaou!»
Il ouvre la porte – et voilà! Henri!

Michèle, Michèle, viens vite! Notre chat est ici! Mais ce n'est pas Henri – c'est Henriette!!

le lendemain – *the next day*
le lendemain matin – *the next morning*

Deux comptines

Les enfants français aiment les comptines. Voici deux comptines populaires.

Un, deux, j'ai pondu deux œufs

«Un, deux, j'ai pondu deux œufs»,
dit la poule bleue.

«Un, deux, trois,
j'en ai pondu trois», répond l'oie.

«Quatre, cinq, six, sept,
j'en ai pondu sept»,
s'écrie la poulette.

«Huit et neuf, qu'il est beau,
mon œuf!»

Le Pont Neuf

Un, deux, trois, quand il fait froid,
Quatre, cinq, six, comme exercice,
Sept, huit, neuf, sur le Pont Neuf,
Dix, onze, douze, chantons ce blues:
Un, deux, trois, quand il fait froid.

comptine – *counting rhyme, nursery rhyme*
pondre un œuf – *to lay an egg*

Le Pont Neuf est un pont à Paris.
neuf = *new*, mais ce pont est très, très vieux!

Flash-Web

Les Extra-terrestres

Ma famille est la famille Extra-terrestre.
Mes parents sont Monsieur et Madame Extra-terrestre.
Mon père s'appelle Planète.
Ma mère s'appelle Lune.
Mon frère s'appelle Jupiter.
Ma sœur s'appelle Vénus.
Et je m'appelle Mars, mais Katie, ma correspondante anglaise, m'appelle «Bar».
Je ne sais pas pourquoi!

Ma sœur est stupide. Elle dit que, sur l'Internet, elle a un correspondant extra-terrestre!

Est-ce que Katie est là? Je suis son correspondant!

Internet et les extra-terrestres

Problème
Si les extra-terrestres désirent communiquer avec nous, est-ce que nous allons trouver et comprendre les messages?

Solution
Oui, oui! C'est bien possible. Voici le gigantesque radiotélescope à Porto Rico – le plus grand télescope du monde. L'antenne circulaire est de plus de 300m de diamètre.
Avec ce télescope, on explore les signaux radio. Si un signal est très, très fort et pas naturel, ce télescope l'identifie comme un signal extra-terrestre.
Fantastique, non?! Alors, ET, téléphone-nous … et vite!

Des fêtes et des festivals

In this unit you will learn how to …

- ask for and give the date
- discuss important events in the year
- talk about some clothes
- talk about birthdays and presents

You will also use …

- the full present tense of the verb *être* (to be)
- the plural form of words (nouns and adjectives)
- the full present tense of the verb *avoir* (to have)

a
janvier
20
St Sébastien
match de football

b
février
14
St Valentin

c
février
15
St Claude
le Mardi gras

d
mars
9
Ste Françoise
match de rugby

e
avril
22
St Alexandre

f
mai
25
Ste Sophie
Fête des Mères

g
juin
21
St Rodolphe
*1er jour de l'été
Fête de la musique*

h
juillet
17
Ste Charlotte
anniv. de Christophe

i
août
11
Ste Claire
concert

1 🔊 C'est quelle date?

Écris 1–12. Regarde les extraits du calendrier. Écoute la cassette et écris la bonne lettre.
Exemple: 1 h

2 Des dates importantes

Écris le mois correct.
Exemple: 1 février

1 Cette année, le Mardi gras, c'est le quinze …
2 La Saint-Valentin, c'est le lundi quatorze …
3 Le concert à l'Olympia, c'est le jeudi dix-huit …
4 L'autre concert, c'est le vendredi onze …
5 Le match de football, c'est le samedi vingt …
6 Le film au Club des Jeunes, c'est le mercredi treize …
7 Cette année, la Fête des Mères, c'est le dimanche vingt-cinq …

3 👤 C'est quand?

Travaillez à deux.
Exemple: 1

> Le Mardi gras, c'est quand?

> C'est le quinze février.

1 Le Mardi gras, c'est quand?
2 La Fête de la Musique, c'est quand?
3 La Sainte-Sylvie, c'est quand?
4 Le match de rugby, c'est quand?
5 L'anniversaire de Christophe, c'est quand?
6 La surprise-partie chez Roland, c'est quand?

4 Les jours de la semaine

Copie et complète avec les voyelles.
Exemple: 1 lundi

1 l_nd_
2 m_rd_
3 m_rcr_d_
4 j_ _d_
5 v_ndr_d_
6 s_m_d_
7 d_m_nch_

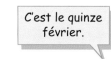

Which two letters appear together in all the days of the week? These two letters come from the Latin word *dies* – day.

i septembre **15** St Roland *surprise-partie chez Roland*

k octobre **18** St Luc *concert à l'Olympia*

l novembre **5** Ste Sylvie

m décembre **6** St Nicolas

n décembre **13** Ste Lucie *film, Club des Jeunes*

5 Bonne fête

Bonne fête

Ma fête est le vingt janvier. Voici mes cartes.

Bonne fête, Sébastien!

Je m'appelle Françoise. Ma fête, c'est le neuf mars. Voici mes cadeaux.

Sur un calendrier français, il y a un nom pour chaque jour. Quels sont ces noms? Ce sont les noms des saints. Pour chaque jour de l'année, il y a une fête pour un saint ou une sainte et pour toutes les personnes qui ont le même prénom.

Par exemple, si tu t'appelles Roland, la date de la Saint-Roland, le 15 septembre, c'est ta fête.

Si tu t'appelles Sophie, ta fête, c'est le 25 mai. Ta famille, et quelquefois des amis, t'offrent des cartes et des cadeaux pour ta fête. Génial, non?

*Lis l'article **Bonne fête** et regarde les extraits du calendrier. C'est quand, la fête de ces personnes?*
Exemple: 1 *C'est le 18 octobre.*

1 Luc
2 Sophie
3 Alexandre
4 Sylvie

5 Roland
6 Lucie
7 Claude
8 Nicolas

9 Charlotte
10 Claire

6 Les mois de l'année

Écris le mois.
Exemple: 1 *mars*

1 janvier, février, ……
2 ……, mai, juin
3 juillet, ……, septembre
4 octobre, ……, décembre
5 le premier mois
6 le dernier mois
7 un mois avec trois lettres
8 un mois avec neuf lettres

Regarde les jours saints sur le Net.

The last four months of the year end in -er in English. What is their ending in French?

1 🔊 Le Mardi gras

*Écoute la cassette. Écris 1–8 et choisis **a** ou **b**.*
Exemple: 1 *b*

1 C'est
 a le 5 février
 b le 15 février.
2 C'est
 a l'anniversaire de Luc
 b Mardi gras.
3 Beaucoup de jeunes sont
 a à la discothèque
 b dans la rue.
4 Ils sont
 a déguisés
 b en jean et en T-shirt.
5 Un garçon est déguisé comme
 a le Père Noël
 b Dracula.
6 Une fille est déguisée comme
 a un perroquet
 b une souris.

La discothèque
Le Hibou
mardi 15 février

- Grande soirée Carnaval •
- Concours de costumes •
- Entrée gratuite à toutes les personnes déguisées •

7 Deux filles sont déguisées comme
 a des chats noirs
 b les deux méchantes sœurs.
8 Le fantôme, c'est
 a Olivier
 b Simon.

2 C'est qui?

Christophe, c'est toi? Tu es Dracula?

Oui, oui, c'est Christophe. Et Jean-Pierre est le dragon. Ils sont horribles, non?

Roseline, c'est qui? Ah oui. Elle est déguisée en clown.

Voici Sébastien. Il est Batman.

Où sont mes sœurs? Ah, voilà! Vous êtes les deux sœurs de Cendrillon, non?

Mon frère et moi, nous sommes tous les deux des animaux. Moi, je suis un perroquet et mon frère Luc est un lapin.

Aujourd'hui, c'est Mardi gras. Toutes ces jeunes personnes sont déguisées. Il y a Luc et sa sœur, Coralie. Il y a Sébastien et ses cousins, Olivier et Roseline. Il y a aussi la famille Lambert, Anne-Marie, sa sœur, Suzanne, et ses frères, Christophe et Jean-Pierre.

Comment sont-ils déguisés?
Lis les bulles et complète les phrases.
Exemple: 1 *Coralie est le perroquet*

1 … est le perroquet.
2 … est le lapin.
3 … est Batman.
4 … est le fantôme.
5 … est le clown.
6 … est Dracula.
7 … est le dragon.
8 … sont les deux sœurs de Cendrillon.

DOSSIER-LANGUE

Être (to be – I am, you are etc.)

The verb *être* (to be) is one of the most common verbs in French. You have been using parts of it since *Unité 1*. Look at **C'est qui?** and see if you can find some of the different parts.

The present tense is set out here in full. Verbs are often set out in this way, so you can easily see which part of the verb goes with the subject (I, you, he, she, we, you, they). This pattern of setting out verbs is known as a **paradigm**.

The French subject pronouns are shown in **bold** type.

singular		plural	
je suis	I am	*nous* sommes	we are
tu es	you are (friendly or informal)	*vous* êtes	you are (polite or formal)
il est	he (or it) is	*ils* sont	they are (masculine or mixed group)
elle est	she (or it) is	*elles* sont	they are (feminine group)

With a name or a noun, e.g. *César, ma mère* etc. use the same part of the verb as for *il/elle*. If there is more than one name or a plural noun, e.g. *mes amis*, use the part that goes with *ils/elles*.

3 C'est moi!

Trouve les paires.
Exemple: 1 *g*

1 Je …
2 Mon anniversaire …
3 Ma mère …
4 Mon père …
5 Mes amis …
6 Nous …
7 César, mon chat, …
8 Et toi, tu …
9 Vous …

a sommes dans la même classe.
b êtes en vacances ici?
c est assez grand.
d est petite.
e es français?
f est noir et blanc.
g suis enfant unique.
h est le 23 août.
i sont Sophie et Luc.

4 Des photos

On regarde les photos de Mardi gras. Complète les bulles et écris les verbes dans ton cahier.
Exemple: 1 *Vous êtes*

Ça, c'est vous deux. Vous ⬚1 horribles!

Voilà, ça, c'est moi. Mais je ⬚2 fantastique! Et ça, c'est toi, Suzanne. Tu ⬚3 superbe!

Regarde, ça, c'est Jean-Pierre et moi. Nous ⬚4 splendides. Moi, je ⬚5 extra! Jean-Pierre aussi. Il ⬚6 génial, non?

Anne-Marie. Regarde les garçons. Ils ⬚7 extraordinaires!

Mais ça. Qui est-ce?

C'est Coralie et Roseline. Elles ⬚8 amusantes, non? Coralie ⬚9 le perroquet et Roseline ⬚10 le clown.

1 **L'année en France**

Écoute et lis.

L'année en France

1. Le premier janvier, c'est le jour de l'An. On dit «Bonne année» à des amis.

2. Le six janvier, c'est la Fête des Rois. Nous mangeons un gâteau spécial ce jour-là. Le gâteau s'appelle la galette des rois.

4. Le premier avril, on fait des poissons d'avril. Ça, c'est amusant!

3. Au mois de février ou de mars, il y a le Mardi gras. On mange des crêpes. Dans certaines villes, comme à Nice par exemple, il y a un grand carnaval.

5. En mars ou en avril, il y a Pâques. On mange des œufs en chocolat … et aussi des lapins et des poules en chocolat. Hmm, c'est bon. J'aime bien le chocolat.

6. Puis en mai, il y a la Fête des Mères. Les enfants donnent une carte ou des fleurs à leur mère.

7. Et le 14 juillet, c'est la Fête Nationale. Il y a un défilé dans la rue. Et le soir, il y a souvent un feu d'artifice.

8. Au mois d'août, c'est les vacances. Ça, c'est bien.

9. Au mois de septembre, c'est la rentrée. La nouvelle année scolaire commence.

10. Enfin, il y a Noël. La fête de Noël commence le 24 décembre. Nous allons à l'église. Nous chantons des chants de Noël. Le Père Noël apporte des cadeaux aux enfants. On dit «Joyeux Noël» à tous.

2 C'est utile, le dictionnaire

Écris ces mots dans l'ordre alphabétique.
Cherche les mots dans le Glossaire.
Écris (m) – masculin, ou (f) – féminin.
Écris l'anglais.
Exemple: *cadeau (m) = present*

œuf   feu d'artifice
fleur   église
poule   cadeau   défilé

5 Des cartes pour toutes les fêtes

Choisis la bonne carte …
Exemple: 1 *c*

1   pour l'anniversaire de ton père.
2   pour la fête de ton ami(e) français(e).
3   pour le nouvel an.
4   pour Pâques.
5   pour Noël.
6   pour l'anniversaire d'un(e) ami(e) qui aime surfer sur le Net.
7   pour la Fête des Mères.

3 C'est quel mois?

Écris les bons mois.
Exemple: 1 *en mars ou en avril*

1   On dit «Joyeuses Pâques».
2   On fête le Mardi gras.
3   Il y a le jour de l'An.
4   On dit «Joyeux Noël».
5   Il y a la Fête Nationale.
6   On dit «Bonne Année».
7   Il y a la Fête des Rois.

4 C'est quelle fête?

Travaillez à deux.
Exemple: 1

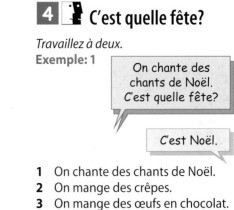

On chante des chants de Noël. C'est quelle fête?

C'est Noël.

1   On chante des chants de Noël.
2   On mange des crêpes.
3   On mange des œufs en chocolat.
4   On regarde le défilé.
5   On donne une carte à sa mère.
6   On ouvre des cadeaux.
7   On mange la galette des rois.

1 Des vêtements

*Trouve les paires. Écris les mots en
anglais et en français.*
Exemple: 1 *trousers = un pantalon*

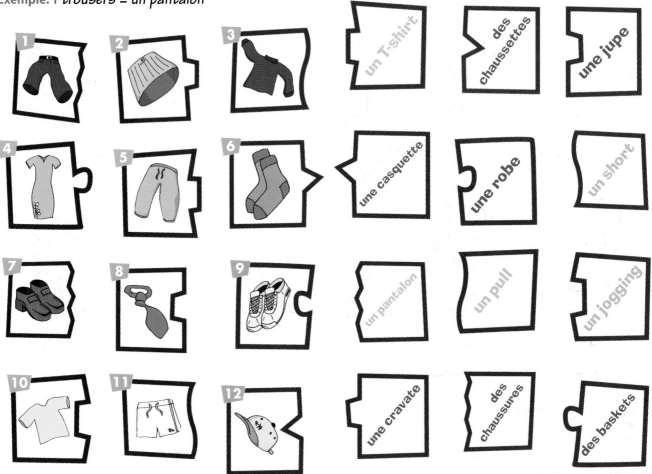

DOSSIER-LANGUE

Plurals

Look at these examples to see how you say that there is
more than one of something.

singular	plural	singular	plural
un pull	des pulls	le sac	les sacs
une chaussette	des chaussettes	la jupe	les jupes
un élève	des élèves	l'enfant	les enfants

Plural means more than one. In French, as in English,
you usually add -s to the word that is in the plural, but
in spoken French you can't normally hear the -s on the
end of a word.

If a word already ends in -s, then there is no change in
the plural.

une souris	des souris

What do *un* and *une* change to in the plural?
What happens to *le, la* and *l*?
A few words have a special plural ending in -x.
Like the -s ending, it is not spoken.

un cadeau	des cadeaux
un jeu	des jeux
un animal	des animaux

Any plurals not ending in -s are normally given in a
dictionary.

2 🔊 On parle des vêtements

a *Écris 1–6. Écoute la cassette et trouve le bon dessin.*
Exemple: 1 *Thomas*

| Luc | Marc | Lucie | Claire | Thomas | Julie |

b *Lis les phrases et regarde les jeunes. C'est **vrai** ou **faux**?*
Exemple: 1 *faux*

1 Marc porte un pantalon brun.
2 Claire porte une robe rouge.
3 Thomas porte un short bleu.
4 Julie porte des chaussures blanches.
5 Luc porte des chaussettes noires.
6 Thomas porte une casquette.
7 Julie porte un T-shirt jaune.
8 Lucie porte un pull bleu.
9 Marc a une cravate verte dans sa poche.
10 Lucie porte une jupe grise.

c *Qu'est-ce qu'on porte? Complète les descriptions des vêtements.*
Exemple: 1 *deux pulls, un pull gris, un pull rouge*

1 Luc porte deux ......, un ...... gris et un pull ......
2 Il porte aussi un ...... noir et des ...... rouges.
3 Claire porte une ...... verte et des ...... vertes.
4 Thomas porte un T-shirt ......, un ...... vert et une ......
5 Julie porte un ...... bleu, un ...... rouge et des ...... blanches.
6 Marc porte un pantalon ......, un pull ...... et dans sa poche, il a une ...... bleue.

3 C'est au pluriel?

Trouve les cinq mots au pluriel.
Exemple: 2 ...

1 la porte
2 les fenêtres
3 les baskets
4 une souris
5 un pantalon
6 des chaussures
7 mes animaux
8 ton ami
9 l'anniversaire
10 des casquettes

4 C'est utile, le dictionnaire

Écris ces mots dans l'ordre alphabétique.
Cherche les mots dans le Glossaire.
Écris le mot au singulier et au pluriel.
Écris (m) – masculin, ou (f) – féminin.
Écris l'anglais.
Exemple: *bateau, bateaux (m)=boat*

chapeau
oiseau
grand-mère
château
gâteau
bateau
petit-fils

Find two words in *On parle des vêtements* which are plural in English but singular in French.

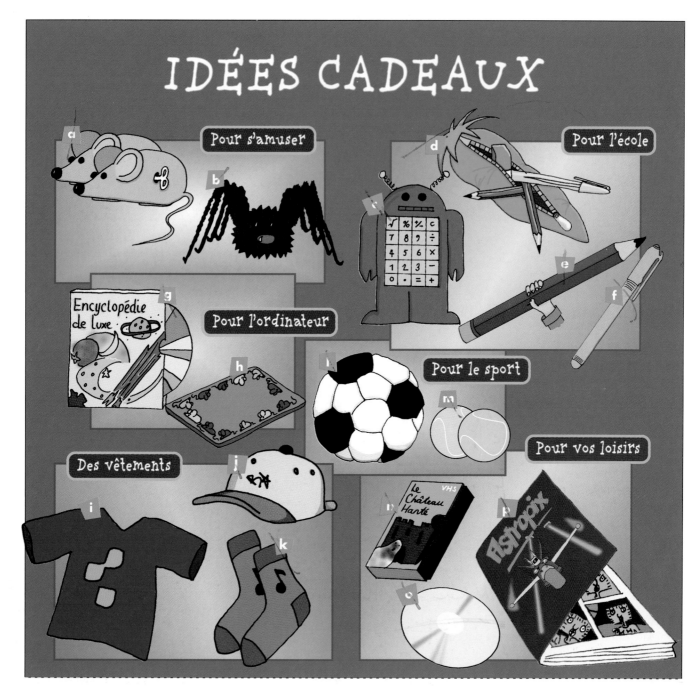

IDÉES CADEAUX

Pour s'amuser

Pour l'école

Pour l'ordinateur

Pour le sport

Pour vos loisirs

Des vêtements

Encyclopédie de luxe

Le Château Hanté VHS

Astropix

1 🔲 Vous cherchez un cadeau?

Écoute la cassette. On parle de huit cadeaux illustrés sur la page. Écris 1–8 et note la lettre qui correspond à chaque cadeau mentionné.
Exemple: 1 *a*

2 La légende

Regarde la liste alphabétique de tous les cadeaux illustrés. Note la lettre qui correspond.
Exemple: 1 *m*

Légende			
1 des balles de tennis	**5** une casquette	**10** un crayon géant	**14** une tarentule en plastique
2 un ballon de football	**6** une cassette vidéo	**11** des souris en plastique	
3 une BD (bande dessinée)	**7** un CD	**12** un stylo	**15** une trousse en forme de carotte
4 une calculette	**8** un cédérom	**13** un tapis d'ordinateur	
	9 des chaussettes fantaisie		**16** un T-shirt

3 C'est pour offrir

*Regarde les **Idées cadeaux** à la page 42 et choisis un cadeau pour chaque personne.*

Exemple: 1 *Une tarentule en plastique.*

1 Henri aime faire des poissons d'avril.
2 Daniel aime les maths.
3 Claire aime dessiner.
4 Karim aime les BDs.
5 Lucie joue souvent au tennis.
6 Sanjay adore le football.
7 Élodie aime les vêtements amusants.
8 Luc adore jouer sur l'ordinateur.
9 Choisis un cadeau pour toi.

4 L'anniversaire de Marc

*Écoute la conversation, lis les phrases et écris **a**, **b**, ou **c**.*

1 C'est quand, l'anniversaire de Marc?
   a le 1er février
   b le 1er juillet
   c le 11 février

2 Quel âge a-t-il?
   a 11 ans
   b 12 ans
   c 13 ans

3 Comme cadeaux, il a …
   a un T-shirt
   b un short
   c un pull

4 et …
   a une cassette vidéo
   b une raquette de tennis
   c une tarentule

5 Le cadeau de Daniel est …
   a un CD
   b une calculette
   c une bande dessinée

5 Inventez des conversations

Travaillez à deux. Lisez la conversation. Puis changez les mots en couleur.

a
– Salut!
– Salut!
– C'est quand ton anniversaire?
– C'est aujourd'hui, **le premier février.**
– Ah! Bon anniversaire. Quel âge as-tu?
– Aujourd'hui, j'ai **treize** ans.
– Qu'est-ce qu'on t'a offert?
– On m'a offert **un T-shirt** et **une raquette de tennis.**

b
– Il est de quelle couleur, **le T-shirt**?
– Il est **vert**.
– Et **la raquette**?
– Elle est **noire**.

le premier février	une raquette de tennis
le deux mars	une casquette
le trois avril	une trousse
le quatre mai etc.	une calculette
	une cassette vidéo
	une bande dessinée

treize douze onze dix neuf

un T-shirt	un ballon de football
un tapis	
un pantalon	un jeu
un sac	un CD

le T-shirt		
le pull	noir vert	
le pantalon	bleu jaune	
le sac	rouge blanc	noire bleue rouge verte jaune blanche

la raquette de tennis
la casquette
la trousse
la calculette

c *Lisez la conversation, puis changez le cadeau.*
– Bon anniversaire!
– Salut!
– Voici un petit cadeau pour toi.
– C'est très gentil. **Une bande dessinée**! Merci beaucoup.
– De rien.

1 Des cadeaux de Noël

Voilà des cadeaux pour la famille Clément. Il y a beaucoup de paquets.
Lis le texte et note la bonne lettre.

Exemple: 1 *c*

1 Mme Clément a un paquet seulement, mais elle est très contente. Dans son paquet, il y a des chaussures très élégantes.
2 Roseline adore le tennis. Elle a deux paquets. Dans un paquet, il y a une nouvelle raquette de tennis et dans l'autre paquet, il y a des balles de tennis.

3 Olivier est très content. Il a deux grands paquets. Dans un paquet, il y a des jeux électroniques et dans l'autre, il y a une bande dessinée.
4 M. Clément a deux paquets aussi. Il aime la musique et dans un paquet, il y a trois CDs. Dans l'autre paquet, il y a des chaussettes avec le Père Noël dessus – ça, c'est amusant.
5 Même le chat est content. Il a deux petits paquets – une balle et une souris en coton.

DOSSIER-LANGUE

Using adjectives (singular and plural)

An adjective is a word which tells you more about a noun. In French, adjectives agree with the nouns they describe, which means that they are masculine, feminine, singular or plural to match the noun.
Many adjectives follow a regular pattern.

singular		plural	
masculine	**feminine**	**masculine**	**feminine**
grand	*grand**e***	*grand**s***	*grand**es***

Adjectives which already end in *-e* (with no accent) have no different feminine form:

utile	utile	util**es**	util**es**

Adjectives which already end in *-s* have no different masculine plural form:

français	français**e**	français	français**es**

Some adjectives double the last letter before adding an *-e* for the feminine form:

bon	bon**ne**	bon**s**	bon**nes**

Some adjectives are irregular and you need to learn each one separately. The irregular forms are normally given in a dictionary in the French-English section.

blanc	blan**che**	blanc**s**	blan**ches**
nouveau	nou**velle**	nouve**aux**	nou**velles**

> Try learning irregular adjectives with a noun,
> e.g. *une souris blanche, une nouvelle chanson.*

2 Merci pour les cadeaux

Lis les phrases. Choisis le bon mot.
Exemple: 1 *électroniques*

1 J'adore les jeux (électronique / électroniques).
2 Marc aime beaucoup les chaussettes (rouges / rouge).
3 Le livre est très (intéressant / intéressante).
4 Ma sœur est très (content / contente) de son cadeau.
5 Elle aime beaucoup les (petite / petits) animaux en porcelaine.
6 Les crayons sont toujours (utile / utiles).
7 La casquette (verte / vertes) est super.
8 Les chaussures sont très (élégante / élégantes).
9 Je suis très content de mon (nouveau / nouvelle) cédérom.
10 Papa adore sa cravate (musicale / musicales).

3 Cherche des adjectifs

Trouve cinq adjectifs au pluriel sur cette page.
Exemple: *utiles*

4 Combien d'animaux?

Tous ces animaux sont sur le dessin, mais il y en a combien?
Exemple: 1 *Il y a* deux *cochons d'Inde noirs.*

1 Un cochon d'Inde noir.
2 Un chat noir.
3 Un lapin blanc.
4 Un gros chien.
5 Une petite souris brune.

6 Un perroquet vert.
7 Un poisson rouge.
8 Un hamster jaune.
9 Une perruche bleue.

5 Un message de Nicole

Merci de ton message. Tu demandes si nous avons des animaux à la maison. Oui, nous avons beaucoup d'animaux.

Toute la famille adore les animaux. Moi, j'ai un petit hamster. Il est très mignon. Mes frères ont deux lapins blancs. Ma sœur a un cochon d'Inde brun. Nous avons aussi un grand chien, Napoléon, et une chatte grise, Joséphine.

Heureusement, nous avons une maison avec un grand jardin. Est-ce que vous avez aussi des animaux à la maison?

Qu'est-ce que tu as dans ta chambre? Moi, j'ai mon lit, une table, une chaise etc. et un baladeur. Pour Noël, je voudrais un nouveau jeu électronique. J'aime beaucoup jouer à l'ordinateur. Et toi?

Nicole :-)

a *Lis le message et trouve …*
5 adjectifs
4 animaux
3 meubles
2 membres de la famille
1 appareil électrique

b *Écris un message sur tes animaux, ta maison et ta chambre.*

Exemple:

J'aime beaucoup les animaux.
Nous avons ...
Notre maison est ... et nous avons ...
Dans ma chambre, j'ai ...

DOSSIER-LANGUE

Avoir (to have)

The verb *avoir* (to have) is another very common verb, which you have been using since *Unité 1*. Can you find each of the six different parts in the message from Nicole?

Here it is in full:

singular		plural	
j'ai	I have	*nous* avons	we have
tu as	you (friendly or informal) have	*vous* avez	you (polite or formal) have
il a	he (or it) has	*ils ont*	they (masculine or mixed group) have
elle a	she (or it) has	*elles ont*	they (feminine) have

1 Des cadeaux

Tout le monde a un cadeau.
Mais qu'est-ce qu'ils ont?

1 Mme Lambert a …
2 M. Lambert a …
3 Moi, j'ai …
4 Toi, Christophe, tu as …
5 Les filles, vous avez …
6 Nous avons …
7 Les deux frères ont …
8 Les deux sœurs ont …

2 Chez nous

Choisis le bon mot.
Exemple: 1 *Nous avons*

Nous _____ (**1** avons/a/ont) un petit appartement au centre-ville. Dans l'appartement, nous _____ (**2** avez/ai/avons) une salle de séjour, une cuisine, une salle de bains et trois chambres. Nous _____ (**3** a/avons/ont) aussi un garage. Et vous, comment est votre maison? Est-ce que vous _____ (**4** ai/a/avez) un jardin? Dans ma chambre, j' _____ (**5** a/ai/ont) une chaîne hi-fi, mais ma sœur _____ (**6** as/a/ont) un ordinateur dans sa chambre et mes frères _____ (**7** avons/avez/ont) une console. Et toi, qu'est-ce que tu _____ (**8** ai/as/a) dans ta chambre? Écris-moi vite.

Thomas

3 Une conversation

Complète les phrases. Écris les verbes dans ton cahier.
Exemple: 1 *as-tu*

– Quel âge (**1**)……-tu?
– J'(**2**)…… douze ans. Et toi?
– Moi, j'(**3**)…… onze ans. Est-ce que tu (**4**)…… des frères ou des sœurs?
– Oui, j'(**5**) …… une demi-sœur, mais je n'(**6**) …… pas de frères. Ma sœur (**7**)…… cinq ans. Et toi?
– J'(**8**)…… un frère. Il (**9**)…… quatorze ans.
– Est-ce que vous (**10**) …… un animal à la maison?
– Oui, nous (**11**) …… un chien. Et vous?
– Nous (**12**) …… un chien et deux chats.

4 🎞 Des cadeaux pour Suzanne

Écoute la cassette. Lis le résumé et écris le mot qui manque.
Choisis un mot dans la case.
Exemple: 1 *janvier*

C'est le 29 (**1**) …… . C'est (**2**) …… de Suzanne. Elle a (**3**) …… ans. Les amis de Suzanne arrivent à la maison avec des (**4**) …… . Ce sont des (**5**) …… . Le cadeau de ses (**6**) …… est aussi un CD. Pauvre Suzanne. Elle (**7**) …… beaucoup le groupe Citron Pressé. C'est son groupe (**8**) …… Mais elle a (**9**) …… de CDs de la même musique.

quinze	beaucoup	janvier	l'anniversaire	
favori	parents	CDs	aime	cadeaux

5 À toi! ✍

Écris une liste de six personnes (famille ou amis).
Pour chaque personne, écris la date de son anniversaire.
Choisis un cadeau pour chaque personne.

Exemple:

Nom	Date de son anniversaire	Cadeau
Alex	*le 27 décembre*	*une console*

vocabulaire de classe

Trouve les paires.
Exemple: 1 *e*

1 Écris le mot qui manque.
2 Trouve le bon dessin.
3 Choisis le bon mot.
4 Complète les phrases.
5 Lis le résumé.
6 Note la bonne lettre.
7 C'est vrai ou faux?
8 Écris les verbes dans ton cahier.
9 Changez les mots en couleur.

a Complete the sentences.
b Is it true or false?
c Choose the right word.
d Change the words in colour.
e Write the missing word.
f Read the résumé.
g Find the right picture.
h Note down the right letter.
i Write the verbs in your exercise book.

SOMMAIRE

Now you can . . .

● **ask for and give the date**

Le combien sommes-nous?	What's the date?
Nous sommes le deux mai.	It's the 2nd of May.
Quelle est la date aujourd'hui?	What's the date today?
C'est le trente août.	It's the 30th of August.
C'est quand, le concert/ le match?	When is the concert/ the match?
C'est le mardi premier juin.	It's Tuesday the first of June.
C'est quand, ton anniversaire?	When is your birthday?
C'est le dix-neuf juillet.	It's the 19th of July.
Quelle est la date de ton anniversaire?	When is your birthday?
Mon anniversaire est le quinze mars.	My birthday is on the 15th of March.

● **les mois**

janvier	mai	septembre
février	juin	octobre
mars	juillet	novembre
avril	août	décembre

● **talk about special days**

le jour de l'An	New Year's Day
la Fête Nationale	Bastille Day (14th July)
Pâques	Easter
Noël	Christmas
Mardi gras	Shrove Tuesday

● **understand and give greetings**

Bonne année	Happy New Year
Joyeuses Pâques	Happy Easter
Joyeux Noël	Happy Christmas
Bon anniversaire	Happy Birthday
Bonne fête	Best Wishes on your Saint's Day

● **talk about presents**

Voici un petit cadeau pour toi/vous.	Here is a little present for you.
C'est très gentil.	That's very kind of you.
Merci beaucoup.	Thank you very much.
De rien.	It's nothing.
Qu'est-ce qu'on t'a offert?	What were you given?
On m'a offert des vêtements.	I was given clothes.

● **les vêtements**

baskets (f pl)	trainers
casquette (f)	baseball hat, cap
chaussette (f)	sock
chaussure (f)	shoe
cravate (f)	tie
jogging (m)	jogging trousers
jupe (f)	skirt
pantalon (m)	trousers
robe (f)	dress
short (m)	shorts
pull (m)	jumper
T-shirt (m)	T-shirt

● **use the verb *être*** (see page 37)
● **use the verb *avoir*** (see page 45)
● **use plurals** (see page 40)
● **use adjectives** (see page 44)

Rappel 2 unités 4–5

1 5-4-3-2-1

Trouve …
  cinq couleurs
  quatre animaux
  trois vêtements
  deux adjectifs
  une fête

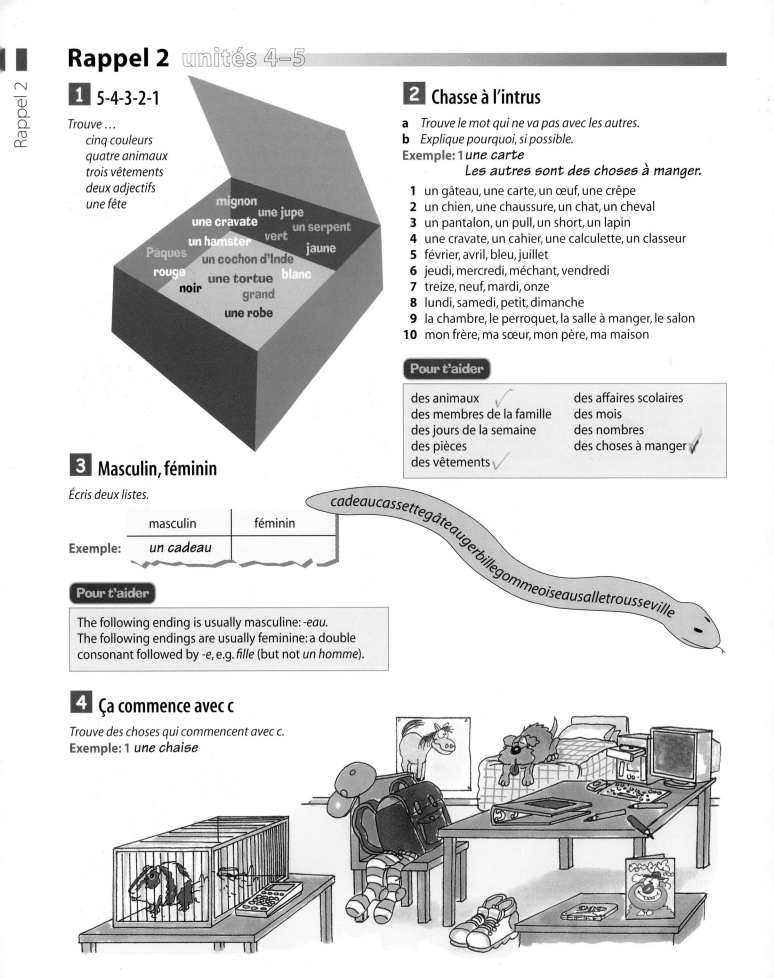

mignon
une jupe
une cravate
un serpent
un hamster
vert
jaune
Pâques
un cochon d'Inde
rouge
une tortue
blanc
noir
grand
une robe

2 Chasse à l'intrus

a *Trouve le mot qui ne va pas avec les autres.*
b *Explique pourquoi, si possible.*
Exemple: 1 *une carte*
         Les autres sont des choses à manger.

1 un gâteau, une carte, un œuf, une crêpe
2 un chien, une chaussure, un chat, un cheval
3 un pantalon, un pull, un short, un lapin
4 une cravate, un cahier, une calculette, un classeur
5 février, avril, bleu, juillet
6 jeudi, mercredi, méchant, vendredi
7 treize, neuf, mardi, onze
8 lundi, samedi, petit, dimanche
9 la chambre, le perroquet, la salle à manger, le salon
10 mon frère, ma sœur, mon père, ma maison

> **Pour t'aider**
>
> | | |
> |---|---|
> | des animaux ✓ | des affaires scolaires |
> | des membres de la famille | des mois |
> | des jours de la semaine | des nombres |
> | des pièces | des choses à manger ✓ |
> | des vêtements ✓ | |

3 Masculin, féminin

Écris deux listes.

masculin	féminin
Exemple: un cadeau	

cadeaucassettegâteaugerbillegommeoiseausalletrousseville

> **Pour t'aider**
>
> The following ending is usually masculine: -*eau*.
> The following endings are usually feminine: a double
> consonant followed by -*e*, e.g. *fille* (but not *un homme*).

4 Ça commence avec c

Trouve des choses qui commencent avec c.
Exemple: 1 *une chaise*

5 L'année en France

Complète les phrases.
Exemple: 1 *janvier*

1 Le premier _ _ _ _ _ _ _ , c'est le jour de l'an.
2 Le premier jour de l'été, c'est le 21 _ _ _ _ .
3 Pâques, c'est quelquefois en _ _ _ _ et quelquefois en _ _ _ _ _ .
4 Le premier _ _ _ _ _ , on fait des poissons d'avril.
5 En _ _ _ , il y a la Fête des Mères en France.
6 Au mois de _ _ _ _ _ _ _ ou de _ _ _ _ , il y a le Mardi gras.
7 Le quatorze _ _ _ _ _ _ _ , c'est la Fête Nationale en France.
8 Et le vingt-cinq _ _ _ _ _ _ _ _ , c'est Noël.
9 Le mois d' _ _ _ _ , c'est le mois des vacances.
10 Mais en _ _ _ _ _ _ _ _ _ , c'est la rentrée.
11 Au mois d' _ _ _ _ _ _ _ , c'est déjà l'automne.
12 Le onze _ _ _ _ _ _ _ _ , c'est l'armistice*.

* l'armistice – *Remembrance Day*

7 Questions et réponses

a *Complète les questions avec* **ton**, **ta** *ou* **tes**.
Exemple: 1 *ton*

1 Quel est … jour favori?
2 Quel âge a … frère?
3 De quelle couleur est … maison?
4 Est-ce que … ville est grande?
5 Comment s'appellent … amis?
6 Est-ce que … parents sont profs?

b *Complète les réponses avec mon, ma ou mes.*
Exemple: a *ma*

a Oui, … ville est assez grande.
b … amis s'appellent André et Lucie.
c … jour favori est le dimanche.
d Oui, … parents sont profs.
e … maison est blanche.
f … frère a treize ans.

c *Trouve les paires.*
Exemple: 1 *c*

6 Beaucoup de cadeaux

Décris les cadeaux.
Exemple: 1 *Le pull est vert.*

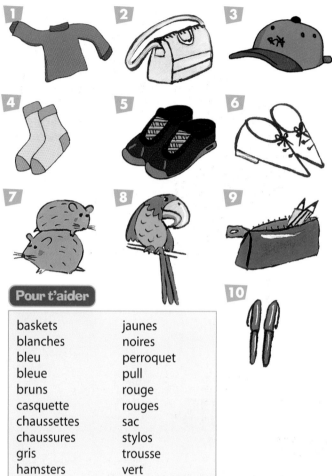

Pour t'aider

baskets	jaunes
blanches	noires
bleu	perroquet
bleue	pull
bruns	rouge
casquette	rouges
chaussettes	sac
chaussures	stylos
gris	trousse
hamsters	vert

8 Charles

Complète les phrases avec la forme correcte du verbe **avoir** *ou* **être**.
Exemple: 1 *Je suis*

1 Je … anglo-français.
2 Mon père … français et ma mère … anglaise.
3 J'… douze ans.
4 J'… un frère et une sœur.
5 Mon frère … quinze ans.
6 Il … assez grand.
7 Ma sœur … sept ans.
8 Elle … petite.
9 Nous … aussi deux chiens.
10 Ils … gros, mais ils … gentils.
11 Mes amis … Marc et Jean.
12 Nous … dans la même classe au collège.

unité

6

Qu'est-ce que tu fais?

In this unit you will learn how to …

- talk about the weather
- understand simple weather information
- talk about the seasons
- talk about sport and other leisure activities
- say what you do at weekends and in bad weather

You will also …

- use some regular *-er* verbs
- use numbers 0–100
- learn about French accents

1 Le temps en France

Consulte la carte. Lis les phrases et écris **vrai** *ou* **faux**.

Exemple: 1 *faux*

1 Il fait beau à Paris.
2 Il pleut à Lille.
3 Il fait mauvais à Nice.
4 Il y a du vent à Bordeaux.
5 Il neige à Dieppe.
6 Il fait mauvais à La Rochelle.
7 Il y a du brouillard à Rennes.
8 Il y a du soleil à Strasbourg.

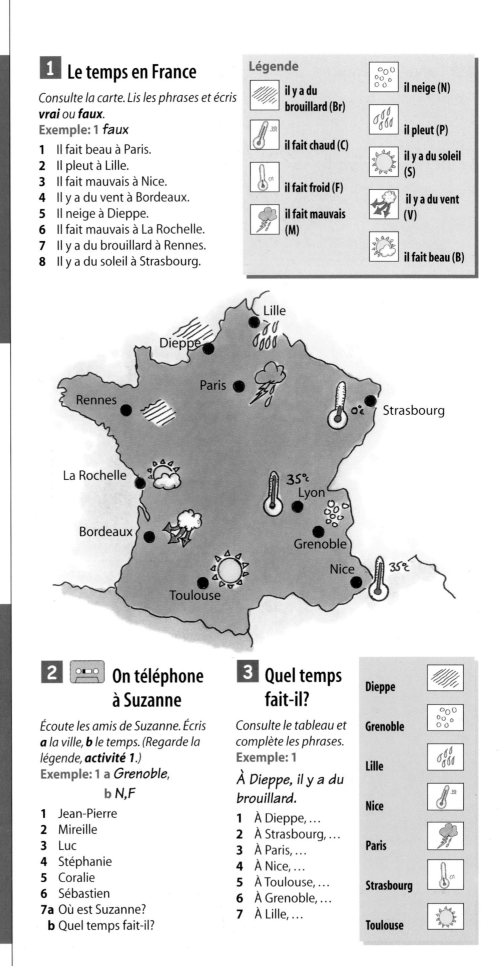

Légende

il y a du brouillard (Br)	il neige (N)
il fait chaud (C)	il pleut (P)
il fait froid (F)	il y a du soleil (S)
il fait mauvais (M)	il y a du vent (V)
il fait beau (B)	

2 On téléphone à Suzanne

Écoute les amis de Suzanne. Écris **a** *la ville,* **b** *le temps. (Regarde la légende,* **activité 1**.)

Exemple: 1 a *Grenoble,*
       b *N,F*

1 Jean-Pierre
2 Mireille
3 Luc
4 Stéphanie
5 Coralie
6 Sébastien
7a Où est Suzanne?
 b Quel temps fait-il?

3 Quel temps fait-il?

Consulte le tableau et complète les phrases.

Exemple: 1

À Dieppe, il y a du brouillard.

1 À Dieppe, …
2 À Strasbourg, …
3 À Paris, …
4 À Nice, …
5 À Toulouse, …
6 À Grenoble, …
7 À Lille, …

Dieppe	
Grenoble	
Lille	
Nice	
Paris	
Strasbourg	
Toulouse	

4 Les températures

Quelle température fait-il?
Est-ce qu'il fait chaud ou froid?

Exemple: *À Bordeaux, il fait 21 degrés – il fait chaud.*

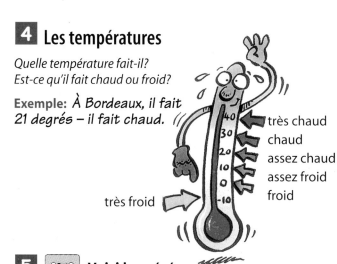

très chaud
chaud
assez chaud
assez froid
froid

très froid

Bordeaux	21°	Nice	23°
Dieppe	0°	Paris	6°
Grenoble	–2°	Rennes	5°
Lille	3°	Strasbourg	4°
Lyon	16°	Toulouse	22°

5 Voici la météo

Écoute la cassette. C'est le 5 mars.
a *Quel temps fait-il? (Regarde la légende.)*
b *Quelle température fait-il?*
Exemple: 1 a *F*
 b *7°*

1 Paris
2 Rennes
3 Bordeaux
4 Toulouse
5 Nice
6 Grenoble
7 Strasbourg
8 Lille
9 Dieppe

6 Inventez des conversations

Travaillez à deux. Regardez les détails, puis inventez une conversation.
Exemple: 1

> Salut, (Paul). C'est (Claire).

> Bonjour, (Claire). Où es-tu?

> Je suis à Grenoble.

> Quel temps fait-il?

> Il neige.

> Quelle température fait-il?

> Moins cinq.

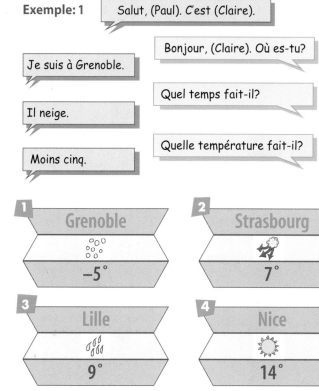

1 Grenoble −5°
2 Strasbourg 7°
3 Lille 9°
4 Nice 14°

7 La météo aujourd'hui

Lis les descriptions et regarde la carte à la page 50. Quelle description correspond à la carte?

1 Mauvais temps sur le nord de la France avec de la pluie* à Paris et à Lille. Beau temps en général sur le sud, mais il y a du brouillard à Bordeaux et à Toulouse. Dans les Alpes, il fait froid et il neige.

2 Sur le nord de la France, il fait mauvais avec de la pluie à Lille et du brouillard à Rennes. Vent du nord à Bordeaux. Mais dans la région méditerranéenne, il fait beau – il y a du soleil à Nice et aussi à La Rochelle, sur la côte Atlantique. Dans les Alpes, il fait froid et il neige.

3 Le mauvais temps continue sur le nord de la France, avec de la pluie à Paris et à Lille. Mais il ne fait pas mauvais partout. Dans la région méditerranéenne, par exemple à Nice, il fait beau et il y a du soleil. Du soleil aussi à Lyon, mais à Bordeaux, il fait mauvais et il pleut. Et dans les Alpes, il neige.

*la pluie – *rain*

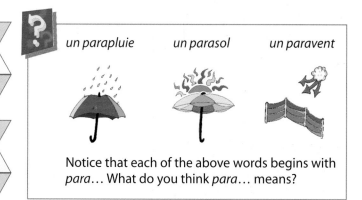

un parapluie   *un parasol*   *un paravent*

Notice that each of the above words begins with *para…* What do you think *para…* means?

1 Les saisons

Copie et complète les phrases.
Exemple: 1 *Au printemps, il fait beau.*

1 Au printemps, il fait b…
2 Il y a du s…
3 Quelquefois, il p…
4 En été, il fait c…
5 Le ciel est b…
6 En automne, il y a du v…
7 Quelquefois, il y a du b…
8 En hiver, il fait f…
9 Il fait m…
10 Quelquefois, il n…

Au printemps
Il fait beau.
Il y a du soleil.

En été
Il fait chaud.
Le ciel est bleu.

Moi, j'adore le soleil.

Je déteste le froid!

Quelle pluie!

Quel vent! Aïe, mon parapluie!

En hiver
Il fait froid.
Il fait mauvais.
Il neige.
Il pleut.

Moi, j'adore la neige.

En automne
Il y a du vent.
Il y a du brouillard.

2 Quel temps!

Trouve les paires.
Exemple: 1 *b*

1 Il y a du vent, il fait froid – quel temps!
2 Il pleut beaucoup, ce matin.
3 Il fait moins quatre.
4 Il fait trente-huit degrés.
5 Faites très attention – la visibilité est très mauvaise.

a Brr, il fait très froid.
b C'est vrai, il fait très mauvais.
c Pff! Il fait très chaud.
d Zut! Il y a du brouillard. Moi, je déteste le brouillard!
e Où est mon parapluie?

3 À toi!

Quel temps fait-il dans ta ville?
Écris une ou deux phrases pour chaque saison.
Exemple:

Moi, j'habite à <u>Newcastle</u>.
Ici, <u>*il fait chaud*</u> en été.
En automne, <u>*il fait beau et il pleut quelquefois*</u>.
En hiver, <u>*il fait assez froid et il y a du vent*</u>.
Au printemps, <u>*il fait assez beau*</u>.

chantez

Le premier mois

Le premier mois, c'est janvier.
Nous sommes en hiver.
Il neige beaucoup en février,
En mars, il fait mauvais.

Au mois d'avril, il pleut, il pleut.
Nous sommes au printemps.
Il fait très beau au mois de mai,
La météo dit: beau temps!

Et puis c'est juin, et juillet, août.
Nous sommes en été.
Il fait très chaud pour les vacances,
Ma saison préférée.

Au mois de septembre, la rentrée.
Octobre, c'est l'automne.
Du brouillard pendant novembre.
Oh! qu'est-ce qu'il fait du vent!

Le dernier mois, on fête Noël.
Nous sommes en décembre.
Il fait très froid, mais moi, j'ai chaud –
Je reste dans ma chambre!

How do the French say 'in summer', 'in autumn', 'in winter', 'in spring'?
For one season, there is a different word for 'in'. Why do you think this is? (Clue: In French *h* often acts as a vowel.)

4 La tombola

Au club de sports, il y a une journée de jeux avec une tombola.
Trouve le bon prix.
Exemple: 1 *un ordinateur de poche*

1 J'ai le quatre-vingt-seize.
2 J'ai le soixante-sept.
3 J'ai le cinquante.
4 J'ai le trente-huit.
5 J'ai le soixante-treize.
6 J'ai le cent.
7 J'ai le soixante-quinze.
8 J'ai le quatre-vingt-dix.
9 J'ai le quatre-vingts.
10 J'ai le quatre-vingt-un.

À gagner

une BD
une calculette
un CD
un classeur
des crayons

une trousse
un ordinateur de poche
un poisson rouge
un sac à dos
un stylo

5 C'est quel mot?

Travaillez à deux. Une personne pose la question. Une personne donne la réponse. Après trois questions, changez de rôle.
Exemple: 1

Un mois qui commence avec **a**. C'est quel mot?

Août.

1 Un mois qui commence avec **a**
2 Un sport qui commence avec **b**
3 Une pièce qui commence avec **c**
4 Un jour qui commence avec **d**
5 Un verbe qui commence avec **e**
6 Un mois qui commence avec **f**
7 Un adjectif qui commence avec **g**
8 Une saison qui commence avec **h**
9 Une couleur qui commence avec **j**
10 Un animal qui commence avec **l**
11 Une fête qui commence avec **n**
12 Un vêtement qui commence avec **p**

DOSSIER-LANGUE

Les accents

When accents are used with the letter *e*, they often change the sound, e.g. *écoute, écris* (acute accent or *accent aigu*) and *frère* and *mère* (grave accent or *accent grave*).

With some words, the use of an accent can indicate a different meaning from a similar word which sounds the same, e.g. *à* ('to' or 'at') and *a* ('has', from the verb *avoir*).

The circumflex accent (*accent circonflexe*) can be found on any vowel, e.g. *âge, être, île*.

Do you know how to type accents on the computer?

6 Les accents

Écris les mots dans la case en trois listes:
a les mots avec un accent aigu (comme **é**)
b les mots avec un accent grave (comme **è**)
c les mots avec un accent circonflexe (comme **ê**)

mère   gâteau
été   où   équipe
là   vêtements
août   téléphone

7 Comment ça s'écrit?

Écris 1–8. Écoute la cassette et écris les mots dans ton cahier.

1 🎞️ Au club de sports

Écris 1–8. Écoute la cassette. On parle aux jeunes au club de sports. Quelle image correspond à chaque conversation?
Exemple: 1 *a*

Nous jouons au volley.

a Claire et Thomas

Je joue au tennis.

b Simon

Nous jouons au football.

c Paul et Yannick

Je joue au basket.

d Marc

Je joue au golf.

e Sophie

Je joue au hockey.

f Ibrahim

Nous jouons au tennis de table.

g Daniel et Luc

Nous jouons au badminton.

h Jonathan et Nicole

2 C'est faux!

Lis les phrases et corrige les erreurs.
Exemple: 1 *Marc joue au basket.*
1 Marc joue au rugby.
2 Claire et Thomas jouent au badminton.
3 Ibrahim joue au football.
4 Paul et Yannick jouent au hockey.
5 Simon joue au golf.
6 Sophie joue au tennis.
7 Daniel et Luc jouent au volley.
8 Jonathan et Nicole jouent au tennis de table.

3 👥 Inventez des conversations

Travaillez à deux. Lisez la conversation, puis changez les sports.

Qu'est-ce que tu fais aujourd'hui?

Je joue (au tennis). Et toi?

Non, moi, je joue (au basket).

jouer au (+ sport) – *to play (at)*

au badminton	au hockey
au basket	au rugby
au football	au tennis
au golf	de table
	au volley

DOSSIER-LANGUE

Jouer – to play (a regular -er verb)

In the activites on page 54, you have been using different parts of the verb *jouer* (to play). The infinitive, *jouer*, ends in *-er* and follows a regular pattern, as shown below.

1 The part of the verb which stays the same is called the stem – in this case *jou-*

2 The bit that changes is called the ending, e.g. *-er, -e* and all the parts in bold type in this box.

3 Each pronoun (*je, tu, il* etc. – the person of the verb) has its own matching ending, e.g. *tu joues, ils jouent*.

1 Jouer – to play (a regular *-er* verb)

je	**1** jou**e** **2**	I play, I'm playing **5**
tu	jou**es**	you play, you're playing
il	jou**e**	he plays, he's playing
elle	jou**e**	she plays, she's playing
nous	jou**ons** **4**	we play, we're playing
vous	jou**ez** **4**	you play, you're playing
ils **3**	jou**ent** **3**	they play, they're playing
elles	jou**ent**	they play, they're playing

4 Most of the endings of *-er* verbs sound the same or are silent, although they are not spelt the same. Only the *nous* and *vous* forms sound different.

5 There is only one present tense in French. It is used to translate 'I play', 'I'm playing' and 'I do play'.

4 Ils jouent bien?

Choisis le bon mot.
Exemple: 1 *Je joue*

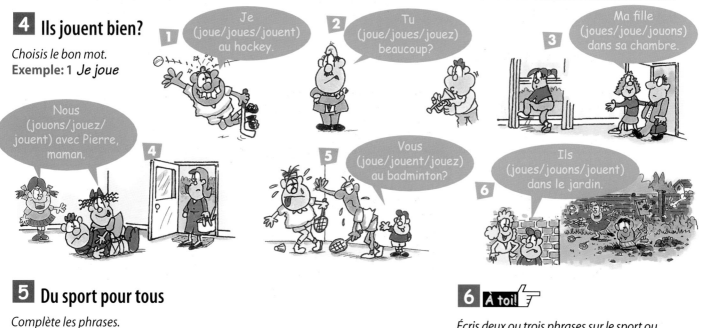

1 Je (joue/joues/jouent) au hockey.
2 Tu (joue/joues/jouez) beaucoup?
3 Ma fille (joues/joue/jouons) dans sa chambre.
4 Nous (jouons/jouez/jouent) avec Pierre, maman.
5 Vous (joue/jouent/jouez) au badminton?
6 Ils (joues/jouons/jouent) dans le jardin.

5 Du sport pour tous

Complète les phrases.
Exemple: 1 *vous jouez au volley*

1 Au collège, est-ce que vous … [ ]?
2 Non, mais nous … [ ].
3 Et toi, tu … [ ]?
4 Oui, je … [ ].
5 Et ton frère, est-ce qu'il … [ ]?
6 Non, mais ma sœur … [ ].
7 Mon frère … [ ].
8 Est-ce que tes parents … [ ]?
9 Oui, ils … [ ].
10 Et mon grand-père … [ ], mais sur l'ordinateur!

6 À toi!

Écris deux ou trois phrases sur le sport ou les jeux.
Exemple: *Je joue au hockey.*
Mon ami(e)/frère/père joue au football.
Mes parents jouent au tennis.
J'aime le volley. Je déteste le golf.

Si tu n'es pas sportif …

Je joue aux jeux électroniques.
Ma sœur joue au Monopoly.
Mes parents jouent aux cartes.

Écris deux ou trois questions.
Exemple: Est-ce que tu joues au golf?

1 À la maison

*Écoute la cassette et écris **a**, **b** ou **c**.*

1 C'est …
  a mercredi
  b samedi
  c dimanche.
2 Il fait …
  a beau
  b chaud
  c mauvais.
3 Marc …
  a écoute de la musique
  b joue sur l'ordinateur
  c travaille.
4 Christophe et Marc décident de …
  a jouer au tennis de table
  b regarder le film de Tom et Jojo
  c travailler dans le jardin.

2 Un film de Tom et Jojo

Écoute et lis l'aventure de Tom et Jojo.

1 Jojo est une souris. Elle pense à quelque chose. C'est le fromage.

2 Tom est un chat. Il pense à quelque chose. C'est Jojo.

3 Voilà le fromage. Voilà Jojo.

4 Jojo mange le fromage.

5 Voilà Tom. Tom entre dans la cuisine.

6 Tom chasse Jojo. Est-ce qu'il mange Jojo? Jojo entre dans le salon.

7 Tom saute sur Jojo. Il attrape Jojo?

8 Aïe!! Non, il n'attrape pas Jojo.

9 Tom chasse Jojo dans la salle de bains. Il saute …

10 Pouf! Non! Il n'attrape pas Jojo dans la salle de bains.

11 Jojo rentre dans la cuisine. Voilà le fromage! Mais voilà Tom!

12 Et voilà Butch! Butch arrive. Butch n'aime pas Tom. Il chasse Tom … et Jojo mange le fromage.

3 C'est faux!

Lis le texte et corrige les sept erreurs.
Exemple: 1 *tortue* ✗ *souris* ✔

Jojo est une tortue. Elle pense à quelque chose. C'est le fromage. Tom est un cheval. Il pense à quelque chose. C'est Jojo. Tom entre dans la maison. Tom chasse Jojo. Jojo entre dans le jardin. Tom n'attrape pas Jojo. Tom chasse Jojo dans la salle à manger. Il n'attrape pas Jojo. Jojo rentre dans la chambre. Butch arrive. Il chasse Tom … et Jojo mange le chocolat.

4 Où est le verbe?

Regarde les verbes (en rouge) dans ces phrases.

Je **regarde** le film.
Tu **travailles**?
Il **chasse** Jojo.
Nous **écoutons** de la musique.
Vous **aimez** les animaux?
Ils **tapent** le message.

Trouve les verbes dans les phrases 1– 8. Copie chaque verbe.
Exemple: 1 *écoute*

1 J'écoute la conversation.
2 Tu habites à Bordeaux?
3 Il clique sur la souris.
4 Elle parle français.
5 Nous surfons sur le Net.
6 Vous aimez le sport?
7 Ils cherchent le chat.
8 Elles détestent le froid.

DOSSIER-LANGUE

Regular -er verbs

In order to understand and use regular -er verbs like *jouer* and the verbs in task 4 above, it is important to learn about the different parts of the verb.

The infinitive

If you look up a verb in a dictionary, e.g. 'like', it will probably be listed in the infinitive, which means 'to like' etc.

Many verbs have an infinitive which ends in -er, e.g. *aimer*. You normally have to change the infinitive of the verb before you use it.

The stem

If you take off the -er, you are left with the stem of the verb, e.g. *aim-*. This appears in all parts of the verb.

The endings

Verbs in French have different endings according to the person or subject of the verb which they are used with (I, you, he, she, we, they etc.). These endings are added to the stem.

je (or j'*)	-e	nous	-ons
tu	-es	vous	-ez
il	-e	ils	-ent
elle	-e	elles	-ent

Many verbs have an infinitive ending in -er and follow this pattern. They are called regular -er verbs. Here are two examples.

chanter (to sing)

je chante	nous chantons
tu chantes	vous chantez
il chante	ils chantent
elle chante	elles chantent

aimer (to like)

j'aime*	nous aimons
tu aimes	vous aimez
il aime	ils aiment
elle aime	elles aiment

*If the verb begins with a vowel (a, e, i, o, u) or sometimes h, use j' instead of je, e.g. j'aime, j'écoute, j'habite.

5 🎞 Pendant les vacances

Écoute la cassette et trouve les paires.
Exemple: 1 *b*

François, tu aimes les vacances?

Bien sûr, et j'adore le camping.

1 François …
2 Christine et sa famille …
3 En hiver, Jean-Marc et Sandrine …
4 En été, Jean-Marc et Sandrine …
5 M. et Mme Duval …
6 Mathilde …
7 Nicolas et Isabelle …
8 Isabelle …
9 Le soir, Nicolas et ses amis …
10 Quand il pleut, Nicolas …

a aiment le ski.
b adore le camping.
c passent les vacances d'été au soleil.
d écoutent de la musique.
e invitent des amis à la maison.
f aime les animaux.
g chante dans un groupe.
h jouent au football.
i joue sur l'ordinateur.
j travaillent à la ferme.

1 Les frères, c'est difficile!

Chers lecteurs,

Voilà mon problème. J'ai un petit frère. Il s'appelle Henri. Il a quatre ans et il partage ma chambre. Il est très, très méchant. Il saute sur le lit, il dessine sur les murs, il écoute mon baladeur, il mange mes bonbons. Quand je travaille, il chante et il danse. Quand je raconte tout ça à ma mère, elle dit: «Mais il est petit, il est mignon!». Qu'en pensez-vous?

Alain, Paris

a *Lis la lettre et complète le résumé.*
Exemple: 1 *frère*

Alain a un petit (**1**) … difficile. Il s'appelle Henri.
Henri partage une (**2**) … avec Alain.
Mais Henri est (**3**) … Il (**4**) … sur le lit. Il (**5**) … sur les murs.
Il (**6**) … les bonbons d'Alain. Il (**7**) … son baladeur.
Quand Alain (**8**) …, Henri (**9**) … et il (**10**) …

b *Relis la lettre d'Alain. Trouve au moins dix verbes. (Il y a 17 verbes en tout.) Écris une liste.*

Exemple: *J'ai,…*

2 Des correspondants

Écris le mot correct.
Exemple: 1 *J'habite*

André
1 J' (habite/habites/habitent) à Bordeaux.
2 J' (adores/adore/adorons) le sport.
3 Je (jouez/jouent/joue) au basket.
4 Je (regarde/regardes/regardez) beaucoup de sport à la télé.
5 Je (cherche/cherches/cherchent) un correspondant canadien.

Sylvie
6 Tu (habite/habites/habitez) en Europe?
7 Tu (aimes/aime/aimons) la musique?
8 Tu (parle/parles/parlez) français?
9 Tu (cherche/cherches/cherchent) une correspondante française?
10 Tu (ai/as/a) le courrier électronique? Alors, envoie-moi un message!

3 Les Paresseux

Complète les phrases d'Anne Active.
Exemple: 1 *Nous organisons*

La famille de mon cousin, Paul Paresseux, n'est pas très active.

1 Au printemps, nous (organiser) la maison, …

2 … mais les Paresseux (surfer) sur le Net!

3 En été, nous (jouer) au tennis, …

4 … mais les Paresseux (regarder) le tennis à la télé.

5 Le soir, nous (danser) dans une discothèque, …

6 … mais ils (écouter) de la musique à la maison.

7 En automne, nous (travailler) dans le jardin, …

8 … mais ils (rester) à la maison – ils (consulter) des livres.

9 Au mois de décembre, nous (chanter) des chants de Noël,

10 … mais ils (écouter) des chants à la radio.

11 Mais le 25 décembre, nous (fêter) Noël tous ensemble.

4 Le week-end

Complète les phrases.
Exemple: 1 *Je prépare*

1 Je … des crêpes. (préparer)

2 Tu … au concert? (chanter)

3 Il … les chiens. (détester)

4 Elle … dans le jardin. (travailler)

5 Nous … sur le Net. (surfer)

6 Vous …, Anne et Lucie? (travailler)

7 Ils … le rugby? (aimer)

8 Elles … une vidéo. (regarder)

5 🔊 Deux interviews

a *Écoute l'interview avec Anne. Lis les phrases. Que dit Anne? Choisis la bonne phrase.*
Exemple: 1 *b*

1 a J'adore le sport.
  b Je n'aime pas le sport.

2 a Je retrouve des amis.
  b Je range le salon.

3 a Nous dansons ensemble.
  b Nous discutons ensemble.

4 a Nous écoutons de la musique.
  b Nous jouons au Monopoly.

5 a Je joue à la console.
  b Je joue aux cartes.

6 a Je prépare un gâteau.
  b Je regarde une vidéo.

b *Écoute l'interview avec Marc. Trouve les paires.*
Exemple: 1 *c*

1 Marc …
2 Il joue au football …
3 Il joue au …
4 Il regarde du …
5 Il n'aime pas …

a avec des amis.
b la musique.
c adore le sport.
d tennis dans le parc.
e sport à la télé.

6 🗣 Une question importante

Travaillez à deux. Demande à ton/ta partenaire:
«Qu'est-ce que tu fais, le week-end?»
Note ses réponses.
Exemple:

Qu'est-ce que tu fais, le week-end?

Je retrouve des amis.

Il/Elle retrouve des amis.

1 Des phrases au choix

Écris une série de quatre numéros ou jette un dé quatre fois.
Puis écris la phrase qui correspond.

Exemple:

1 Je/J'	**1** chercher	**1** la tarentule	**1** dans la cuisine
2 Tu	**2** attraper	**2** la souris	**2** dans la salle de classe
3 Il/Elle	**3** chasser	**3** le chat	**3** dans la salle de bains
4 Nous	**4** dessiner	**4** l'oiseau	**4** dans le supermarché
5 Vous	**5** trouver	**5** le dinosaure	**5** dans le cinéma
6 Ils/Elles	**6** regarder	**6** le dragon	**6** dans le jardin

> Nous attrapons le dinosaure dans la salle de bains.

DOSSIER-LANGUE

On

La fête de la musique

La fête de la musique, au mois de juin, est une fête très populaire en France. On chante, on joue des instruments de toutes sortes, on danse et on écoute de la musique.

On is a very useful word. Sometimes it means 'they' or 'people' or 'we' or 'someone', e.g.

On chante et on écoute de la musique.
Pour le Mardi gras, on mange des crêpes.

The ending of the verb, when used with *on*, is the same as for *il* or *elle*.

2 Des fêtes

Fais cinq ou six phrases.

Le Mardi gras,		mange un gâteau spécial.
À Pâques,		mange des œufs en chocolat.
Le 6 janvier,	on	regarde un feu d'artifice.
À Noël,		offre des cadeaux à des amis.
Le 14 juillet,		mange un grand repas.
Au Nouvel An,		prépare des crêpes.

3 Au téléphone

a   Suzanne et Luc
Écoute la conversation et choisis le bon mot dans la case.
Exemple: 1 *Bordeaux*

1 Luc est à …
2 Il joue un match de …
3 Il fait …
4 Suzanne est à la …
5 Il fait …
6 Elle range sa …

beau
basket
chambre
maison
Bordeaux
mauvais

b   Nicole et Max
Écoute la conversation et réponds aux questions.
Exemple: 1 *Max*

1 Qui téléphone à Nicole?
2 Qui travaille sur l'ordinateur?
3 Qui joue au tennis?
4 Qui préfère rester à la maison?
5 Quel temps fait-il?

4 Une carte postale

Complète les phrases avec un mot dans la case.
Exemple: 1 *avril*

> Strasbourg
> le 16 **(1)** ...
> Nous **(2)** ... une semaine chez des amis ici.
> Il fait **(3)** ... et **(4)** ... pleut.
> **(5)** ... restons à la maison.
> Mes amis **(6)** ... une vidéo.
> Moi, je **(7)** ... sur l'ordinateur.
> Mon frère **(8)** ... un gâteau.
> Amitiés.
>
> Alex

joue
prépare
mauvais
nous
passons
il
avril
regardent

6 [image] Inventez des conversations

Travaillez à deux. Lisez la conversation, puis inventez d'autres conversations.

– Salut **Nicole**, c'est **Marc**. Ça va?
– Oui, ça va.
– Quel temps fait-il à **Toulouse**?
– Il fait chaud, mais **il pleut**.
– Et qu'est-ce que tu fais?
– Je reste à la maison. Je travaille. Et toi?
– Moi, je joue au golf. Tu aimes ça?
– Non, pas beaucoup.
– Bon, au revoir, **Nicole**.
– Au revoir, **Marc**.

Toulouse, Lyon, Strasbourg, Bordeaux

Trouve les paires. **Exemple: 1** *d*

1	C'est masculin ou féminin?	**a**	*I don't understand.*
2	Je ne sais pas.	**b**	*What is it in English?*
3	Je ne comprends pas.	**c**	*Repeat the question, please.*
4	Qu'est-ce que c'est en anglais?	**d**	*Is it masculine or feminine?*
5	Comment ça s'écrit?	**e**	*How is that spelt?*
6	Je n'ai pas de stylo.	**f**	*I would like a book, please.*
7	Répétez la question, s'il vous plaît.	**g**	*I haven't got a pen.*
8	Je voudrais un livre, s'il vous plaît.	**h**	*I don't know.*

5 À toi!

Écris une carte postale. Décris le temps. Décris une activité. Voilà des idées:

Belfast, 23/7

JUILLET						
L	M	M	J	V	S	D
22	23	24	25	26	27	28

Manchester, 12/3

MARS						
L	M	M	J	V	S	D
7	8	9	10	11	12	13

Nicole
Lucie
Claire
Sophie

Marc
Luc
Daniel
Thomas

il fait beau
il fait chaud
il y a du soleil

il pleut
il fait froid
il y a du brouillard
il y a du vent

je joue au tennis/golf/
football/rugby etc.
je reste à la maison
je joue sur l'ordinateur
je regarde un film
j'écoute de la musique
je travaille etc.

vocabulaire de classe

SOMMAIRE

Now you can…

● talk about the weather

Quel temps fait-il?		What's the weather like?
Il fait	beau.	It's fine.
	chaud.	It's hot.
	froid.	It's cold.
	mauvais.	The weather's bad.
Il pleut.		It's raining.
Il neige.		It's snowing.
Il y a	du brouillard.	It's foggy.
	du soleil.	It's sunny.
	du vent.	It's windy.
Le ciel est bleu.		The sky is blue.

● talk about some sports

Je joue	au	badminton	badminton
		basket	basketball
		golf	golf
		hockey	hockey
		football	football
		rugby	rugby
		tennis	tennis
		tennis de table	table tennis
		volley	volleyball

● discuss other activities

Qu'est-ce que tu fais?	What are you doing?
Qu'est-ce que tu fais, le week-end, normalement?	What do you normally do at weekends?
Qu'est-ce que tu fais quand il fait mauvais?	What do you do when the weather's bad?

Je reste à la maison.		I stay at home.	
Je regarde	une vidéo.	I watch	a video.
	un film.		a film.
	la télévision.		TV.
J'écoute	de la musique.	I listen to	music.
	la radio.		the radio.

Je chante.	I sing.
Je danse.	I dance.
Je dessine.	I draw.
Je range ma chambre.	I tidy up my room.
Je joue à la console.	I use the games console.
Je travaille.	I work.
Je joue/travaille sur l'ordinateur.	I play/work on the computer.
Je surfe sur le Net.	I surf the Net.
Je regarde mes messages électroniques/mes e-mails.	I look at my e-mails.

Je tape des messages.	I type messages.
Je téléphone à un(e) ami(e).	I phone a friend.
Je retrouve mes amis.	I meet up with my friends.
Je discute avec mes amis.	I chat with my friends.
On joue aux jeux électroniques.	We're playing computer games.
On joue aux cartes.	We play cards.
On joue au Monopoly.	We play Monopoly.

● talk about the seasons of the year

le printemps	spring
au printemps	in spring
l'été (m)	summer
en été	in summer
l'automne (m)	autumn
en automne	in autumn
l'hiver (m)	winter
en hiver	in winter

● use numbers 70–100 and some minus numbers

70	soixante-dix	80	quatre-vingts
71	soixante et onze	81	quatre-vingt-un
72	soixante-douze	82	quatre-vingt-deux
73	soixante-treize	90	quatre-vingt-dix
74	soixante-quatorze	91	quatre-vingt-onze
75	soixante-quinze	92	quatre-vingt-douze
76	soixante-seize	100	cent
77	soixante-dix-sept	–5	moins cinq
78	soixante-dix-huit	–10	moins dix
79	soixante-dix-neuf		

● use some regular French verbs, which end in -er, such as: (see also page 57)

adorer	to love, adore
aimer	to like, love
arriver	to arrive
chercher	to look for
cliquer	to click
détester	to hate
écouter	to listen to
entrer	to enter
habiter	to live in
jouer	to play
penser	to think
regarder	to watch, look at
rentrer	to come back
rester	to stay
surfer	to surf
taper	to type
téléphoner	to phone
travailler	to work

TOM ET JOJO – JOJO GAGNE LE FROMAGE

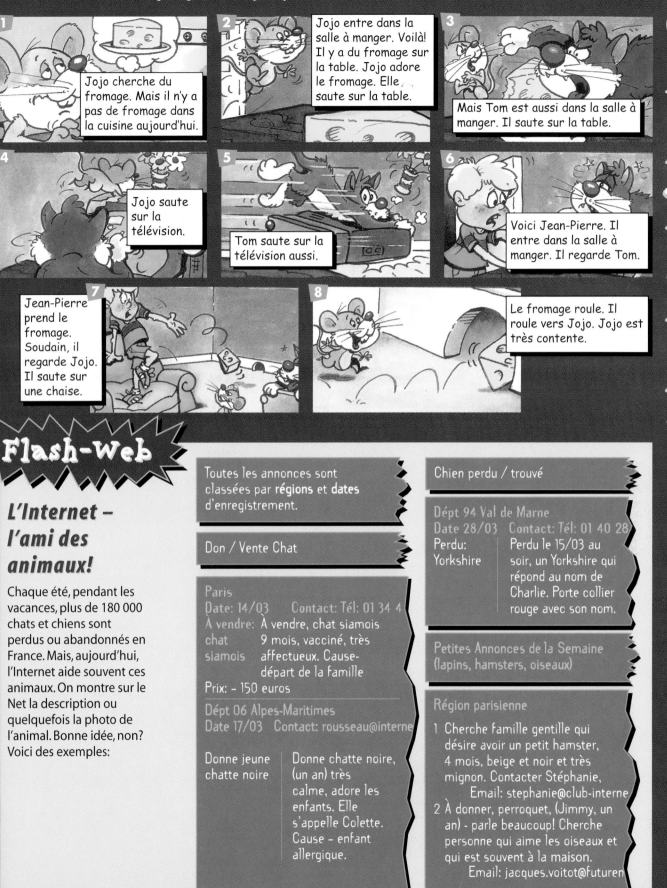

1 Jojo cherche du fromage. Mais il n'y a pas de fromage dans la cuisine aujourd'hui.

2 Jojo entre dans la salle à manger. Voilà! Il y a du fromage sur la table. Jojo adore le fromage. Elle saute sur la table.

3 Mais Tom est aussi dans la salle à manger. Il saute sur la table.

4 Jojo saute sur la télévision.

5 Tom saute sur la télévision aussi.

6 Voici Jean-Pierre. Il entre dans la salle à manger. Il regarde Tom.

7 Jean-Pierre prend le fromage. Soudain, il regarde Jojo. Il saute sur une chaise.

8 Le fromage roule. Il roule vers Jojo. Jojo est très contente.

PRESSE-JEUNESSE 2

Flash-Web

L'Internet – l'ami des animaux!

Chaque été, pendant les vacances, plus de 180 000 chats et chiens sont perdus ou abandonnés en France. Mais, aujourd'hui, l'Internet aide souvent ces animaux. On montre sur le Net la description ou quelquefois la photo de l'animal. Bonne idée, non? Voici des exemples:

Toutes les annonces sont classées par **régions** et **dates** d'enregistrement.

Don / Vente Chat

Paris
Date: 14/03   Contact: Tél: 01 34 4
À vendre: chat siamois, 9 mois, vacciné, très affectueux. Cause-départ de la famille
Prix: - 150 euros

Dépt 06 Alpes-Maritimes
Date 17/03   Contact: rousseau@interne

Donne jeune chatte noire | Donne chatte noire, (un an) très calme, adore les enfants. Elle s'appelle Colette. Cause – enfant allergique.

Chien perdu / trouvé

Dépt 94 Val de Marne
Date 28/03   Contact: Tél: 01 40 28
Perdu: Yorkshire | Perdu le 15/03 au soir, un Yorkshire qui répond au nom de Charlie. Porte collier rouge avec son nom.

Petites Annonces de la Semaine (lapins, hamsters, oiseaux)

Région parisienne

1 Cherche famille gentille qui désire avoir un petit hamster, 4 mois, beige et noir et très mignon. Contacter Stéphanie, Email: stephanie@club-interne

2 À donner, perroquet, (Jimmy, un an) - parle beaucoup! Cherche personne qui aime les oiseaux et qui est souvent à la maison. Email: jacques.voitot@futuren

soixante-trois **63**

Un correspondant extraordinaire – Première partie

Voici les lettres de vos nouveaux correspondants français. Les e-mails sont arrivés ce matin. On va envoyer les photos dans des lettres ordinaires.

Ma correspondante s'appelle Anne-Sophie, elle a deux frères et elle aime le sport.

Ma correspondante s'appelle Christine. Elle a deux sœurs, Alice et Brigitte, et elle adore la musique.

C'est extraordinaire, ça! La mère de mon correspondant était anglaise. Regardez!

Salut!

Je suis ton correspondant, Simon Claudel. J'habite avec ma belle-mère, mon père et ma demi-sœur Mathilde. Nous avons un chien qui s'appelle Mickey et deux cochons d'Inde qui s'appellent Dodu et Coco. Ma mère était anglaise, mais elle est morte en Angleterre assez vite après ma naissance. Je voudrais visiter ta région parce que c'était la région de ma mère.

À bientôt!

Simon

Dans la classe de français suivante, le professeur aide les élèves à écrire des réponses. Voici la lettre de Caroline:

Salut Christine!

Un grand merci pour ta lettre.

Je m'appelle Caroline Reynolds et j'habite avec mes grands-parents. Moi aussi, j'aime la musique et j'aime dessiner et jouer avec mon petit chien,

Pirate.

une belle-mère – *step-mother*	**envoyer** – *to send*
la naissance – *birth*	**mort(e)** – *dead*
était – *was*	

Le sais-tu?

fêtes... fêtes... fêtes... fêtes... fêtes...

L'origine des coutumes de Noël

La bûche de Noël

À Noël, nous mangeons une bûche en chocolat. Son origine est la vraie bûche traditionnelle qui brûle sur le feu toutes les nuits du 24 décembre jusqu'au 1 janvier.

La crèche

En France à Noël, il y a une crèche dans beaucoup de maisons et dans les églises aussi, bien sûr. Mais savais-tu que c'est saint François d'Assise qui a inventé la première crèche, à Gubbio en Italie, en 1223.

Le Père Noël

Ce Père Noël n'est pas le seul – dans d'autres régions de France, il y en a d'autres. Par exemple, dans le nord-est, c'est saint Nicolas sur son âne qui distribue des cadeaux, le 6 décembre.

Dans le centre de la France, il y a la tradition du Père Janvier, pour le Nouvel An.

En Lorraine, voici une tradition pas très populaire: avec saint Nicolas, il y a un autre homme, le Père Fouettard, qui punit les enfants méchants!

fêtes... fêtes... fêtes... fêtes... fêtes... fêtes... fêtes... fêtes...

Encore une comptine

1, 2, 3,
lève-toi!

4, 5, 6,
mets ta chemise grise,

7, 8, 9,
ton short neuf,

10, 11, 12,
puis ta veste rouge.

Poisson d'avril

Oh non! Regarde, Papa! Maman a écrit: «La vraie liste est dans le sac. Poisson d'avril!»

Un correspondant extraordinaire – Deuxième partie

Regardez, voilà les lettres de vos correspondants. Est-ce qu'il y a des photos cette fois?

Regarde, Caroline, mon correspondant Simon est exactement comme toi – c'est curieux, non?

C'est vrai, James. Ton correspondant ressemble beaucoup à Caroline!

Plus tard, le prof de français téléphone à la grand-mère de Caroline.

Oui, oui. C'est vrai. Le père de Caroline s'appelle Claudel, mais Caroline prend le nom de famille de sa mère et de ses grands-parents. Simon Claudel est son frère. Sa grand-mère, Mrs Reynolds, va expliquer tout ça à Caroline ce soir.

Alors, Caroline, avoir des correspondants français, c'est une bonne idée, non?

FIN

unité

7

Une ville de France

In this unit you will learn how to ...

■ talk about places in a town

■ ask for information and obtain a map from a tourist office

■ ask for, understand and give directions

■ understand and say how far away places are

You will also ...

■ use the words for 'at' and 'to'

■ use the verb *aller* (to go)

■ say where things are, using prepositions like *devant* (in front of) and *entre* (between)

1 🔲 Voici La Rochelle

Écoute la cassette, lis le texte et, à chaque fois, trouve l'image qui correspond.
Exemple: 1 *a*

1 Voici La Rochelle. C'est une ville en France. En été, il fait très beau et beaucoup de touristes visitent la ville.
2 Qu'est-ce qu'il y a à voir à La Rochelle? Il y a le vieux port avec ses trois tours; la Tour Saint-Nicolas, la Tour de la Chaîne et la Tour de la Lanterne. En été, il y a souvent des acrobates et des clowns au vieux port. C'est très amusant.
3 Le matin, il y a un grand marché aux poissons près d'ici.
4 Il y a une cathédrale et l'église Saint-Sauveur.
5 Il y a des parcs, comme le parc Frank Delmas.
6 Et il y a beaucoup de musées.
7 Voici l'hôtel de ville.
8 La place de Verdun est une grande place dans le centre-ville.
9 Les touristes vont à l'hôtel, au camping ou à l'auberge de jeunesse.
10 Les vieilles rues à arcades sont très jolies.
11 Il y a deux piscines.
12 En été, on fait beaucoup de sports nautiques.
13 Et bien sûr, il y a beaucoup de bons restaurants.
14 Et au mois de juillet, il y a un grand festival de musique – Les Francofolies.

2 Qu'est-ce que c'est?

Complète les mots avec des voyelles. N'oublie pas les accents!
Exemple: 1 le musée

1 l_ m_s_ _
2 l_ p_rt
3 l_ p_rc
4 l_ m_rch_
5 l_ c_th_dr_l_
6 l_ c_mp_ng
7 l_ r_st_ _r_nt

3 Français-anglais

Trouve les paires.
Exemple: 1 *g*

1	l'hôtel	a	tower
2	l'église (f)	b	youth hostel
3	l'hôtel de ville (m)	c	church
4	la piscine	d	square
5	la place	e	town hall
6	la tour	f	swimming pool
7	la rue	g	hotel
8	l'auberge de jeunesse (f)	h	street

1 Photo-quiz

À toi d'identifier les photos.
Exemple: 1 *une tour*

une tour	une église	le marché	un restaurant
une rue	un musée	une piscine	l'hôtel de ville

2 Des cartes postales

Complète les cartes postales avec les mots dans la case.
Exemple: 1 *à l'auberge de jeunesse*

A

Nous passons trois jours à l'
(1) ... ici. à La Rochelle.
C'est une **(2)** ... intéressante. Il y a
un vieux **(3)** ... avec trois **(4)** ...
Il y a beaucoup de **(5)** ... comme le
musée maritime. Il fait **(6)** ....
alors nous allons à la **(7)** ... cet
après-midi.
À bientôt.
Luc

port	tours
	piscine
auberge de jeunesse	
	chaud
musées	
	ville

B

Nous **(1)** ... le week-end au
(2) ... à La Rochelle. Il y a
beaucoup de **(3)** ... ici.
Aujourd'hui, il fait **(4)** ... Ce
matin, nous allons au **(5)** ...
pour acheter des fruits et
puis, nous allons au **(6)** ...
pour jouer au tennis. Ce soir,
on va manger au **(7)** ...

Amitiés,

Nicole

parc	
	touristes
restaurant	
	camping
beau	
	passons
marché	

3 À La Rochelle

Regarde le panneau, trouve et copie le mot correct.
Exemple: 1 *l'école*

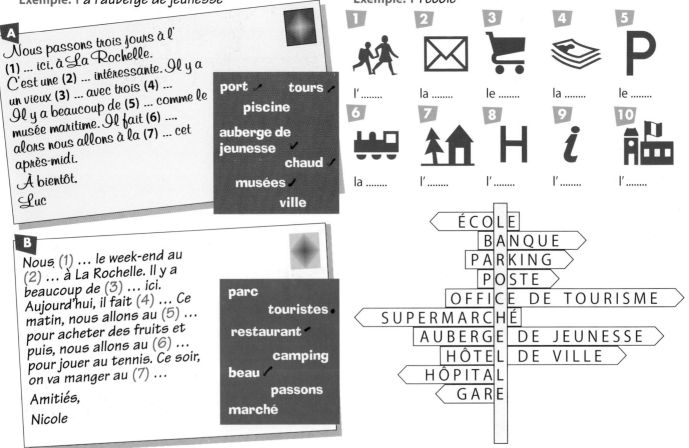

1 l' .... 2 la .... 3 le .... 4 la .... 5 le ....

6 la .... 7 l' .... 8 l' .... 9 l' .... 10 l' ....

ÉCOLE
BANQUE
PARKING
POSTE
OFFICE DE TOURISME
SUPERMARCHÉ
AUBERGE DE JEUNESSE
HÔTEL DE VILLE
HÔPITAL
GARE

4 À l'office de tourisme

Des touristes sont à l'office de tourisme. Qu'est-ce qu'ils demandent?
Écris 1–6. Écoute et écris la lettre qui correspond.
Exemple: 1 *f*

a une liste des hôtels

b un plan de la ville

c un dépliant sur la ville

d une liste des musées

e une liste des restaurants

f une liste des campings

5 Inventez des conversations

Travaillez à deux. Lisez la conversation, puis inventez d'autres conversations.
–   Bonjour, Madame. Avez-vous un dépliant sur la ville?
–   Ah, oui, Monsieur. Voici un dépliant sur **La Rochelle**.
–   Et avez-vous un plan de la ville, s'il vous plaît?
–   Bien sûr, Monsieur.
–   Avez-vous une liste **des restaurants**, aussi?
–   Oui, voilà.
–   Merci beaucoup, Madame.
–   De rien, Monsieur.

La Rochelle, Strasbourg, Toulouse, Dieppe, Lille, Nice, Bordeaux, Grenoble

6 Les touristes à La Rochelle

Où vont les touristes? Écris 1–10. Écoute et écris la lettre qui correspond.
Exemple: 1 *d*

la piscine

l'hôtel de ville

la gare

le restaurant Serge

l'office de tourisme

le centre-ville

le port

le parc Frank Delmas

le cinéma Dragon

le marché

7 En ville

Trouve …

3 trois mots qui commencent avec c.

2 deux mots qui commencent avec m.

1 un mot qui commence avec g.

1 Pour aller … ?

Pose des questions.
Exemple: 1 Pour aller au centre-ville, s'il vous plaît?

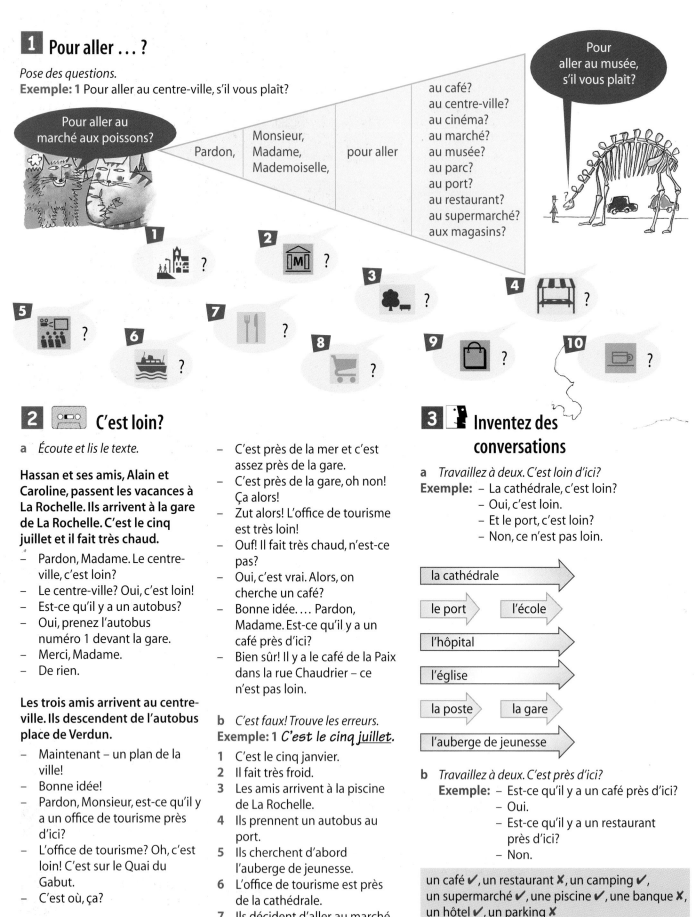

Pour aller au marché aux poissons?

Pour aller au musée, s'il vous plaît?

| Pardon, | Monsieur, Madame, Mademoiselle, | pour aller | au café? au centre-ville? au cinéma? au marché? au musée? au parc? au port? au restaurant? au supermarché? aux magasins? |

2 C'est loin?

a *Écoute et lis le texte.*

Hassan et ses amis, Alain et Caroline, passent les vacances à La Rochelle. Ils arrivent à la gare de La Rochelle. C'est le cinq juillet et il fait très chaud.

– Pardon, Madame. Le centre-ville, c'est loin?
– Le centre-ville? Oui, c'est loin!
– Est-ce qu'il y a un autobus?
– Oui, prenez l'autobus numéro 1 devant la gare.
– Merci, Madame.
– De rien.

Les trois amis arrivent au centre-ville. Ils descendent de l'autobus place de Verdun.

– Maintenant – un plan de la ville!
– Bonne idée!
– Pardon, Monsieur, est-ce qu'il y a un office de tourisme près d'ici?
– L'office de tourisme? Oh, c'est loin! C'est sur le Quai du Gabut.
– C'est où, ça?

– C'est près de la mer et c'est assez près de la gare.
– C'est près de la gare, oh non! Ça alors!
– Zut alors! L'office de tourisme est très loin!
– Ouf! Il fait très chaud, n'est-ce pas?
– Oui, c'est vrai. Alors, on cherche un café?
– Bonne idée. … Pardon, Madame. Est-ce qu'il y a un café près d'ici?
– Bien sûr! Il y a le café de la Paix dans la rue Chaudrier – ce n'est pas loin.

b *C'est faux! Trouve les erreurs.*
Exemple: 1 *C'est le cinq juillet.*

1 C'est le cinq janvier.
2 Il fait très froid.
3 Les amis arrivent à la piscine de La Rochelle.
4 Ils prennent un autobus au port.
5 Ils cherchent d'abord l'auberge de jeunesse.
6 L'office de tourisme est près de la cathédrale.
7 Ils décident d'aller au marché.

3 Inventez des conversations

a *Travaillez à deux. C'est loin d'ici?*
Exemple: – La cathédrale, c'est loin?
– Oui, c'est loin.
– Et le port, c'est loin?
– Non, ce n'est pas loin.

la cathédrale

le port   l'école

l'hôpital

l'église

la poste   la gare

l'auberge de jeunesse

b *Travaillez à deux. C'est près d'ici?*
Exemple: – Est-ce qu'il y a un café près d'ici?
– Oui.
– Est-ce qu'il y a un restaurant près d'ici?
– Non.

un café ✔, un restaurant ✗, un camping ✔, un supermarché ✔, une piscine ✔, une banque ✗, un hôtel ✔, un parking ✗

4 À gauche ou à droite?

Regarde les panneaux et complète les phrases.
Exemple: 1 *L'office de tourisme est à gauche.*

1 L'office de tourisme est …
2 La poste est …
3 Le parking est …
4 Le centre-ville est …
5 L'hôtel François 1er est …
6 ~~…~~
7 Le musée est …
8 L'hôtel de ville est …
9 Le marché est …
10 La gare est …

5 Pardon, Monsieur

Écris 1–6. Écoute les conversations et écris a, b ou c.
Exemple: 1 *c*

6 Par ici!

Quelle est la réponse correcte?
Exemple: 1 *b*

1 Pour aller à la piscine, s'il vous plaît?
2 Pour aller à la poste, s'il vous plaît?
3 Pour aller au restaurant, s'il vous plaît?
4 Pour aller au cinéma, s'il vous plaît?
5 Pour aller à l'église, s'il vous plaît?

Commencez ici!

a Allez tout droit, puis c'est la deuxième rue à droite.
b C'est la première rue à droite. Ce n'est pas loin.
c Allez tout droit, prenez la deuxième rue à gauche. Puis c'est à gauche.
d La première rue à gauche, puis c'est tout droit.
e C'est tout droit, puis la deuxième à gauche, et puis c'est la première rue à droite.

7 C'est à …?

Écris 1–6 et note la distance.
Exemple: 1 *C'est à 2 kilomètres.*

C'est à 50 mètres.
C'est à 100 mètres.
C'est à 1 kilomètre.
C'est à 2 kilomètres.
C'est à 5 kilomètres.

8 En ville

Trouve …

3 trois mots qui commencent avec p
2 deux mots qui commencent avec e
1 un mot qui commence avec b.

1 Le centre-ville

*Regarde le plan et écris **vrai** ou **faux** pour chaque phrase.*

Exemple: 1 faux

1 Il y a un parking près de la piscine.
2 L'office de tourisme est sur la place du marché.
3 La poste est près de la gare.
4 La tour de l'horloge est dans la rue Sainte-Anne.
5 La cathédrale est dans la rue de l'église.
6 Il y a beaucoup de musées ici.
7 L'hôpital est sur la place du marché.
8 Il y a un parking près de l'église.
9 L'hôtel de ville est au centre-ville.
10 Le restaurant est dans la rue Saint-Jean.

2 Questions et réponses

Tu es sur la place du marché. Voici les questions. Trouve les réponses.

Exemple: 1 c

1 Pour aller à la cathédrale, c'est loin?
2 Pour aller à l'hôpital, c'est loin?
3 Le cinéma, c'est loin?
4 L'auberge de jeunesse, c'est loin?
5 On va au parc, c'est loin?
6 Est-ce que le musée est près d'ici?
7 La gare, c'est loin?
8 La piscine, c'est près d'ici?

a Oui, c'est loin.

b C'est assez loin.

c Non, c'est tout près.

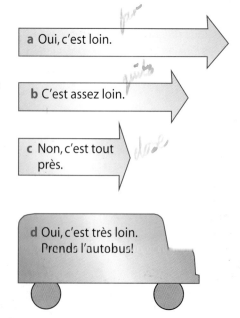

d Oui, c'est très loin. Prends l'autobus!

Charlotte Gallagher

3 Questions sur la ville

*Choisis la bonne réponse (**a**, **b** ou **c**).*

1 Pour un plan de la ville, on va …
- **a** *à l'office de tourisme*
- **b** *à l'église*
- **c** *à l'hôpital*

2 Pour manger un bon repas, on va …
- **a** *à la poste*
- **b** *au club des jeunes*
- **c** *au restaurant*

3 Pour trouver une chambre, les touristes vont …
- **a** *à l'hôtel de ville*
- **b** *à l'école*
- **c** *à l'hôtel*

4 Pour prendre le train, on va …
- **a** *au café*
- **b** *à la gare*
- **c** *au port*

5 Pour acheter des provisions, on va …
- **a** *aux magasins*
- **b** *à la piscine*
- **c** *au musée*

6 Pour voir un film, nous allons …
- **a** *au marché*
- **b** *au parc*
- **c** *au cinéma*

DOSSIER-LANGUE

Au, à la, à l', aux

The French for 'to' or 'at' is *à*. You have already met it several times.

With masculine *(le)* words it becomes *au*, as in *au supermarché* (to or at the supermarket).

With feminine *(la)* words it stays the same, as in *à la piscine* (to or at the swimming pool).

With words beginning with a vowel *(a, e, i, o, u)* it stays the same, as in *à l'appartement* (to or at the flat).

This is true for a silent *h* as well, as in *à l'hôtel* (to or at the hotel).

If the word is plural you use *aux*, as in *aux magasins* (to or at the shops).

---

4 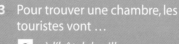 On va en ville?

Travaillez à deux. Lisez la conversation, puis changez les mots soulignés.

- On va en ville cet après-midi?
- Oui, d'accord.
- On va <u>aux magasins</u>?
- Ah non, ce n'est pas intéressant.
- On va <u>à la piscine</u>?
- Non, moi, je n'aime pas ça.
- On va <u>au musée</u>?
- Non, pas ça.
- On va <u>au cinéma</u>, alors?
- D'accord. On va <u>au cinéma</u>.
- J'aime bien <u>le cinéma</u>.

Pour t'aider

On va	au	vieux port. marché aux poissons. musée. cinéma.
	à la	plage. piscine. gare. tour de la Chaîne.
	à l'	office de tourisme. Hôtel de ville. église Saint-Sauveur.
	aux	magasins. trois tours. Francofolies.

---

5 Où vont-ils?

Complète les bulles.
Exemple: 1 *au concert*

Vous allez … **1**

Je vais … **2**

3 Tu vas …

Il va … **4**

Nous allons … **5**

6 Elles vont …

DOSSIER-LANGUE

Aller (to go)

The verb *aller* (to go) is an irregular verb and does not follow the pattern of regular *-er* verbs. Many common verbs, like *aller*, *avoir* (to have) and *être* (to be) are irregular and have to be learnt individually.
Can you find some of the different parts of *aller* in the cartoons?

The present tense is set out in full below.
Study the pattern carefully and see how quickly you can learn it!

Infinitive	*aller* (to go)	
present tense	**singular**	**plural**
1st person	*je vais* (I go/am going)	*nous allons* (we go/are going)
2nd person	*tu vas* (you go/are going)	*vous allez* (you go/are going)
3rd person	*il/elle/on va* (he/she/it/one goes/is going)	*ils/elles vont* (they go/are going)

Remember: when you are talking about other people by name, you use the same part of the verb that goes with *il* or *elle*, e.g.
Il va au match de rugby. Luc va au match de rugby.
Elle va à l'hôpital. Coralie va à l'hôpital.

If you are talking about more than one person or thing, use the part of the verb that goes with *ils* or *elles*, e.g.
Ils vont à la piscine.
Les enfants vont à la piscine.
Luc et Anne vont à la piscine.

---

1 Coralie est au lit

a   *Coralie est malade.* Elle reste à la maison, mais ses amis vont en ville. Où vont-ils? Écoute les conversations au téléphone et complète les phrases.*
* *malade* – ill

Exemple: 1 *c Sébastien va au cinéma.*

1 Sébastien (va/vont) …	a au Musée Maritime.
2 Luc (va/vont) …	b à la discothèque 'Plaza'.
3 Anne-Marie (va/vont) …	c au Cinéma Dragon.
4 Vincent (va/vont) …	d aux magasins.
5 Stéphanie et Mireille (va/vont) …	e au club des Jeunes.
6 Christophe et Jean-Pierre (va/vont) … Mais, le soir, ils (va/vont) tous chez Coralie.	f au parc.

b   *Écoute la cassette encore une fois et note avec qui on va en ville.*
Exemple: 1 *Sébastien va en ville avec son cousin.*

1 Sébastien		4 Vincent	
2 Luc		5 Stéphanie	
3 Anne-Marie		6 Christophe	

2 Allez! allez! allez!

Trouve les paires.
Exemple: *1 h*

1   Nous …   Elles …   Vous …   Elle …
Ils …   On …   Je …   Tu …

a   va chez sa grand-mère.
b   vont au match.
c   allez à la banque?
d   vais à la gare.
e   vont à l'hôpital.
f   vas au festival de musique?
g   va au parc.
h   allons au marché aux poissons.

3 Le week-end

Où vas-tu le samedi? Où allez-vous le dimanche? Invente six phrases.

Le samedi	après-midi,	je	vais	au restaurant.
Le dimanche	soir,			au café.
		ma sœur	va	au cinéma.
		mon frère		au marché.
		mon ami		au parc.
		on		au supermarché.
		nous	allons	en ville.
				à l'église.
		mes amis	vont	à la piscine.
		mes parents		aux magasins.
				chez des amis.

4 Dans la rue

*Écris **vrai** ou **faux**.*
Exemple: *1 faux*

1 Le cinéma est entre le café et le supermarché.
2 Le musée est entre la poste et la banque.
3 Mme Dubois est devant le supermarché.
4 Les enfants sont devant le cinéma.
5 Il y a un vélo devant la banque.
6 La banque est entre le cinéma et le café.
7 Le parking est entre le supermarché et le café.
8 M. Dubois est dans le café.
9 Le chien est devant la poste.
10 Le café est entre le cinéma et le supermarché.

5 Où?

Choisis la bonne préposition pour compléter les phrases.
Exemple: *1 entre*

devant
dans
sur
derrière
entre
sous

1 La souris est …… les deux chats.

2 La souris est …… le chat.

3 La souris est …… le chat.

4 La souris est …… le chat.

5 L'homme est …… le lion.

6 L'homme est …… le lion.

7 L'homme est …… les deux lions.

8 L'homme est …… le lion.

6   À toi!

Invente un dessin amusant comme ça pour illustrer des prépositions.

1 Inventez des conversations

Travaillez à deux. Lisez la conversation.
Inventez des conversations différentes.

- Pardon, Monsieur, pour aller à **la piscine**, s'il vous plaît?
- Vous allez tout droit, puis c'est à **droite**.
- Pardon, Madame, **le cinéma**, c'est loin?
- Non, c'est tout près. Tournez à **gauche** ici. C'est entre **la poste** et **le musée**.
- Est-ce qu'il y a **un parc** près d'ici?
- Oui, continuez tout droit, puis prenez la **première** rue à **droite**.
- Merci.
- De rien.

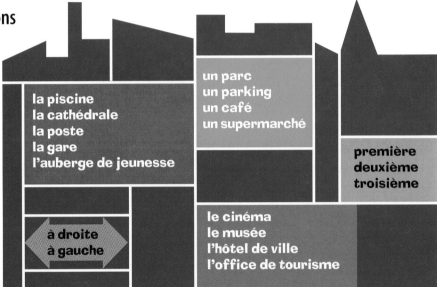

la piscine
la cathédrale
la poste
la gare
l'auberge de jeunesse

à droite
à gauche

un parc
un parking
un café
un supermarché

le cinéma
le musée
l'hôtel de ville
l'office de tourisme

première
deuxième
troisième

2 En ville

Trouve …

3 trois mots qui commencent avec h. **h**

2 deux mots qui commencent avec r. **r**

1 un mot qui commence avec t. **t**

vocabulaire de classe

Trouve les paires. **Exemple: 1 j**

1 Travaillez en groupes.
2 On fait un jeu?
3 On commence?
4 Qui commence?
5 C'est à qui le tour?
6 C'est à toi.
7 C'est à moi.
8 Tu poses une question.
9 Qui a gagné?
10 On va demander au prof.

a *You ask a question.*
b *It's your turn/It's yours.*
c *Shall we play a game?*
d *Who's beginning?*
e *It's my turn/It's mine.*
f *Shall we begin?*
g *We'll ask the teacher.*
h *Who won?*
i *Whose turn is it?*
j *Work in groups.*

? The word for 'to' or 'at' sounds the same in French as the word for 'has'.
How do French people show the difference when they write down the words?

SOMMAIRE

Now you can…

- **ask for information**

Avez-vous	un dépliant sur la ville, une liste des hôtels, une brochure, un plan de la ville,	s'il vous plaît?

Est-ce qu'il y a une piscine ici?		

Qu'est-ce qu'il y a	à voir à faire	à La Rochelle?

Have you	a leaflet about the town a list of hotels a brochure a map of the town	please?

Is there a swimming pool here?		

What is there	to see to do	in La Rochelle?

- **ask for directions**

Pardon, Monsieur/Madame/Mademoiselle.		

Pour aller	au parc, à la poste, à l'église, aux magasins, en ville,	s'il vous plaît?

Est-ce qu'il y a	un café une banque des toilettes	près d'ici?

C'est loin?		

Excuse me, sir/madam/miss		

How do you get to	the park the post office the church the shops town	please?

Is there	a café a bank	near here?
Are there	some toilets	

Is it far?		

- **understand and give directions to a French person**

C'est	à gauche. à droite.	← →
Continuez	tout droit.	↑
Prenez	la première (1ère) rue la deuxième (2ème) rue la troisième (3ème) rue	à gauche. à droite.
Tournez		

It's	on the left. on the right.		
Go/Continue	straight on.		
Take	the first road the second road the third road	on the	left. right.
Turn			

- **understand how far away places are**

c'est tout près	it's very near
c'est loin	it's a long way
c'est assez loin	it's quite a long way away
ce n'est pas loin	it's not far
c'est à 50 mètres	it's 50 metres away

- **talk about places in a town …**

auberge de jeunesse (f)	youth hostel
banque (f)	bank
cathédrale (f)	cathedral
camping (m)	campsite
collège (m)	secondary school

école (f)	school
église (f)	church
gare (f)	station
hôpital (m)	hospital
marché (m)	market
musée (m)	museum
l'office de tourisme (m)	tourist office
parc (m)	park
parking (m)	car park
piscine (f)	swimming pool
place (f)	square
poste (f) / bureau de poste (m)	post office
restaurant (m)	restaurant
tour (f)	tower

- **… and say exactly where they are**

C'est devant l'église.
It's in front of the church.
C'est derrière l'église.
It's behind the church.
C'est entre le cinéma et le café.
It's between the cinema and the café.

- **use the words for 'at' and 'to'** (see page 73)
à, au, à la, à l', aux

- **use the verb *aller*** (see page 74)

Rappel 3 unités 6–7

1 Au contraire

Trouve les contraires.
Exemple: 1 *e*

1	oui	**a**	mauvais
2	chaud	**b**	sur
3	beau	**c**	derrière
4	petit	**d**	blanc
5	l'hiver	**e**	non
6	noir	**f**	grand
7	devant	**g**	froid
8	sous	**h**	l'été

2 Les mots en escargot

a *Trouve six endroits en ville.*
b *Avec les lettres qui restent, écris le nom d'une saison.*
Exemple: a *église, …*

3 Chasse à l'intrus

a *Trouve le mot qui ne va pas avec les autres.*
b *Explique pourquoi, si possible.*
Exemple: 1 *du sport*
   Les autres sont des descriptions du temps.

1 du brouillard, du vent, du soleil, du sport
2 cent, quatre-vingts, travailler, soixante-dix
3 jouer, février, dessiner, chanter
4 une église, une banque, un magasin, un homme
5 première, derrière, deuxième, troisième
6 sous, sur, devant, méchant
7 l'été, l'hiver, l'ami, l'automne
8 le printemps, le volley, le golf, le tennis

Pour t'aider

des nombres	des bâtiments	des saisons
des verbes	des prépositions	des sports

4 Quel temps fait-il?

Complète les phrases avec des voyelles. Trouve le symbole qui correspond.
Exemple: 1 *Il y a du soleil. (c)*

1 Il y _ d_ s_l__l.
2 Il f__t fr__d.
3 Il pl__t.
4 Il y _ d_ br___ll_rd.
5 Il n__g_.
6 Il f__t ch__d.

5 Masculin, féminin

Écris deux listes.

masculin	féminin
Exemple:	*une brochure*

Pour t'aider

The following endings are usually masculine: *-ing, -eau.*
The following endings are usually feminine: *-ure, -tte.*

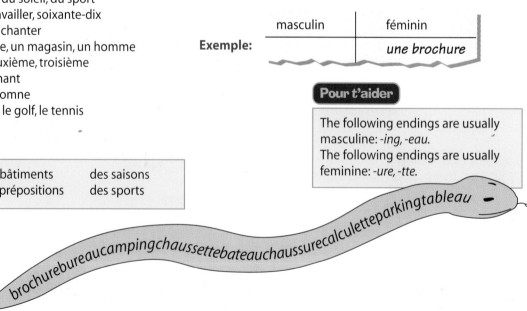

6 À la maison

Complète les phrases avec la forme correcte du verbe.
Exemple: 1 Il *neige*

1 Il … (neiger)
2 On … à la maison. (rester)
3 Moi, je … à mes amis. (téléphoner)
4 Toi, tu … sur l'ordinateur? (travailler)
5 Marc …de la musique. (écouter)
6 Sophie … (dessiner)
7 Nous … un grand repas. (préparer)
8 Vous … le salon, les enfants? (ranger)
9 Après le repas, mes parents … aux cartes. (jouer)
10 Ma grand-mère et ma sœur … une vidéo. (regarder)

8 Le week-end

Trouve les paires.
Exemple: 1 *c*

1	Moi, je …	a	vont au supermarché.
2	Et toi, tu …	b	va à la piscine.
3	Daniel, il …	c	vais au musée.
4	Nicole, elle va …	d	vas au parc.
5	Nous …	e	au match.
6	Et vous, vous …	f	la discothèque.
7	Mes parents …	g	allez aux magasins.
8	Les filles vont à …	h	allons au concert.

10 Tom et Jojo en ville

Complète les phrases avec des mots dans la case.
Exemple: 1 *ville*

C'est samedi. Jojo décide d'aller en (**1**) … . Elle va d'abord (**2**) … magasins. Puis elle va (**3**) … café. Ensuite, elle visite une amie (**4**) … église. Puis elle va (**5**) … gare. Zut! Tom est aussi (**6**) … gare. Tom (**7**) … Jojo. Jojo (**8**) … dans la direction du port. Puis elle (**9**) … à gauche. Tom continue (**10**) … Jojo arrive (**11**) … parc. Tom (**12**) … dans la rivière.

à la   aux
tombe   va
à la   chasse
tourne   au
au
ville   à l'
tout droit

7 Où est le lapin?

Henri n'est pas dans sa cage. Où est-il?
Exemple: 1 Il **est entre les livres.**

9 À toi!

Réponds aux questions.
1 Où vas-tu en ville, le samedi?
2 Et tes amis, où vont-ils?
3 Qu'est-ce que tu préfères: aller au cinéma ou aller au match de football?
4 Qu'est-ce que tu fais, quand il fait mauvais?
5 Et tes amis?
6 Qu'est-ce que tu préfères: jouer sur l'ordinateur ou regarder un film?

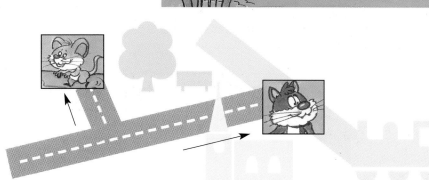

8

Une journée scolaire

In this unit you will learn how to ...

- ask what the time is
- understand and tell the time in French
- discuss when something is happening
- talk about a typical day
- talk about school subjects
- say what you think about them

You will also ...

- use the verbs *manger* (to eat) and *commencer* (to begin)
- use possessive adjectives (to say his, her, its, our, your, their)

1 **C'est à quelle heure?**

Écris 1–8. Écoute les conversations et note l'heure.
Exemple: 1 *à 3 heures*

2 **Le week-end**

Complète les phrases.
Exemple: 1 *à midi*

Pour t'aider

	une heure	
à	deux trois (etc.)	heures
	midi minuit	

1. Luc et Sophie vont aux magasins …
2. Suzanne et Nicole vont à la gare …
3. Pierre va à la piscine …
4. La famille Dupont va au restaurant …
5. Sika va au supermarché …
6. Nicolas et Marc vont au parc …
7. Mme Lambert va à la poste …
8. M. Leclerc (le curé) va à l'église …
9. Pascale et Alex vont au musée …
10. Mangetout va dans la cuisine …

3 🔊 Rendez-vous à quelle heure?

Écoute la cassette et complète les phrases avec l'heure correcte.
Exemple: 1 *à 2h30*

1 sous la grosse horloge à …
2 devant le musée à …
3 derrière la cathédrale à …
4 au café à …
5 devant le cinéma à …

6 dans le parc à …
7 à la gare à …
8 devant le restaurant à …
9 devant la piscine à …
10 au supermarché à …

4 Inventez des conversations

Travaillez à deux. Lisez les conversations puis changez les mots en couleur.

1
– On va au **cinéma, vendredi**?
– Oui, je veux bien. À quelle heure?
– **À sept heures et demie**?
– D'accord. Alors rendez-vous devant le **cinéma à sept heures et demie**.

2
– Tu es libre **à midi**? On va au **café**?
– Non, mais **à une heure**, je suis libre.
– Alors, rendez-vous au **café à une heure et quart**.

3
– On va **à la piscine ce matin**?
– Oui, d'accord.
– Alors, rendez-vous **devant la piscine à dix heures et quart**
– D'accord, à bientôt.

à une heure	et quart
à deux heures	moins le quart
(trois etc.)	et demie
à midi	et quart
	moins le quart
	et demi

devant la piscine, à la gare etc.

lundi, mardi etc.

cinéma, café etc.

ce matin, cet après-midi etc.

à la piscine, à Paris etc.

5 Quelle heure est-il?

Regarde les images. Quelle heure est-il?
Exemple: 1 *Il est sept heures moins dix.*

1 🔲 Une journée typique

Écoute la cassette et lis le texte. Olivier parle d'une journée scolaire.

1 Le matin, je me lève à sept heures.

2 Je prends mon petit déjeuner à sept heures et demie. Je mange du pain avec du beurre et de la confiture et je bois du jus d'orange.

3 Je quitte la maison à huit heures et j'arrive au collège à huit heures vingt.

4 Les cours commencent à huit heures et demie. J'ai quatre cours, le matin.

5 À dix heures et demie, il y a la récréation du matin. Ça dure dix minutes.

6 À midi, je mange à la cantine. Puis je vais dans la cour avec mes copains. Quelquefois, nous jouons au football.

7 L'après-midi, nous commençons à deux heures. J'ai cours jusqu'à quatre heures moins dix. Puis je rentre à la maison.

8 Pour mon goûter, je mange un sandwich et je bois un chocolat chaud.

9 À six heures, je commence mes devoirs.

10 Le soir, nous mangeons à sept heures. Après le dîner, je continue à travailler.

11 Puis je regarde la télé, j'écoute de la musique ou je joue sur l'ordinateur.

12 Et à neuf heures, je me couche.

2 La journée d'Olivier

Relis la page 82 et trouve les paires.
Exemple: 1 f

a Olivier prend son petit déjeuner.
b Olivier arrive au collège.
c Il commence ses devoirs.
d Il se couche.
e Il quitte la maison.
f Olivier se lève.
g Olivier mange à la cantine.
h Il quitte le collège.
i C'est la récréation.
j Il mange son dîner.

4 Un questionnaire

Pose ces questions à un(e) partenaire et note les réponses.
Exemple: a

> À quelle heure est-ce que tu quittes la maison?

> (Je quitte la maison) à huit heures moins dix.

Tu écris:

7h50

À quelle heure est-ce que ...

a tu quittes la maison?
b tu arrives au collège?
c les cours commencent?
d tu manges à la cantine/ tu manges tes sandwichs?
e tu quittes le collège?
f tu rentres à la maison?
g tu commences tes devoirs?
h tu manges, le soir?

3 Une journée en semaine

Complète le résumé avec les mots dans la case.
Exemple: 1 matin

Le **(1)** …, je prends mon **(2)** … à sept heures et quart. Au collège, les **(3)** … commencent à neuf heures. À midi, je prends le **(4)** … à la cantine. L'**(5)** …, nous avons cours de deux heures à quatre heures moins le quart. Pour le **(6)** …, je bois du chocolat chaud ou je mange un fruit. Puis je commence mes **(7)** … . Le **(8)** …, nous prenons le **(9)** … à six heures.

| devoirs | matin | après-midi | soir | dîner |
| goûter | déjeuner | petit déjeuner | cours |

5 À toi!

Écris une petite description d'une journée scolaire. Ça peut être ta journée ou la journée d'un(e) camarade.
Exemple:

> Je quitte la maison à huit heures.

ou

> Alex quitte la maison à sept heures et demie.

Pour t'aider

Relis **Une journée en semaine** et **Un questionnaire**.

Je me lève – I get up (or 'I get **myself** up')
Je me couche – I go to bed (or 'I lie **myself** down')
Verbs like this, in French, are called **reflexive verbs**. You will learn more about them later in the course.

1 Au Sénégal

Complète le texte avec des mots dans la case.
Exemple: 1 *habitent*

Jabu et Pirane **(1)** … au Sénégal, en Afrique. Elles **(2)** … français.
Le matin, elles vont au **(3)** … à Dakar. C'est assez loin. Les **(4)** … commencent à huit heures. À dix heures, il y a la **(5)** ….
À midi, elles mangent à la **(6)** …
L'après-midi, elles ont cours jusqu'à **(7)** ….
Puis elles **(8)** … à la maison.
Pirane aide sa mère à préparer le **(9)** …, et à sept heures, on **(10)** …

> récréation   collège   parlent
> cours   habitent   mange
> dîner   cantine
> quatre heures   rentrent

DOSSIER-LANGUE

Manger and *commencer*

These two verbs are slightly different from regular *-er* verbs. Can you spot which part of the verb is different?

manger – to eat

je mange	nous mangeons
tu manges	vous mangez
il/elle/on mange	ils/elles mangent

The *nous* form has an extra *e* before the *-ons* ending. This is to make the *g* sound 'soft', (as in *géographie* and *Georges*) rather than 'hard' (as in *golf*).
Other verbs that follow this pattern are *ranger* (to put away, tidy up) and *partager* (to share).

commencer – to start, begin

je commence	nous commençons
tu commences	vous commencez
il/elle/on commence	ils/elles commencent

In *commencer*, the *nous* form has a ç (c cedilla) to make the *c* sound 'soft' (as in *centre*) rather than 'hard' (as in *combien*). Another verb that follows this pattern is *lancer* (to throw).

This rhyme might help you remember the rule:
> *Soft is c*
> *before i and e,*
> *and so is g.*

---

2 Des conversations

a *Complète les conversations 1–4 avec la forme correcte du verbe* **commencer***.*
Exemple: 1 *commence*

1 – Le film … à quelle heure?
 – Le film … à huit heures.
2 – À quelle heure est-ce que les cours …, le matin?
 – Ils … à neuf heures.
3 – Vous … à quelle heure, le vendredi?
 – Le vendredi, nous … à huit heures et demie.
4 – Nicolas, tu … tes devoirs?
 – Oui, maman, je … dans cinq minutes.

b *Complète les conversations 5–7 avec la forme correcte du verbe* **manger***.*

5 – Est-ce que tu … à la cantine à midi?
 – Non, je … des sandwichs.
6 – Vous … à quelle heure, le soir?
 – D'habitude, nous … vers six heures.
7 – En France, on … vers sept heures ou huit heures, non?
 – Oui, mes amis français … normalement à sept heures et demie.

3 Les matières

Écris les matières.
Exemple: 1 *la géographie*

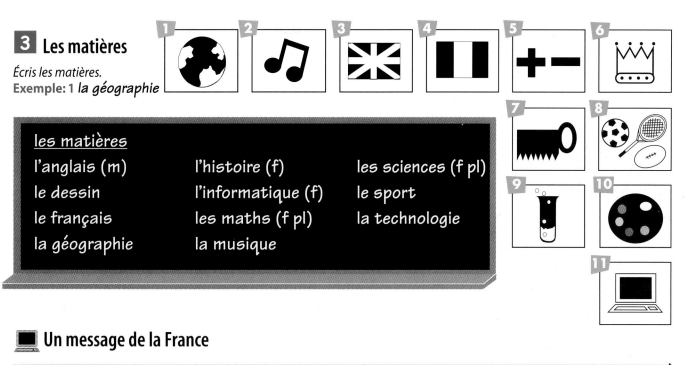

les matières		
l'anglais (m)	l'histoire (f)	les sciences (f pl)
le dessin	l'informatique (f)	le sport
le français	les maths (f pl)	la technologie
la géographie	la musique	

💻 Un message de la France

école@compu.com

Voici notre emploi du temps:

	lundi	mardi	mercredi	jeudi	vendredi	samedi
8h30	anglais	français		maths	éducation civique	français
9h30	histoire	géographie		anglais	français	anglais
10h20	Récréation					
10h30	français	maths		français	maths	musique
11h30	maths	dessin		informatique	maths	
12h25	déjeuner					
14h 10	technologie	sciences		français	EPS	
15h10	technologie	sciences		informatique	EPS	
16h	Récréation					
16h10		EPS		anglais		

Envoyez-nous votre emploi du temps – en français, si possible.

La classe 6ᵉB

4 🎞 C'est quel jour?

Écoute la cassette et consulte l'emploi du temps.
Écris 1–8. C'est quel jour? C'est le matin ou l'après-midi?
Exemple: 1 *samedi matin*

5 On a quelle matière?

Travaillez à deux. Consultez l'emploi du temps et inventez des conversations.
Exemple:

> Qu'est-ce qu'on a, lundi à 9h30?

> À 9h30, on a histoire.

Find two school subjects which end in *-ie* in French. What is their ending in English?
Look up 'photography' in the *Glossaire*. Does this word follow the same pattern?

1 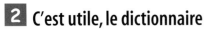 Six élèves

Écris 1–6. Écoute la cassette et décide qui parle.

Exemple: 1 *e*

Légende
♡	aime
♡♡	adore
✗	n'aime pas
✗✗	déteste

a Sika
♡	les sciences
✗✗	l'anglais

b Philippe
♡♡	l'informatique
✗	la géographie

c Marion
♡♡	le français
✗	l'histoire

2 C'est utile, le dictionnaire

amusant	utile
super	nul
facile	ennuyeux
difficile	sympa
intéressant	

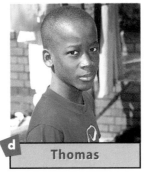

d Thomas
♡	le sport
✗	les maths

e Sylvie
♡♡	les maths
✗✗	le dessin

f Tchang
♡	la musique
✗	la technologie

Écris ces adjectifs avec l'anglais en deux listes:

a *des opinions positives*
b *des opinions négatives.*
D'abord, devine le mot anglais. Puis vérifie dans le Glossaire.
Exemple:

+	−
amusant – fun	

3  Moi, non

Travaillez à deux. Lisez la conversation. Puis changez les mots soulignés.

> J'aime beaucoup <u>la technologie</u>. C'est <u>amusant</u>. Et toi?

> Moi, non, je n'aime pas ça. C'est <u>difficile</u>. Je préfère <u>le français</u>.

4  Un message de la France

```
                        école@compu.com
   [  ▾ ]  B I U T  —  ⬚ ⬚ ⬚ ⬚ ⬚ ⬚ ⬚ ■

  Bonjour. Quelles sont vos
  matières préférées? Nous avons
  fait un sondage sur les
  matières. Voici les résultats:

  a  l'anglais
  b  le dessin
  c  le français
  d  la géographie
  e  l'histoire
  f  les maths
  g  les sciences
  h  la technologie

  Envoyez-nous les résultats de
  votre sondage.
  À bientôt,
  La classe 6ᵉB
```

a *Lis le message et fais un résumé.*
Exemple: *Un élève aime la géographie. Deux élèves aiment …*

b *Travaillez en groupes ou avec toute la classe. Faites un sondage. Chaque personne donne sa matière préférée.*
Comptez les voix pour chaque matière.
Présentez les résultats sous la forme d'un tableau.

5 🎞️ Un nouvel élève

a *Karim est un nouvel élève. Pendant la récréation, on lui pose beaucoup de questions. Lis les questions, puis écoute la cassette. Il y a une question qu'on ne pose pas. C'est quelle question?*

1 Quel âge as-tu?

2 Quelle est la date de ton anniversaire?

3 Quelle est ta matière préférée?

4 Quels sont tes passe-temps préférés?

5 Quel est ton sport préféré?

6 Est-ce que ta mère travaille au collège?

b *Complète les réponses de Karim.*
Exemple: a *le basket*

a Mon sport préféré est …
b Mes passe-temps préférés sont …
c J'ai …
d Ma matière préférée, c'est …
e Mon anniversaire est…

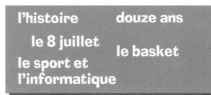

l'histoire   douze ans
le 8 juillet   le basket
le sport et l'informatique

c *Relis les questions et trouve la bonne réponse, puis écoute la cassette encore une fois pour vérifier.*
Exemple: 1 *c*

6 Mes dessins

Complète les phrases avec **mon**, **ma** *ou* **mes**.

La Rochelle, le 10 février

Cher James,
Merci de ta lettre et pour l'affiche superbe de Londres. Je n'aime pas beaucoup écrire des lettres, mais j'aime dessiner.
Alors, je t'envoie trois dessins et une affiche de Paris.

Ton ami français,

Marc

1 Voici … famille –
… parents, … frère,
… sœur et moi.

2 Voici … animaux –
… chien, … chat, …
oiseau et … souris.

3 Et voici … chambre,
avec … guitare,
… livres, … baladeur
et … cassettes. Et au
mur, il y a … affiche
de Londres.

DOSSIER-LANGUE

My and your

Do you remember that there are three different words for 'my' in French? Look at Karim's replies to find some examples.
There are three similar words for 'your' (with someone you call *tu*). Look at the questions to find some examples.
Here is a summary of the rule:

masculine	feminine	before a vowel	plural
un/le mon frère ton chien	une/la ma sœur ta souris	un/une/l' mon amie ton oiseau	des/les mes parents tes animaux

The word you need depends on the noun which follows 'my' or 'your', **not** the owner.

7 👥 Des choses préférées

Travaillez à deux. Une personne pose une question, l'autre répond. Après trois questions, changez de rôle.
Exemple:

Quel est ton numéro préféré?

Mon numéro préféré est le sept.

Quel est ton	numéro mois livre sport	préféré?
Quelle est ta	saison matière couleur fête ville	préférée?

1 As-tu une bonne mémoire?

Lis ces phrases sur Karim. Corrige les erreurs.
Exemple: 1 *Non, son sport préféré est le basket.*

1 Son sport préféré est le rugby.

2 Ses passe-temps préférés sont le sport et la musique.

3 Sa matière préférée, c'est les maths.

4 Son anniversaire est le 8 janvier.

DOSSIER-LANGUE

His, her, its

In French, the same words are used to say 'his', 'her' or 'its'. There are different forms depending on the noun that follows.
Here is a summary of the rule:

masculine	feminine	before a vowel	plural
un/le	*une/la*	*un/une/l'*	*des/les*
son père	*sa mère*	*son ami(e)*	*ses parents*
his father	his mother	his friend	his parents
her father	her mother	her friend	her parents
its father	its mother	its friend	its parents

The word you need depends on the noun which follows, **not** the owner.

2 À la maison

Luc est bien organisé. Il fait vite ses devoirs dans sa chambre, puis il aime faire autre chose.

a *Complète les phrases avec* **son**, **sa** *ou* **ses**.
Exemple: 1 *ses devoirs, ...*

b *Décide quelles phrases décrivent Luc.*
Exemple: 1, ...

1 L fait … devoirs dans … chambre (f).
2 … livres, … calculette (f) et … règle (f) sont sur la table.
3 L regarde … emploi du temps (m) et pense à … devoirs.
4 L cherche … cahier (m) et … livres de géographie dans … sac (m).

Louise aime prendre son temps. Elle fait ses devoirs dans la salle à manger.

5 L ferme … cahier (m) et range … affaires.
6 L téléphone à … ami.
7 L cherche … stylo (m) et … crayons.
8 L met … jogging (m), … T-shirt (m) et … chaussures de football.
9 L met … ballon (m) de football dans … sac (m).
10 L commence … devoirs, mais où sont … gomme (f) et … taille-crayon (m)?
11 L prend … vélo (m) et va au parc.
12 L fait toujours … devoirs à neuf heures.

3 Des machines utiles

a Une machine à faire les devoirs
Complète les phrases. N'oublie pas de vérifier si c'est un mot masculin (son) ou un mot féminin (sa).

1 Voici … stylo.
2 Voici … cahiers.
3 Voici … calculette.
4 Voici … crayon.
5 Voici … gomme.
6 Voici … livres.
7 Voici … règle.
8 Voici … taille-crayon.
9 Voici … dictionnaire.

b Une machine à inventer 💻
Dessine une machine à faire du sport avec une raquette de tennis, des balles, un ballon de football, un short, des baskets, un T-shirt, une casquette etc.

4 🔊 Au collège

Nos jeunes reporters, Robert et Cécile, visitent un collège et parlent à deux élèves, Marc et Anne.
Écoute la cassette et lis le texte. Trouve (dans la case) les mots qui manquent dans le texte.
Exemple: 1 *Jules Verne*

technologie

samedi

le dessin

la biologie

trente-huit

mercredi

maths

huit heures et demie

Jules Verne

R: Bonjour Anne et Marc, comment s'appelle votre collège?
A: Notre collège s'appelle le Collège **(1)** …
C: Et vous êtes dans quelle classe?
A: Nous sommes dans la classe Sixième B.
C: Il y a combien d'élèves dans votre classe?
A: Il y a **(2)** … élèves. C'est beaucoup.
R: Oui, c'est vrai. Quelles sont vos matières préférées?
M: Moi, j'aime beaucoup **(3)** … . Notre prof est très sympa.
A: Moi, je préfère **(4)** … . Notre prof de dessin est très amusant.
R: En général, est-ce que vos profs sont gentils?
M: Oui, en général, ils sont assez gentils. Notre prof de **(5)** …, par exemple, est super. Il organise bien ses cours et il explique tout très bien.
A: Oui, mais notre prof de **(6)** … est un peu sévère.
C: Vos cours commencent à quelle heure, le matin?
M: À **(7)** …, mais on n'a pas cours le **(8)** …, et le **(9)** …, on finit à midi.

DOSSIER-LANGUE

Our and your

There are just two words for 'our' and two similar words for 'your' (when using *vous*). Look through the interview and see if you can spot some examples.
Here is a summary of the rule:

	singular	plural
our	*notre*	*nos*
your	*votre*	*vos*

The word you need depends on the noun which follows, **not** the owner.

---

5 Notre voyage scolaire

*Complète les phrases avec **notre** ou **nos**.*

Exemple: 1 *notre classe*

Aujourd'hui, **(1)** … classe fait un voyage scolaire. **(2)** … prof d'informatique organise une visite au Centre de Technologie. Alors, nous avons tous **(3)** … cartable ou **(4)** … sac à dos avec **(5)** … cahiers, **(6)** … calculette, **(7)** … crayons et **(8)** … sandwichs, bien sûr. Et voilà, **(9)** … car arrive.

---

6 Vos affaires scolaires

*Complète le texte avec **votre** ou **vos** et le mot correct.*
Exemple: 1 *votre sac*

Achetez vos affaires scolaires ici!

Pour (1) … (2) … (3) …
(4) … (5) … (6) …
(7) … (8) …

… allez au magasin Saint-Pierre.

---

7 💻 Un message de la France

```
//:email
Merci pour les résultats du
sondage.
Voici quelques questions:
Combien d'élèves est-ce
qu'il y a dans votre classe?
Vos cours commencent à
quelle heure le matin?
Est-ce que vous portez un
uniforme scolaire?
Votre uniforme est de quelle
couleur?
À bientôt
La classe 6ᵉB
```

Lis le message et prépare une réponse.

Pour t'aider

Dans notre classe, il y a …
Nos cours …
Oui. / Non.
Notre uniforme …

1 Une lettre de Dominique

Dominique habite au Canada, mais il passe une semaine chez des amis en France.

Salut!

Je passe une semaine chez Lucie et André. Ils vont au collège aujourd'hui, alors je vais au collège aussi. Leur collège est assez loin, alors nous quittons la maison à 7h30.

À 8h15, nous arrivons au collège. Nous retrouvons leurs amis dans la cour et nous discutons un peu.

Leur premier cours est anglais. C'est assez intéressant. Leur prof d'anglais est très sympa. Elle parle de la vie scolaire en Angleterre. Dans beaucoup de collèges anglais, on porte un uniforme scolaire – c'est curieux, ça.

Ensuite, on a des cours de sciences et d'histoire. À midi, on mange à la cantine. Puis l'après-midi, on a technologie et EPS. C'est bien, j'adore le sport.

À bientôt,

Dominique

C'est faux! Lis la lettre de Dominique et corrige les phrases.

Exemple: 1 *Lucie et André vont au collège.*

1 Lucie et André vont au parc aujourd'hui.
2 Leur collège est tout près.
3 Leur premier cours est géographie.
4 C'est très ennuyeux.
5 Leur prof d'anglais est très sévère.
6 On a des cours de maths et d'histoire.
7 À midi, on mange à la gare.
8 L'après-midi, on a dessin et EPS.
9 Dominique déteste le sport.

Their

There are just two words for 'their'. Can you find some examples in the letter and the task?
Here is a summary of the rule:

	singular	plural
their	*leur*	*leurs*

2 Une conversation

Choisis le bon mot.
Exemple: 1 *nos grands-parents*

– Où allez-vous ce week-end?
– Nous allons chez (**1** notre/nos/vos) grands-parents. C'est l'anniversaire de (**2** notre/votre/leur) grand-mère.
– Est-ce que (**3** votre/vos/leur) cousins y vont aussi?
– Oui, (**4** notre/leur/nos) grands-parents ont une ferme à la campagne. (**5** Leur/Leurs/Vos) maison est très grande.
– Est-ce qu'ils ont des animaux?
– Oui, ils ont deux chiens et un cheval. (**6** Notre/Votre/Leurs) chiens s'appellent Noiraud et Blancot et (**7** nos/vos/leur) cheval s'appelle Esprit.

3 Deux familles

La famille Delarouge adore le rouge.
La famille Levert préfère le vert.
Que dit M. Levert?
Exemples:

1 Voici notre maison.
2 Ça, c'est leur maison.
3 Ce sont leurs chats.

4 La journée de Mangetout

Choisis la bonne phrase pour chaque image.

a Le matin, Mangetout va en ville.
b Le matin, Mangetout prend son petit déjeuner.

c À midi, il prend son déjeuner.
d À midi, il mange un sandwich.

e L'après-midi, il joue dans le jardin.
f L'après-midi, il dort.

g Le soir, il dîne.
h Le soir, il chasse les souris.

i La nuit, il rêve. (*dreams*)
j La nuit, il va au parc.

5 Un frère paresseux

Pendant les vacances, quand nous n'avons pas école, mon frère, Charles, reste au lit dans sa chambre jusqu'à onze heures ou même midi. Il écoute la radio et il écoute de la musique, il regarde un magazine ou ses livres, mais il reste tout le temps en pyjama. Je trouve qu'il est paresseux. Qu'en pensez-vous?
Nicole, Strasbourg

a *Lis la lettre de Nicole et ces phrases.*
Trouve le mot qui ne va pas. Choisis le bon mot dans la case.
Exemple: 1 ~~collège~~ *lit*

1 Pendant les vacances, Charles aime rester au collège.
2 Il écoute sa souris.
3 Il mange de la musique.
4 Il écrit un magazine.
5 Il regarde ses trains.
6 Il reste en classe.
7 Sa tarentule s'appelle Nicole.
8 Elle trouve qu'il est super.

| écoute | livres | paresseux | regarde | pyjama | radio | sœur | lit |

b *Sophie répond à la lettre de Nicole. Complète la réponse de Sophie avec les mots dans la case.*
Exemple: 1 *vacances*

Pendant les (1) …, c'est bien de changer un peu de routine. Alors, je trouve que ce n'est pas très important de se lever à huit heures ou à neuf (2) … . Nous (3) … tous différents. Il y a des personnes qui sont très actives le (4) … et d'autres qui préfèrent commencer la journée plus tard. Mais rester au lit jusqu'à (5) … , ça peut poser des problèmes pour la famille!
Sophie, Dieppe

| heures | matin | midi | sommes | vacances |

6 💻 Un message à écrire

*Tu dois poser des questions sur la vie scolaire. Choisis **a** ou **b**. Pour t'aider, utilise des mots dans la case.*
a *Écris quatre questions pour un élève.*
b *Écris quatre questions pour la classe 6ᵉB.*

```
//:email

Comment s'appelle …
Quel/Quelle est …
Quels/Quelles sont …
Vos cours …
Est-ce que …
Il y a combien d'élèves dans …
```

Pour t'aider

| ton | ta | tes | votre | vos |
commencent à quelle heure
collège
matière(s) préférée(s)
jour(s) préféré(s)   classe
profs sont gentils

vocabulaire de classe

Trouve les paires.
Exemple: 1 *c*

1	Trouve le mot qui ne va pas.
2	Trouve l'image qui correspond.
3	Quelle est la réponse correcte?
4	Trouve un mot qui commence avec c.
5	Change les mots soulignés.
6	Invente un dessin amusant.
7	Relis la lettre.
8	Choisis le bon mot dans la case.
9	Écoute la cassette pour vérifier.
10	Remplis la grille.

a	*Choose the right word from the box.*
b	*Find a word that begins with c.*
c	*Find the word that doesn't fit.*
d	*Fill in the grid.*
e	*Invent a funny picture.*
f	*Find the picture that matches.*
g	*Reread the letter.*
h	*Listen to the cassette to check.*
i	*Change the words underlined.*
j	*Which is the right answer?*

SOMMAIRE

Now you can ...

● **ask what time it is**
Quelle heure est-il?   What's the time?

● **understand and tell the time in French**
Il est une heure/deux heures/trois heures ...

... moins cinq   *... cinq*
... moins dix   *... dix*
... moins le quart   *Quelle heure est-il?*   *... et quart*
... moins vingt   *... vingt*
... moins vingt-cinq   *... vingt-cinq*
... et demie

12:00   **12:30**
Il est midi.   *Il est midi et demi.*
Il est minuit.   *Il est minuit et demi.*

● **talk about the time of day**
le matin   in the morning   *le soir*   in the evening
l'après-midi   in the afternoon   *la nuit*   at night

● **talk about a typical day**
une journée typique   a typical day
Le matin, je prends mon petit déjeuner à ...
   In the morning, I have breakfast at ...

J'arrive au collège à ...	I arrive at school at ...
Les cours commencent à ...	Lessons start at ...
À midi, ...	At midday, ...
je mange à la cantine.	I eat in the canteen.
je mange des sandwichs.	I eat sandwiches.
Je rentre à la maison à ...	I get home at ...
Je commence mes devoirs à ...	I start my homework at ...
Le soir, nous mangeons à ...	In the evening, we eat at ...
Je vais au lit à ... /	I go to bed at ...
Je me couche à ...	

● **talk about mealtimes**
un repas   meal   *le petit déjeuner*   breakfast
le déjeuner   lunch   *le goûter*   afternoon snack
le dîner   dinner (evening meal)

● **talk about school subjects**

anglais (m)	English	*dessin (m)*	art
EPS (éducation physique et sportive) (f)			PE
français (m)	French	*géographie (f)*	geography
histoire (f)	history	*informatique (f)*	ICT
maths (f pl)	maths	*musique (f)*	music
sciences (f pl)	science	*sport (m)*	sport
technologie (f)	technology		

● **say which subjects you like and why**

C'est ...	It's ...
amusant	fun
difficile	difficult
ennuyeux	boring
facile	easy
intéressant	interesting
nul	useless, rubbish
OK	okay
super	great
sympa	nice, good
utile	useful

très	very
assez	quite
un peu	a bit

● **use the verbs *commencer* and *manger*** (see page 84)

● **use possessive adjectives**
my and your – *mon, ma, mes* and *ton, ta, tes* (see page 87)
his, her, its – *son, sa, ses* (see page 88)
our and your – *notre, nos* and *votre, vos* (see page 89)

Mangetout a des problèmes

1 Madame n'est pas à la maison et toute la famille de Mangetout est en vacances. Une autre dame prépare les repas pour Mangetout, mais il n'est pas content.

2 Mangetout décide de trouver quelque chose à manger. Ah, voici un grand hôtel. Ici, on est sûr de trouver des plats délicieux!

3 Mais voici un choc horrible pour Mangetout. À l'hôtel, on sert du fast-food, pas de vrais repas.

4 Mangetout examine beaucoup de poubelles ... par exemple, devant le restaurant – pas beaucoup à manger ici ...

5 ... et derrière le supermarché – ici, il y a des choses à manger, mais il y a aussi beaucoup de chats!

6 Il trouve une famille très gentille avec un pique-nique – mais c'est une famille végétarienne!

7 Mais qu'est-ce que c'est? Ça sent bon. Mangetout est très excité.

8 C'est le marché aux poissons. Enfin, Mangetout trouve un dîner délicieux. Mmm, c'est bon ça!

chantez

1 Déjà sept heures moins dix, dix, dix,
Vite, vite, je vais être en retard.
Sept heures et quart je me prépare,
Je quitte la maison, enfin je pars.
   Attention, c'est l'heure!

2 Ça y est, huit heures du mat, matin,
On entre en gare, j'arrive en train.
La cloche sonne à huit heures vingt,
Je suis au collège, tout va bien.
   Attention, c'est l'heure!

3 Enfin midi, j'ai faim, faim, faim,
On va manger à la cantine.
Il est cinq heures, viens Géraldine,
La fin des cours, vive les copines.
   Attention, c'est l'heure!

4 Il est six heures du soir, soir, soir,
Je fais mes devoirs, ouf, ça y est!
Huit heures, on prend tous le dîner,
Et puis, on regarde la télé.
   Attention, c'est l'heure!

5 Besoin d'un bon dodo, dodo,
Très fatigué, je vais au lit.
Eh oui, il est dix heures et demie,
Alors à bientôt, bonne nuit.
   Attention, c'est l'heure!

Es-tu un(e) élève modèle?

Quelle sorte d'élève es-tu? Fais vite ce jeu-test pour trouver la réponse!

1 Tu préfères les cours où ...
✳ tu t'amuses avec tes copains.
✛ tu as 10 sur 10 pour ton travail.
▲ le sujet est très intéressant.

2 Tu n'aimes pas ...
✛ la récréation.
✳ les cours.
▲ les cours où on écrit tout le temps.

3 En classe, tu préfères une place ...
▲ vers le milieu de la salle de classe.
✳ au dernier rang.
✛ au premier rang, au centre.

4 Si le cours n'est pas du tout intéressant, ...
▲ tu dessines, mais tu écoutes la leçon.
✛ tu écoutes attentivement comme toujours.
✳ tu dors.

5 Il y a le grand match à la télé ce soir.
✛ Tu fais tes devoirs avant le match.
✳ Tu ne fais pas de devoirs ce soir.
▲ Tu fais les devoirs pendant la mi-temps et après le match.

6 Tu préfères les profs qui sont ...
✛ intéressants mais assez sévères.
▲ intéressants et sympas.
✳ souvent absents.

Solution

Si tu as une majorité de ✳ ... je regrette, tu n'es pas un(e) élève modèle. Mais il est possible de prendre de bonnes résolutions. Bonne idée, non?

Si tu as une majorité de ✛ ... tu es probablement un(e) élève modèle.

Si tu as une majorité de ▲ ... tu n'es pas toujours un(e) élève modèle, mais tu es un(e) élève normal(e)! Félicitations!

au dernier rang – *in the back row*
sympa(s) – *nice*

Le sais-tu?

oranges... oranges... oranges... oranges...

Vivent les oranges!
- Tous les ans, les Français mangent 17 kg d'oranges par personne.
- Une orange contient toute la vitamine C nécessaire pour une personne pour un jour.
- Une orange contient aussi beaucoup de minéraux, par exemple du calcium et du potassium.
- Les oranges vous aident à résister la fatigue.

Les oranges dans l'histoire
- Les premières oranges sont originaires de l'Inde et de la Chine.
- Une sorte d'orange, "la pomme de Médée", est mentionnée 300 ans avant Jésus Christ.
- Pendant de longs voyages, les marins du passé mangeaient beaucoup d'oranges et de citrons pour rester en forme.

- C'est l'explorateur, Vasco de Gama, qui a introduit l'orange en Europe, au XIV siècle – mais d'abord, elle était considérée comme un ornement.
- De grands châteaux, comme Versailles, ont souvent un bâtiment spécial qui s'appelle une Orangerie. C'est pour protéger les orangers (les arbres) en hiver, quand il fait froid.
- C'est seulement au XVI siècle qu'on commence à **manger** les oranges en Europe.

mangeaient – *used to eat*
un siècle – *century*

oranges... oranges... oranges... oranges... oranges... oranges...

LE NOUVEL ÉLÈVE

1

Il y a un nouvel élève en quatrième au Collège Marie Curie.

Il a l'air sympa, le nouvel élève!

2

Comment t'appelles-tu?

Je m'appelle Patrick.

Tu habites près d'ici?

Non, j'habite au village avec ma mère et mon petit frère.

3

C'est mon anniversaire aujourd'hui, Patrick. On va au café après les cours. Tu viens?

Ah non, je regrette, mais je ne peux pas venir.

4

Quelques jours après

Bravo Patrick!

Il joue bien, ce garçon!

5

Fantastique, Patrick! Est-ce que tu peux jouer dans notre équipe, samedi après-midi?

Ah non, je voudrais jouer, mais le samedi, je ne peux pas.

6

Un jour, la classe de Patrick est punie. Toute la classe reste vingt minutes après les cours – avec une exception!

Oui, oui. Je comprends. Tu peux rentrer à la maison.

Ce n'est pas juste! Mais ça alors!

7

Maintenant, la vie est difficile pour Patrick et il n'est pas très populaire.

8

Mais un jour …

Ah, maintenant, je comprends!

9

Patrick, maintenant on comprend.

Oui, Patrick – ta mère travaille et tu restes avec ton petit frère. C'est ça, ton problème, non?

Oui, … mais …?

Si tu veux, on va t'aider.

10

Maintenant tout va bien. Patrick est très populaire et très heureux – et son petit frère aussi.

FIN

il a l'air sympa – *he looks nice*

unité

9

Mmm – c'est bon, ça!

In this unit you will learn how to ...

- talk about food and drink
- talk about meals
- accept or refuse food and drink
- talk about which food and drink you like and dislike

You will also ...

- use the words for 'some'
- use the verb *prendre* (to take)
- use the negative to say not

Un repas typique

Normalement, les familles françaises prennent quatre repas par jour: le petit déjeuner, le déjeuner, le goûter et le dîner. Voici des possibilités pour un déjeuner typique.

On commence avec un **hors-d'œuvre,** par exemple:

1 du melon

2 du pâté

 **3** du jambon

Puis il y a un **plat principal**, par exemple:

4  du poulet

5  de la viande

6 du poisson

7 de l'omelette

On mange des **légumes**, par exemple:

8 des pommes de terre

9  des frites

10  des carottes

11  des petits pois

Il y a aussi:

de la salade

du fromage

des yaourts

Ensuite, il y a un **dessert**, par exemple:

des fruits

un gâteau

une tarte aux pommes

Comme **boissons**, il y a par exemple:

du vin

de l'eau

de la limonade

Vocabulaire

un repas	*meal*
un hors-d'œuvre	*first course*
un plat principal	*main course*
des légumes	*vegetables*

---

1  Trois familles

Trois familles (les Dubois, les Martin et les Legrand) décrivent un repas.
Écris les noms des familles. Écoute la cassette, regarde les photos et note les numéros qui correspondent.
Exemple:

les Dubois	les Martin	les Legrand
2		

2 Qu'est-ce que c'est?

Écris ces mots avec les voyelles.
Exemple: 1 *de la viande*

1 de la v_ _nd_
2 de l'_m_l_tt_
3 du p_ _l_t
4 des p_t_ts p_ _s
5 des p_mm_s d_ t_rr_
6 une b_n_n_
7 un y_ _ _rt
8 de l'_ _ _
9 du m_l_n

3 Un repas en morceaux

Trouve les deux parties du mot dans la case pour compléter les phrases.
Exemple: 1 *jambon*

1 Comme hors-d'œuvre, il y a du …
2 Comme plat principal, on mange du …
3 Comme légumes, il y a des …
4 Ensuite, on mange de la …
5 Puis il y a du …
6 Et comme dessert, il y a un …
7 Comme boisson, il y a de la …

car…   …bon
gât…   …ade
from…   …son
limon…   …ottes
sal…   …eau
jam…   …ade
pois…   …age

1 Chasse à l'intrus

Trouve le mot qui ne va pas avec les autres. Explique pourquoi, si possible.

Exemple: 1 *le marché (les autres sont des repas)*

1 le dîner, le déjeuner, le marché, le goûter
2 des carottes, des petits pois, des pommes de terre, des oranges
3 de la limonade, de l'eau, du vin, de la salade
4 du fromage, de la viande, du poisson, de l'omelette
5 du melon, du jambon, des pommes, des bananes
6 des frites, une tarte aux pommes, des fruits, un gâteau

DOSSIER-LANGUE

Some

First – a reminder:
In French, there are four ways of saying 'the':

singular (one thing)			plural (more than one)
masculine	**feminine**	**before a vowel**	**masc/fem**
le fromage	*la salade*	*l'eau*	*les pommes*

and two ways of saying 'a': and the plural of 'a' is 'some':

singular (one thing)			plural (more than one)
masculine	**feminine**	**before a vowel**	**masc/fem**
un yaourt	*une salade*	*un œuf une orange*	*des pommes*

Did you remember this part? If not, check through it again before going on.

New! For singular words, there are three more ways of saying 'some':

To find what they are, look at *Chasse à l'intrus*.
Then look back at pages 96 and 97 and see how many more examples you can find.

masculine	feminine	before a vowel
? fromage	*? salade*	*? eau*

Some (the partitive article)

With masculine singular *(le)* words, use ***du***.
Il mange du fromage et du pain.

With feminine singular *(la)* words, use ***de la***.
Elle mange de la viande elle boit de la limonade.

With a singular word, beginning with a vowel, use ***de l'***.
Il boit de l'eau.

With a plural word *(les)*, use ***des***.
Ils mangent des fruits.

2 Trouve les mots

Lis les phrases et trouve les mots.

Exemple: 1 *C'est du vin.*

1 C'est une boisson alcoolisée. C'est rouge ou blanc. C'est du …
2 C'est un fruit. Quelquefois, on mange ce fruit comme hors-d'œuvre. C'est du …
3 C'est souvent un plat principal. Les végétariens ne mangent pas ça. C'est de la …
4 C'est un plat composé de feuilles *(leaves)*. C'est vert. C'est de la …
5 C'est une boisson froide. Beaucoup d'animaux boivent ça. C'est de l'…
6 C'est un plat de couleur jaune. C'est fait avec des œufs. C'est de l'…
7 Ce sont des légumes. Ils sont oranges. Ce sont des …
8 Ce sont des fruits. Ils sont verts, rouges ou jaunes. Ce sont des …

 Look up ***aigre*** in the **Glossaire** or a dictionary, then try and work out what ***vinaigre*** is.

3 Mangetout – un bon repas

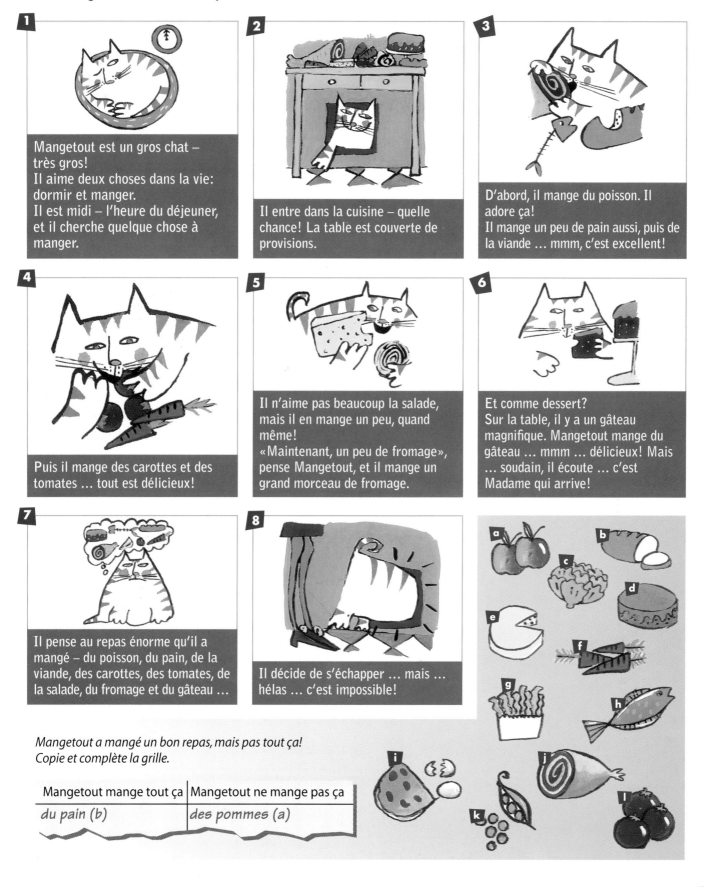

1 Mangetout est un gros chat – très gros!
Il aime deux choses dans la vie: dormir et manger.
Il est midi – l'heure du déjeuner, et il cherche quelque chose à manger.

2 Il entre dans la cuisine – quelle chance! La table est couverte de provisions.

3 D'abord, il mange du poisson. Il adore ça!
Il mange un peu de pain aussi, puis de la viande … mmm, c'est excellent!

4 Puis il mange des carottes et des tomates … tout est délicieux!

5 Il n'aime pas beaucoup la salade, mais il en mange un peu, quand même!
«Maintenant, un peu de fromage», pense Mangetout, et il mange un grand morceau de fromage.

6 Et comme dessert?
Sur la table, il y a un gâteau magnifique. Mangetout mange du gâteau … mmm … délicieux! Mais … soudain, il écoute … c'est Madame qui arrive!

7 Il pense au repas énorme qu'il a mangé – du poisson, du pain, de la viande, des carottes, des tomates, de la salade, du fromage et du gâteau …

8 Il décide de s'échapper … mais … hélas … c'est impossible!

Mangetout a mangé un bon repas, mais pas tout ça!
Copie et complète la grille.

Mangetout mange tout ça	Mangetout ne mange pas ça
du pain (b)	des pommes (a)

1 🔲 Le petit déjeuner

Écoute la cassette et note les numéros qui correspondent.
Exemple: *Nicole – 1, ...*

Nicole

Marc

Claire

Luc

Des touristes

1. du pain
2. des croissants
3. du beurre
4. de la confiture
5. de la confiture d'oranges
6. du Nutella
7. des toasts
8. des tartines
9. des céréales
10. un œuf à la coque
11. un yaourt
12. des fruits
13. du jus de fruit
14. du café
15. du thé
16. un chocolat chaud
17. du lait
18. du sucre

2 Qu'est-ce qu'on prend?

Complète les phrases.
Exemple: 1 *du pain, ...*

1. Lucie prend ... avec ... et ... . Comme boisson, elle prend ...
2. Thomas prend ... et ... et il boit ...
3. Sylvie prend ... et ... avec.... Comme boisson, elle prend ...
4. Le dimanche, Luc mange souvent ... ou ... avec ... et .... Il boit ... avec ... et ...
5. Des touristes mangent ... ou ... ou ... . Puis ils mangent un ... à la coque avec ... ou ... . Comme boissons, ils prennent ... ou ...

3 À toi!

matt@computerserver.com

Qu'est-ce que tu prends pour le petit déjeuner chez toi? Est-ce que tu manges le 'breakfast traditionnel', les œufs au bacon etc.?

Écris quelques phrases pour répondre.
Exemple: *Moi, je prends des céréales et je bois du lait.*

je prends on prend ma sœur prend mes petits frères prennent nous prenons	du	lait jus de fruit café au lait thé chocolat chaud
je bois on boit	de la de l'	limonade confiture eau minérale omelette
je mange on mange ma famille mange mes parents mangent nous mangeons	des	croissants toasts céréales œufs au bacon sandwichs tartines

4 Les repas en France

*Choisis la réponse correcte. Écris **a**, **b** ou **c**.*
Exemple: 1 *c*

1 Les Français prennent le dîner …
  a entre midi et deux heures.
  b entre cinq et six heures du soir.
  c entre sept et huit heures du soir.

2 Pour offrir des boissons aux visiteurs adultes, on dit …
  a Qu'est-ce que tu prends?
  b Qu'est-ce que vous prenez?
  c Qu'est-ce que je prends?

3 Pour le petit déjeuner en France, on prend …
  a des œufs, du bacon et des tomates.
  b une tarte aux pommes et du fromage.
  c des croissants ou du pain.

4 On t'offre de la viande, mais tu es végétarien(ne). Pour répondre poliment, tu dis …
  a Merci, mais je ne prends pas de viande – je suis végétarien(ne).
  b Yeuk! Je ne prends pas les choses comme ça.
  c Non merci. Il n'y a pas autre chose?

5 Beaucoup d'enfants en France prennent le goûter …
  a le matin, avant l'école.
  b pendant l'heure du déjeuner.
  c l'après-midi, après l'école.

5  Un jeu

Travaille avec un(e) partenaire.
a *Choisis un repas, par exemple, le petit déjeuner.*
b *Sur une feuille, écris quatre choses que tu prends – trois choses à manger et une à boire. Ton/Ta partenaire fait une liste de quatre choses aussi.*
Exemple:

toi	ton/ta partenaire
Je prends du lait, un croissant, du beurre et de la confiture.	Je prends du pain avec du beurre, des céréales et du thé.

c *Le jeu – demande à ton partenaire:*

> Tu prends du café?

S'il/Si elle dit:

> Oui, je prends du café.

… tu poses une autre question.
S'il/Si elle dit:

> Non.

… c'est son tour.
La première personne qui découvre les quatre choses qui sont sur la liste de l'autre a gagné.

DOSSIER-LANGUE

Prendre

If a French-speaking person asks you what you will have to drink or eat, (s)he will probably say *Qu'est-ce que tu prends?*
This is a rather special use of the verb *prendre*.
Look it up in the *Glossaire* or a dictionary to find out what its more common meaning is. (Clue: you used parts of it when giving people directions in *Unité 7*.)
Here is the verb in full:

je prends	nous prenons
tu prends	vous prenez
il prend	ils prennent
elle prend	elles prennent
on prend	

6 Questions et réponses

Remplis les blancs et trouve les questions et les réponses qui correspondent.
Exemple: 1 *prenez, e prenons.*

1 Est-ce que vous … un grand repas pour le déjeuner?
2 On … quel autobus pour aller à la gare?
3 À quelle heure est-ce qu'on … le petit déjeuner ici?
4 Qu'est-ce que tu … comme dessert?
5 Est-ce que tes amis … l'autobus pour aller à l'école?

a Je … un yaourt, s'il te plaît.
b Non, ils … le train.
c On … l'autobus numéro 6.
d Nous … le petit déjeuner à 7h30.
e Non, nous … un sandwich à midi.

1 Le plat favori

Tous ces animaux aiment manger.
Complète les phrases avec le plat favori
de chaque animal.

Exemple: 1 *La souris mange du*
fromage.

1 La souris mange …
2 L'oiseau mange …
3 Le cheval mange …
4 Le chien mange …
5 Le perroquet mange …
6 Le cochon d'Inde mange …
7 Le chat mange …
8 Le lapin mange …

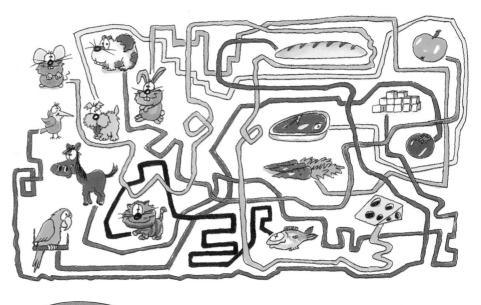

2 Des boissons froides

Trouve cinq boissons froides.

limonadethélaitcaféjusdefruitverrecocavin

3 Les fruits et les légumes

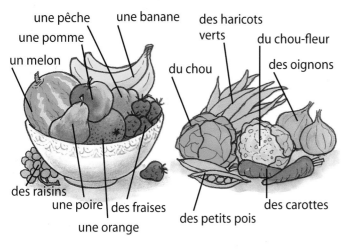

une pêche une banane des haricots verts
une pomme   du chou-fleur
un melon   du chou   des oignons
des raisins
une poire des fraises   des petits pois   des carottes
une orange

Complète les fruits et les légumes avec des voyelles.
Exemple: 1 *fraises*

1 J'aime les fr_ _s_s.
2 Les p_t_ts p_ _s, j'adore ça!
3 Le m_l_n est délicieux.
4 Mon légume favori, c'est les h_r_c_ts v_rts.
5 Je n'aime pas beaucoup le ch_ _-fl_ _r.
6 Comme fruit, je voudrais une p_ _r_, s'il vous plaît.
7 Je regrette, mais je n'aime pas beaucoup les _ _gn_ns.
8 Moi, j'aime les p_mm_s d_ t_rr_.
9 Encore des c_r_tt_s, s'il te plaît, Maman.
10 Les p_ch_s sont très bonnes!

4 Mon repas préféré

Complète les phrases. Puis écoute la cassette pour vérifier.

1 Mon repas préféré est le g… . Je mange d… tartines avec du b… et du Nutella et u… pomme. Je bois u… ch… ch…
2 Mon r… favori est le p… d… . J'adore les c… et l… fruits. Alors, je mange souvent des céréales avec une b… . Comme boisson, je pr… d'abord un j… d'orange, puis du c…é au lait. Et je mange d… toasts aussi.
3 Mon repas favori est le dé… du dimanche. Comme hors-d'…, on prend souvent d… potage. Ça, c'est toujours bon. Puis comme p… principal, j'adore le p… rôti avec des p… de terre, des p… pois et des haricots v… . Et mon d… favori, c'est la t… aux pommes.

5  À toi!

Travaillez à deux. Inventez des conversations.
Exemple:

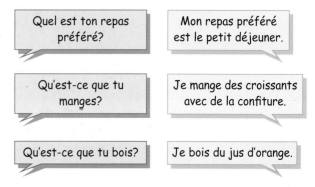

Quel est ton repas préféré?

Mon repas préféré est le petit déjeuner.

Qu'est-ce que tu manges?

Je mange des croissants avec de la confiture.

Qu'est-ce que tu bois?

Je bois du jus d'orange.

6 🔊 À table

a *Écoute la cassette et lis le texte.*

Alex dîne chez une famille française.

– Assieds-toi là, Alex, à côté de Laurent.
– Oui, Madame.
– Qu'est-ce que tu prends comme boisson? Il y a **de la limonade** et **de l'eau**.
– **De l'eau**, s'il vous plaît.

– Pour commencer, il y a **du potage aux légumes**.
– Bon appétit, tout le monde.
– Mmm! C'est bon, ça.
– Tu veux encore **du potage**?
– Oui, je veux bien.

– Voilà. Maintenant, il y a **du poisson**. Et comme légumes, il y a **des frites** et **du chou-fleur**.
– C'est délicieux, Madame.
– Tu veux encore **du poisson**?
– Non, merci, j'ai assez mangé.

– Tu prends **de la salade**?
– Non, merci, je regrette, mais je n'aime pas beaucoup ça.
– Comme dessert, il y a des fruits. Qu'est-ce que tu prends?
– Je voudrais **une banane**, s'il vous plaît. Merci.

b *Lisez la conversation à deux. Puis inventez d'autres conversations.*

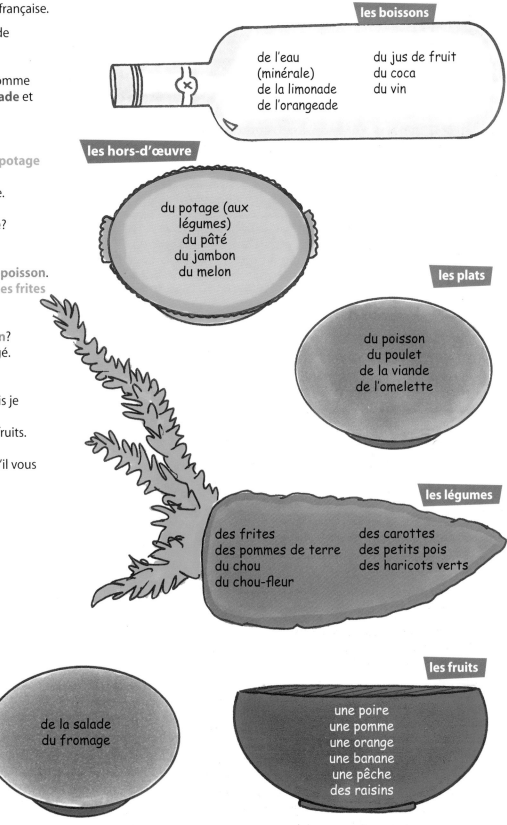

les boissons

de l'eau (minérale)
de la limonade
de l'orangeade

du jus de fruit
du coca
du vin

les hors-d'œuvre

du potage (aux légumes)
du pâté
du jambon
du melon

les plats

du poisson
du poulet
de la viande
de l'omelette

les légumes

des frites
des pommes de terre
du chou
du chou-fleur

des carottes
des petits pois
des haricots verts

de la salade
du fromage

les fruits

une poire
une pomme
une orange
une banane
une pêche
des raisins

1 Deux réponses possibles

Pour chaque question, il y a deux réponses possibles. Choisis les deux réponses.
Exemple: 1 *d et ...*

a Non, merci, j'ai assez mangé.

b Il y a un gâteau au chocolat.

c Non, merci, je regrette, je n'aime pas beaucoup ça.

d De l'eau, s'il vous plaît.

e Oui, c'est très bon. J'adore le potage.

1 Qu'est-ce que tu prends comme boisson?

2 C'est bon, le potage?

3 Encore de la viande?

4 Tu veux des haricots verts?

5 Qu'est-ce qu'il y a comme dessert?

f Je voudrais du coca, s'il vous plaît.

g Oui, s'il vous plaît. J'aime tous les légumes.

h Oui, c'est délicieux, le potage.

i Il y a une tarte aux fraises.

j Oui, je veux bien. J'aime beaucoup la viande.

DOSSIER-LANGUE

Please and thank you

Please

There are two different ways of saying 'please':
s'il te plaît   to someone you call *tu*;
s'il vous plaît   to someone you call *vous*.
(Look back at page 29 if you have forgotten when you say *tu* and when you say *vous*.)

Thank you

Merci can mean 'No thank you' as well as 'Thank you'.
A lot depends on how you say it!
To make sure you don't refuse something by mistake, say:
Non, merci if you don't want something,
Oui, je veux bien or *Je veux bien, merci* or *Oui, s'il te/vous plaît* if you do.

2 C'est utile, le dictionnaire

Toutes ces choses sont bonnes à manger. D'abord, devine le mot anglais. Puis vérifie dans le dictionnaire.

1 une omelette aux champignons
2 du concombre
3 de la crème anglaise
4 du riz au lait
5 une tarte au citron
6 du jus de viande
7 un yaourt aux noisettes
8 des carottes râpées
9 une glace à la vanille
10 de la barbe à papa

You often see the letters RSVP at the bottom of an invitation. They stand for French words. Can you work out what they are?

chantez

Pique-nique à la plage

1 Bonne journée! Bonne journée!
   Tout le monde va pique-niquer.
   Va chercher le panier!
   Pique-nique, pique-nique à la plage.

2 Bonne journée! Bonne journée!
   Qu'est-ce que nous allons manger?
   Des sandwichs, une grande quiche.
   Pique-nique, pique-nique à la plage.

3 Bonne journée! Bonne journée!
   Regarde dans le panier.
   Oh, chouette, une galette!
   Pique-nique, pique-nique à la plage.

4 Bonne journée! Bonne journée!
   Il ne faut pas oublier
   Les chips, le vin, les petits pains.
   Pique-nique, pique-nique à la plage.

5 Quelle journée! Quelle journée!
   Tout le monde va pique-niquer.
   Allons trouver le soleil!
   Pique-nique, pique-nique à la plage.

3 Être végétarien

Ce n'est pas juste!

Moi, je suis végétarienne. Comme je n'aime pas beaucoup le poisson et la viande, pour moi, ce n'est pas difficile. Le problème, c'est ma mère!

Quand je ne vais pas bien, elle dit toujours que c'est parce que je suis végétarienne, et que je ne mange pas correctement.

Mais moi, je mange bien. J'adore les fruits et les légumes, je prends beaucoup d'omelettes, de la salade et du fromage et je bois du lait. Mon petit frère, Simon, au contraire, n'aime pas beaucoup les fruits, il déteste les légumes, mais il adore le chocolat, les gâteaux, les frites et les pizzas. (En plus, il mange des repas énormes!)

Ma mère est très contente. Il n'est pas végétarien, donc, il mange bien! Ce n'est pas juste!

Nathalie Drouot

....

Chère Nathalie,
Vraiment, ce n'est pas juste. Manger des fruits et des légumes, c'est excellent. C'est ton petit frère qui ne mange pas bien.

Mais, je suppose que ta mère est, tout simplement, inquiète pour toi. Et aussi, je suis sûre qu'elle n'aime pas préparer deux repas différents pour ton frère et toi.

Est-ce que tu as un livre de recettes végétariennes? Pourquoi ne pas surfer le Net et regarder un site végétarien?

Alors, ce week-end, ne demande pas de repas spéciaux, ne laisse pas ta mère faire tout le travail, mais prépare des plats délicieux pour toute la famille. Ta maman va être très contente. (J'espère!)

---

*Lis la lettre de Nathalie et décide si c'est **vrai** ou **faux**.*
Exemple: 1 *faux*

1 Simon adore les carottes.
2 Nathalie aime les fruits.
3 Simon ne mange pas beaucoup.
4 Nathalie n'aime pas le fromage.
5 Simon aime les fruits.
6 Nathalie est la sœur de Simon.
7 Mme Drouot est végétarienne.
8 Simon aime bien les fruits.

4 Des réponses

Beaucoup de lecteurs ont écrit au magazine. Complète ces extraits avec une phrase dans la case.
Exemple: 1 *a*

1 Je pense que Nathalie …A… assez de vitamines.
2 Moi, je …B… végétarien, mais je comprends très bien le problème de Nathalie.
3 La mère de Nathalie …F… très bien les filles de cet âge.
4 Nathalie …G… assez de minéraux.
5 Moi, je …e… la viande, mais j'adore le poisson.
6 Quand on est invité chez une famille qui …h… végétarienne, c'est impoli de refuser la viande.
7 Je pense que les poissons …h… intelligents.
8 Une mère de famille …c… le temps d'être végétarienne!

a	ne prend pas
b	ne suis pas
c	n'a pas
d	n'est pas
e	n'aime pas
f	ne comprend pas
g	ne prend pas
h	ne sont pas

DOSSIER-LANGUE

The negative
(not, isn't, doesn't)

Look at these phrases from Nathalie's letter and the editor's reply:
je ne mange pas   je n'aime pas
je ne vais pas bien   ce n'est pas juste
ne demande pas   il n'est pas
ne laisse pas

They all refer to something which is **not** or does **not**. This is called the **negative**.
In English, we use the word 'not' to make a sentence negative.
In French two short words are used. What are they? Look at the first four phrases, listed above on the left.
The words are **ne** and **pas**.

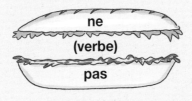

Now look at the other three phrases on the right.
There is a slight change in the words for 'not'. What is it?
This time the first word is not *ne*, but **n'**.
Can you work out why this is?
To say 'not' in French, you need two words:
   ne and **pas**
or **n'** (before a vowel) and **pas**

But where do they go?
Look back at the phrases above.
The words between *ne* or *n'* and *pas* are always the same kind of word. What kind?
Here they are again:
mange … vais … demande … laisse … aime … est …

All these words are verbs.
Ne or *n'* always goes before the verb and *pas* after it (like a sandwich!).

1 Le jeu de la carotte

Pour chaque réponse, il y a deux dessins qui représentent deux mots possibles.

Regarde les dessins, puis lis les phrases (1–7) à droite. Choisis la bonne réponse.
Exemple: 1 *sucre (Ce n'est pas le beurre.)*

1 Ce n'est pas une chose qu'on mange avec le pain.
2 On ne mange pas ça comme hors-d'œuvre, on le mange après le plat principal.
3 On ne fait pas ça avec des fruits, on le fait avec du lait.
4 Ce n'est pas un fruit.
5 On ne mange pas ces choses pour le petit déjeuner, on les mange, quelquefois, après un repas. Mmm! Ils sont délicieux!
6 Ce n'est pas un plat principal, mais on la mange, quelquefois, avec le plat principal.
7 On ne boit pas ça, on la mange.

2 Les chiens et les chats

Met les mots dans le bon ordre.
Exemple: a1 *Les chats ne jouent pas avec les enfants.*

a Des personnes qui préfèrent les chiens critiquent les chats:
1 ne pas chats les jouent les avec enfants
2 ne pas chats sont les intelligents
3 ne pas chats mangent bien les
4 ne pas chats restent les à maison la
5 n' pas chats les aiment enfants les

b Des personnes qui préfèrent les chats critiquent les chiens:
1 ne pas chiens sont les indépendants
2 ne pas chiens intelligents les sont
3 ne pas chiens bien mangent les
4 ne pas chiens les respectent jardins les
5 n' pas chiens les aiment animaux les autres

3 Je n'aime pas ça!

Écris 3 phrases sur les choses que tu n'aimes pas manger.
Écris 2 phrases sur les choses que tu n'aimes pas boire.
Écris 1 phrase sur une activité que tu n'aimes pas.

Pour t'aider

Je n'aime pas	les tomates / le chou-fleur/ le fromage / la viande / le poisson / la salade / le vin / la limonade / le thé / le lait / le café / le rugby / le hockey / le shopping / les devoirs / les musées

4 Un message de Dominique

Mon repas favori est le déjeuner du dimanche. D'habitude, nous mangeons de la salade de tomates, puis du poulet avec des pommes de terre rôties et des carottes ou des petits pois. Comme dessert, il y a un gâteau ou une tarte aux pommes. J'adore ça. Ma boisson préférée est la limonade. J'aime le poulet et la viande, mais je n'aime pas beaucoup les légumes.
Et toi? Quel est ton repas favori? Quelle est ta boisson préférée? Qu'est-ce que tu aimes manger et qu'est-ce que tu n'aimes pas?
À bientôt,
Dominique

a *Lis le message et les phrases. C'est **vrai** ou **faux**?*
Exemple: 1 *faux*

1 Dominique déteste le déjeuner du dimanche.
2 D'habitude, on mange du melon comme hors-d'œuvre.
3 Comme plat principal, on mange du poisson.
4 Il aime le poulet
5 Il adore les légumes.
6 Il n'aime pas beaucoup la tarte aux pommes.
7 Sa boisson préférée est un jus de fruit.

b *Réponds au message de Dominique.*

vocabulaire de classe

Trouve les paires.
Exemple: 1 c

1 Ne parlez pas anglais.
2 Je ne comprends pas ce mot.
3 Je n'ai pas mon livre.
4 Je n'ai pas de stylo.
5 Ce n'est pas difficile.
6 Je ne trouve pas mon cahier.
7 Ce n'est pas facile.
8 Je n'ai pas fini.

a *I haven't got my text book.*
b *I can't find my exercise book.*
c *Don't speak English.*
d *I haven't finished.*
e *It's not difficult.*
f *I don't understand this word.*
g *It's not easy.*
h *I haven't got a pen.*

SOMMAIRE

Now you can …

● **talk about food for a main meal**

les plats d'un repas	**courses of a meal**
un hors-d'œuvre	starter
le plat principal	main course
le dessert	sweet/dessert
du fromage	cheese
du jambon	ham
de l'omelette (f)	omelette
du pâté	pâté
de la pizza	pizza
du poisson	fish
du potage	soup
du poulet	chicken
de la viande	meat

des légumes (m pl)	**vegetables**
des carottes (f pl)	carrots
du chou	cabbage
du chou-fleur	cauliflower
des frites (f pl)	chips
des haricots verts (m pl)	French beans
un oignon	onion
des petits pois (m pl)	peas
des pommes de terre (f pl)	potatoes
de la salade	lettuce salad
une tomate	tomato

des fruits (m pl)	**fruit**
une banane	banana
un citron	lemon
une fraise	strawberry
un kiwi	kiwi fruit
un melon	melon
une orange	orange
une pêche	peach
une poire	pear
une pomme	apple
des raisins (m pl)	grapes

les desserts (m pl)	**desserts**
du gâteau	cake
de la tarte aux pommes	apple tart
un yaourt	yoghurt

● **talk about drinks**

des boissons froides (f pl)	**cold drinks**
de l'eau (f)	water
de l'eau minérale (f)	mineral water
de la limonade	lemonade
du jus de fruit	fruit juice
du lait	milk
du coca	coke
du vin	wine

des boissons chaudes (f pl)	**hot drinks**
du café	coffee
du thé	tea
un chocolat chaud	hot chocolate

● **talk about breakfast**

du pain	bread
des croissants (m pl)	croissants
du beurre	butter
de la confiture	jam
de la confiture d'oranges	marmalade
des toasts (m pl)	toast
des céréales (f pl)	cereal
du sucre	sugar
un œuf	egg
des œufs au bacon (m pl)	bacon and egg

● **accept or refuse food and drink politely**

Oui, s'il vous plaît.	Yes please.
Oui, je veux bien.	Yes I would like some.
Non, merci.	No thank you.
C'est (très) bon/délicieux.	It's (very) nice/delicious.
Encore du …?	Some more …?
Merci, j'ai assez mangé.	No thank you, I've had enough.

● **say what food and drink you like and dislike**

J'aime (beaucoup) le/la/les …	I (really) like …
Je regrette, mais je n'aime pas beaucoup ça.	I'm sorry but I don't like that much.

● **use the words for 'some' – *du, de la, de l', des*** (see page 98)

● **use the verb *prendre*** (see page 101)

● **use the negative to say 'not'** (see page 105)

Rappel 4 unités 8–9

1 Où sont les voyelles?

Complète les mots et écris l'anglais.
Exemple: 1 *juillet – July*

Les mois de l'année
1 j _ _ l l _ t
2 n _ v _ m b r _
3 s _ p t _ m b r _
4 _ v r _ l
5 m _ _

Les couleurs
11 v _ r t
12 r _ _ g _
13 j _ _ n _
14 n _ _ r
15 b l _ n c

Les matières
6 l' _ n g l _ _ s
7 l' h _ s t _ _ r _
8 l _ g _ _ g r _ p h _ _
9 l _ m _ s _ q _ _
10 l _ t _ c h n _ l _ g _ _

Les vêtements
16 l _ j _ g g _ n g
17 l _ c h _ m _ s _
18 l _ p _ n t _ l _ n
19 l _ s ch _ _ s s _ t t _ s
20 l _ c r _ v _ t _

2 Des listes

Écris les mots qui manquent.
Exemple: 1 *mercredi*

1 lundi, mardi, …… , jeudi
2 le matin, l'après-midi, …… , la nuit
3 il est une heure, …… , il est une heure et demie, il est deux heures moins le quart
4 première, deuxième, …… , quatrième
5 le printemps, l'été, l'automne, ……
6 le petit déjeuner, …… , le goûter, le dîner

3 Masculin, féminin

Écris deux listes.

masculin	féminin
Exemple:	une carotte

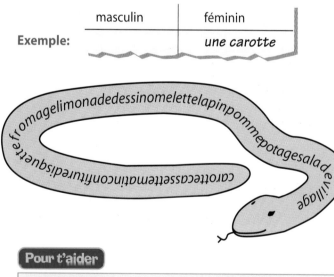

fromagelimonadedessinomelettelapinpommepotagesaladevillage carottecassettematinconfituredisquette

Pour t'aider

The following endings are usually masculine: *-in, -age.*
The following endings are usually feminine: *-ade, -ure, -tte.*

4 C'est quel verbe?

Complète les conversations avec une des expressions dans la case.
Exemple: 1 *J'ai*

1 – Quel âge as-tu?
   – …… douze ans.
2 – Tu aimes les bananes?
   – Oui, …… tous les fruits.
3 – Où vas-tu ce soir?
   – …… au Festival de musique.
4 – Tu prends du sucre dans ton café?
   – Oui, …… un peu de sucre dans le café, mais pas dans le thé.
5 – Tu es content de tes cadeaux?
   – Oui, oui. …… très content. Ils sont fantastiques!
6 – Je déteste le football, et toi?
   – Ah non. Moi, …… beaucoup ça. Le week-end, …… souvent au match de foot au Stade Colombe.
7 – Moi, …… le poulet avec des frites. Et toi?
   – Non, je ne prends pas de viande, …… végétarien.
8 – Est-ce que tu as un lecteur de CDs dans ta chambre?
   – Non, mais …… une radio.

j'aime	j'ai	je suis	je vais	je prends

5 Une lettre

Complète la lettre de ton/ta correspondant(e). Écris les mots qui manquent.
Exemple: 1 *mon*

Salut!
Aujourd'hui, c'est **(1 my)** …… anniversaire.
Ce soir, je vais dîner au restaurant avec
(2 my) …… parents, **(3 my)** …… sœur et
(4 my) …… grands-parents. Ils passent une
semaine ici avec **(5 their)** …… petit chien,
Toto, et **(6 their)** …… oiseaux, Fifi et Lulu.
Demain, nous allons à la mer avec
(7 our) …… amis.
Quelle est la date de **(8 your)** …… anniversaire?
Est-ce que **(9 your)** …… sœur a un(e)
correspondant(e) parce que **(10 my)** …… amie,
Sandrine, cherche un(e) correspondant(e)
anglais(e)?
À bientôt!
Dominique

6 La journée de Mangetout

Mangetout est un gros chat. Il adore deux choses: dormir et manger.

a *Complète les phrases.*

Exemple: a À *midi, il entre dans la cuisine.*

a À midi, il … dans la cuisine. (entrer)
b Le matin, Mangetout … dans son panier. (rester)
c Il … à manger. Mmm, c'est délicieux! (commencer)
d Enfin, c'est l'heure du dîner. Il … tout très vite. (manger)

e Puis il … à son panier et il rêve. (retourner)
f Il … son déjeuner. (chercher)
g Mais il … au prochain repas. (penser)
h Puis il va dans le jardin. Il … les oiseaux. (chasser)

b *Trouve la bonne phrase pour chaque image.*

Exemple: 1 *b*

7 Questions et réponses

Trouve les paires.
Exemple: 1 *c*

1	Quelle est ta saison préférée?	**a**	Je n'aime pas la géographie.
2	Ton anniversaire, c'est quand?	**b**	Une limonade, s'il te plaît.
3	De quelle couleur est ton pantalon favori?	**c**	Ma saison préférée est l'automne.
4	Qu'est-ce que tu prends comme boisson?	**d**	Il est deux heures et demie.
5	Est-ce qu'il y a des matières que tu n'aimes pas?	**e**	Il est noir.
6	Est-ce que tu aimes le poisson?	**f**	C'est mardi.
7	Quelle heure est-il?	**g**	C'est le quinze mai.
8	Quel jour sommes-nous aujourd'hui?	**h**	Il fait beau et il y a du soleil.
9	Quel temps fait-il?	**i**	Je prends des céréales, un toast et une tasse de café au lait.
10	Qu'est-ce que tu prends pour le petit déjeuner?	**j**	Non, je n'aime pas beaucoup ça.

8 À toi!

Choisis cinq des questions (1–10) dans l'activité 7 et réponds pour toi.
Exemple: 2 *C'est le vingt-trois octobre.*

Amuse-toi bien!

In this unit you will learn how to …

- talk about leisure activities
- use and understand the 24 hour clock
- say what you do to help at home

You will also …

- use the verb *faire* (to do, to make)
- use *jouer à* (with sports) and *jouer de* (with music)
- use a verb and an infinitive
- use possessive adjectives

1 Les loisirs en France

Lis le texte et regarde les images.

C'est bientôt les grandes vacances. Qu'est-ce que les jeunes Français font pendant les dix semaines de vacances? Beaucoup font du sport. Ils jouent au volley (sur la plage) et au tennis. En plus, on fait beaucoup d'autres activités, par exemple …

on fait de la natation;

on fait de la voile;

on fait de la planche à voile;

on fait du cyclisme ou du VTT (vélo tout terrain);

on fait du patin à roulettes ou du roller;

on fait de l'équitation;

on fait des promenades;

on fait du skate.

2 Faites-vous du sport?

Écris 1–8. Écoute la cassette et écris la lettre du sport qui correspond à chaque conversation.

Exemple: 1 *g*

3 Qu'est-ce qu'ils font?

Trouve la bonne bulle pour chaque image.
Exemple: 1 *d*

a Je fais de la gymnastique.
b Tu fais de la natation?
c Il fait du cyclisme.
d Elle fait du ski.
e Nous faisons du roller.
f Vous faites une promenade?
g Ils font de la planche à voile.
h Elles font de l'équitation.

DOSSIER-LANGUE

Faire – a very useful verb

All the parts of the present tense of the verb **faire** are in the cartoons above. Use them to help you to write out the complete paradigm.

singular	plural
je fais	nous …
tu …	vous …
il fait	ils …
elle …	elles font
on fait	

Faire has several different meanings.
● *Faire* often means 'to do', e.g.
Qu'est-ce qu'on fait? What shall we do?
Que faites-vous comme sports? What kind of sport do you do?
Ils font leurs devoirs. They are doing their homework.
Nous faisons les courses. We do the shopping.
Il fait de la peinture. He is doing some painting.

Elle fait de la lecture. She is doing some reading.

● … or 'to make', e.g.
Elle fait un film. She's making a film.
Il fait un gâteau. He's making a cake.

● Sometimes we use different English words to translate *faire*, e.g. 'to go':
Vous faites de l'équitation? Do you go horse-riding?
On fait une promenade? Shall we go for a walk.

● … or 'to take':
Il fait des photos. He is taking some photos.

● *Faire* is often used when talking about the weather, e.g.
Quel temps fait-il? What's the weather like?
Il fait froid aujourd'hui. It's cold today.

---

4 Qu'est-ce qu'on fait?

*Trouve la bonne réponse **(a–h)** à chaque question **(1–8)**.*
Exemple: 1 *b*

1 Qu'est-ce que tu fais quand il fait beau?
2 Ta sœur, qu'est-ce qu'elle fait comme sports?
3 Les filles, qu'est-ce qu'elles font tous les week-ends?
4 Qu'est-ce qu'ils font, les garçons?
5 Qu'est-ce que je fais tous les samedis – devine!
6 Jean-Pierre, qu'est-ce qu'il fait?
7 Qu'est-ce que vous faites, le soir?
8 Quel temps fait-il?

a Ce n'est pas difficile. Tu fais du sport!
b Quand il fait beau, je fais de la voile.
c Elles font des courses en ville.
d Il fait beau, mais il fait un peu froid.
e Il fait une promenade en VTT avec ses amis.
f Ils jouent au football ou ils font du skate.
g Elle fait de la natation.
h Nous faisons nos devoirs, mais pas le week-end!

1 On aime la musique

a *Choisis un mot dans la case pour compléter chaque phrase.*

Exemple: 1 *c*

a	batterie	**d**	piano
b	guitare	**e**	flûte (à bec)
c	des CDs	**f**	violon

En France, presque tous les jeunes aiment écouter de la musique, la radio, des cassettes, mais surtout (1) …

Souvent, ils jouent d'un instrument, par exemple, Alain joue de la (2) … et sa sœur, Marie, joue du (3) …

Voici Natalie qui joue du (4) …

Voici Christophe et Luc. Ils jouent de la (5) … au Club de Jeunes.

Et voici leur ami, David, qui joue de la (6) ….Il fait de la musique pop et il joue dans un groupe.

b  *Écoute la cassette pour vérifier tes réponses.*

2 D'autres activités

Tu ne fais pas de sport et tu ne joues pas d'un instrument? Ce n'est pas grave! Il y a beaucoup d'autres choses à faire. *Trouve la bonne image pour chaque phrase.*

Exemple: 1 *b*

1 On fait de la peinture ou du dessin.
2 On joue aux jeux vidéo.
3 On joue aux cartes ou aux échecs.
4 On fait de la lecture.
5 On fait des photos.

 Look up in a dictionary the French word for a paper clip and see what musical connection there is!

DOSSIER-LANGUE

Jouer (to play) + *à* or *de*

The verb *jouer* can be followed by *à la, à l', au* or *aux* or by *de la, de l', du* or *des* depending on whether you are playing games or musical instruments.

Use:

à etc. for sport and games
Tu joues au football?
Je joue aux cartes avec mes amis.

de etc. for instruments
Nous jouons de la batterie.
Vous jouez du piano?

3 C'est quelle activité?

Complète les phrases et trouve la bonne description pour chaque image.
Exemple: 1 *b – Il joue du violon.*

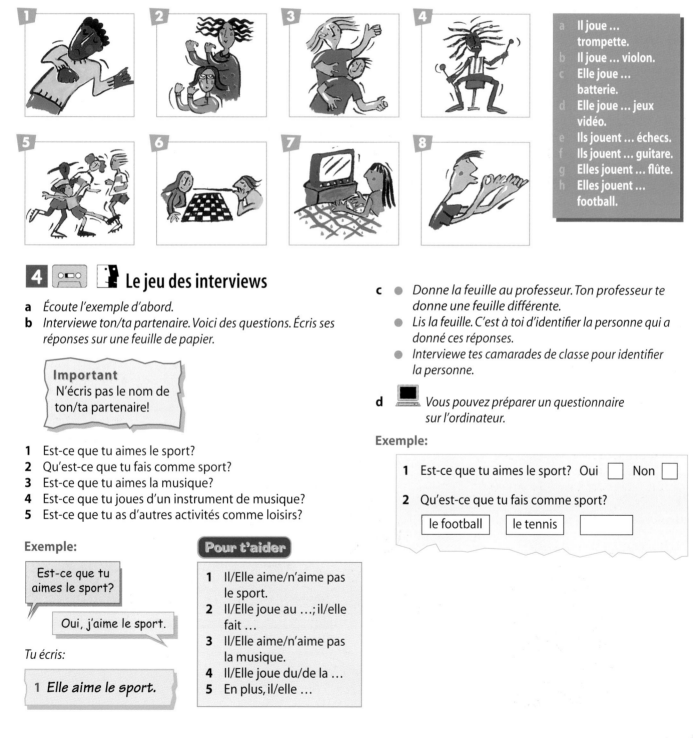

a Il joue … trompette.
b Il joue … violon.
c Elle joue … batterie.
d Elle joue … jeux vidéo.
e Ils jouent … échecs.
f Ils jouent … guitare.
g Elles jouent … flûte.
h Elles jouent … football.

4 Le jeu des interviews

a *Écoute l'exemple d'abord.*
b *Interviewe ton/ta partenaire. Voici des questions. Écris ses réponses sur une feuille de papier.*

Important
N'écris pas le nom de ton/ta partenaire!

1 Est-ce que tu aimes le sport?
2 Qu'est-ce que tu fais comme sport?
3 Est-ce que tu aimes la musique?
4 Est-ce que tu joues d'un instrument de musique?
5 Est-ce que tu as d'autres activités comme loisirs?

Exemple:

Est-ce que tu aimes le sport?

Oui, j'aime le sport.

Tu écris:

1 *Elle aime le sport.*

Pour t'aider

1 Il/Elle aime/n'aime pas le sport.
2 Il/Elle joue au …; il/elle fait …
3 Il/Elle aime/n'aime pas la musique.
4 Il/Elle joue du/de la …
5 En plus, il/elle …

c *Donne la feuille au professeur. Ton professeur te donne une feuille différente.*
   Lis la feuille. C'est à toi d'identifier la personne qui a donné ces réponses.
   Interviewe tes camarades de classe pour identifier la personne.

d *Vous pouvez préparer un questionnaire sur l'ordinateur.*

Exemple:

1 Est-ce que tu aimes le sport? Oui ☐ Non ☐

2 Qu'est-ce que tu fais comme sport?
   le football   le tennis   ☐

1 On cherche un(e) correspondant(e)

Lis les lettres et les messages et réponds aux questions en bas.

Salut les sportifs et les sportives!

Moi, j'adore le sport. Je fais un peu de tout – de la gymnastique, de la natation, du badminton et du tennis. Ça, c'est mon sport préféré. Le soir, en hiver, je joue aux échecs avec mon frère. Alors, si vous aimez le sport, j'attends vos réponses!

Caroline

Toi, oui, toi, regarde mon annonce! Moi, je suis passionné d'informatique! Le soir, je surfe sur le Net ou je joue aux jeux vidéo. J'adore ça!

En plus, j'aime la musique et je joue de la guitare, mais je ne suis pas sportif! Si tu aimes l'informatique, n'hésite pas à m'envoyer un e-mail. Mais vite!

:-) Paul

Salut tout le monde! J'habite dans un petit village en Normandie, mais il n'y a pas grand-chose à faire ici. Le week-end, je fais de l'équitation et du cyclisme et je fais des promenades avec mon chien, Pistache. S'il pleut, je regarde la télé et j'aime aussi la lecture. J'aime la campagne, mais je cherche une correspondante qui habite dans une ville. Je vous assure que je réponds à toutes vos lettres ou à vos e-mails.

:-) Sandrine

Salut!
Moi, j'habite à la montagne. Alors, je fais du ski en hiver, et en été, je fais de la planche à voile sur le lac.
J'aime aussi faire des photos et de la peinture, et j'adore écrire des lettres à mes amis.
Et vous autres, vous aimez recevoir des lettres? Alors, écrivez-moi vite. Faites exploser ma boîte aux lettres!

Jean

---

a *C'est qui?*

Exemple: 1 *C'est Jean.*

1 Il aime faire du ski.
2 Elle habite à la campagne.
3 Il n'aime pas le sport, mais il aime la musique.
4 Elle fait beaucoup de sports différents.
5 Elle a un frère.
6 Il joue d'un instrument de musique.
7 Elle a un animal à la maison.
8 Il adore jouer à l'ordinateur.
9 Elle n'habite pas dans une ville.
10 Elle aime regarder la télé.

b *Réponds aux questions en français.*

Exemple: 1 *Non, (il n'est pas sportif).*

1 Est-ce que Paul est sportif?
2 Quel est le sport favori de Caroline?
3 Comment s'appelle le chien de Sandrine?
4 Paul joue de quel instrument?
5 Est-ce que Jean habite en ville?
6 Caroline joue aux échecs avec qui?
7 Qui habite en Normandie?
8 Qui fait des promenades à cheval?

2 À toi!

Tu voudrais un correspondant? Ta classe aime échanger des lettres avec une classe en France? Écris un 'portrait-loisirs' de toi-même (avec des dessins, si possible).

Exemple:

David Marchant

J'aime beaucoup le sport. Je joue au football  et je fais de la natation ▪, mais je n'aime pas beaucoup la gymnastique ⟋. J'aime la musique.

J'écoute la radio et je joue de la batterie ▥.

En plus je joue sur l'ordinateur ▪, et je joue aux cartes 🂠 avec mes amis.

Pour t'aider

Voici des idées:

J'aime beaucoup … J'adore … Je n'aime pas (beaucoup / du tout) … Je déteste …

Le sport	La musique	D'autres activités
Je joue au badminton / cricket / football / golf / rugby / tennis / basket. Je fais du cyclisme / du VTT / de l'équitation / de la gymnastique / de la natation / de la planche à voile / du ski / de la voile / de la planche à roulettes / du roller. Je suis / Je ne suis pas sportif/sportive.	Je joue du piano / du violon / de la guitare / de la flûte / de la batterie. Je ne joue pas d'un instrument. J'écoute la radio / les cassettes / les CDs.	Je fais du dessin / de la peinture / des photos. Je joue aux cartes / aux échecs / aux jeux vidéo. Je surfe sur le Net. J'écris des e-mails. Je vais en ville.

3 Au travail!

Pendant les vacances, il y a aussi du travail à faire. Trouve le bon texte.
Exemple: 1 *b*

a «Tu ranges ta chambre?»

b «Je lave la voiture.»

c Elles font une promenade avec le chien.

d Ils travaillent dans le

e «Nous faisons les courses.»

f Elle passe l'aspirateur.

g «Vous faites la cuisine?»

h Il fait la vaisselle.

4 Tu aides à la maison?

a *Écris 1–8. Écoute la cassette et note le numéro de l'image (activité 3) qui correspond.*
Exemple: 1 *5*

b *Écoute la cassette encore une fois et note la lettre de l'opinion.*
Exemple: 1 *b*

Voici les opinions:

a Pas beaucoup.

b J'aime ça.

c Je n'aime pas ça.

d C'est ennuyeux.

e Ça va.

f C'est amusant.

g Nous aimons faire ça.

h J'adore ça.

5 Inventez des conversations

Travaillez à deux. Lisez la conversation, puis inventez d'autres conversations.
– Est-ce que tu aides à la maison?
– Non, pas beaucoup.
– Est-ce que tu fais **la vaisselle**?
– Non, je déteste faire **la vaisselle**.
– Tu **travailles dans le jardin**, peut-être?
– Oui, quelquefois, je travaille dans le jardin.

la vaisselle
les courses
la cuisine

travailles dans le jardin
ranges ta chambre
passes l'aspirateur
laves la voiture

travaille dans le jardin
range ma chambre
passe l'aspirateur
lave la voiture

1 D'accord ou pas d'accord?

cette semaine:

Les vacances – c'est pour s'amuser, pas pour travailler.

Moi, je suis d'accord! Quand je vais au collège, je travaille toute la semaine et je n'ai pas le temps de faire du sport. Pendant les vacances, j'aime aller à la mer parce que j'aime faire de la natation et j'adore faire de la planche à voile. J'aime beaucoup le soleil et l'été n'est pas très long!

André

Pendant les vacances, nous aimons partir en famille à la campagne. Nous passons deux semaines dans la ferme de mes grands-parents et c'est vraiment bien. Moi, j'adore faire de l'équitation mais mes frères préfèrent travailler à la ferme. Alors travailler, s'amuser, ce n'est pas toujours différent!!

Alice

Les vacances – c'est pour s'amuser – je suis absolument d'accord! Je déteste aider à la maison – c'est fatigant! Je n'aime pas du tout faire les courses. C'est ennuyeux! Je préfère travailler un peu dans le jardin, mais ça aussi, c'est dur! Alors moi, je suis contre le travail, (mais ma mère et mon père ne sont pas d'accord!).

Charles

Moi, pendant les vacances, j'aime aller en ville avec mes copines, j'aime bien faire les courses et j'adore faire la cuisine – donc le travail, c'est amusant. Une exception – je déteste ranger ma chambre.

Karine

*Écris **vrai** ou **faux** pour chaque phrase.*

Exemple: 1 *vrai*

1. André aime faire du sport.
2. Charles aime travailler dans la maison.
3. Les grands-parents d'Alice ont une ferme.
4. André aime aller à la mer pendant les vacances.
5. Karine aime être avec ses amis.
6. Alice aime passer ses vacances en ville.
7. Charles n'aime pas faire les courses.
8. Karine aime ranger sa chambre.
9. Les parents de Charles ont un jardin.
10. André n'aime pas faire de la natation.

DOSSIER-LANGUE

Verb + infinitive

If you are using two verbs together, the second one is usually in the infinitive (to do something), e.g.

*Il aime **laver** la voiture tous les week-ends.*
*Elle aime **faire** de la voile.*

He likes **to wash** the car every weekend.
She likes **to go** sailing.

In English we don't always say the word 'to', e.g.

*Je n'aime pas **travailler** dans le jardin.*
*Je préfère **ranger** ma chambre.*
*Je déteste **faire** la vaisselle.*

I don't like **working** in the garden.
I prefer **tidying** my room.
I hate **doing** the washing up.

2 On aime … on déteste

Complète les phrases.
Exemple: 1 *Luc adore jouer au football.*

1. Luc ♡ ♡
2. Sophie ✗ ✗
3. Marc ✗
4. Claire ♡
5. Presque tous les jeunes ♡
6. Normalement, les jeunes ✗ ✗
7. Beaucoup d'enfants ♡ ♡
8. Mes amis ♡

Légende
♡ aime(nt)
♡ ♡ adore(nt)
✗ n'aime(nt) pas
✗ ✗ déteste(nt)

3 À toi!

Travaille avec un(e) partenaire. Tu aimes sortir? Qu'est-ce que tu aimes faire? Pose trois questions et réponds à trois questions, puis change de partenaire.

Exemple:

> Est-ce que tu aimes sortir?

> Oui, j'aime beaucoup sortir, et toi, tu aimes sortir?

> Oui, j'adore ça. Est-ce que tu aimes aller au théâtre?

> Non, je préfère aller au cinéma.

Pour t'aider

Est-ce que tu aimes … ?	sortir	
Oui, j'aime	aller	au cinéma au théâtre au match au bal à la discothèque à un concert à la piscine en ville chez des amis
Non, je n'aime pas		
Je n'aime pas beaucoup		
J'adore		
Je déteste	faire	une excursion une promenade
Je préfère		
		manger dans un restaurant rester à la maison

4 Attention, c'est l'heure!

Quelle heure est-il? Trouve les paires.
Exemple: 1 b

a 18:28
b 17.05
c 23:57
d 01:15
e 13:16
f 22:12
g 12:59
h 21:35

1 Il est dix-sept heures cinq.

2 Il est douze heures cinquante-neuf.

3 Il est une heure quinze.

4 Il est vingt-deux heures douze.

5 Il est vingt-trois heures cinquante-sept.

6 Il est dix-huit heures vingt-huit.

7 Il est treize heures seize.

8 Il est vingt et une heures trente-cinq.

> **!** En France, on écrit l'heure d'un film, d'un match etc. comme ça: 19:15 (*7.15pm*), 23:30 (*11.30pm*).

5 C'est quand?

Écoute la cassette et choisis l'heure correcte pour chaque image.

1

Le film commence à …
a 20:05
b 20:15
c 21:15

2

Le match commence à …
a 04:30 **b** 14:20 **c** 14:30

3

Le bal commence à …
a 21:00 **b** 20:00 **c** 22:00

4
.Concert de musique pour l'été. avec l'orchestre municipal · la chorale parisienne et Les enfants de la Cathédrale
Le concert commence à …
a 20:45 **b** 24:05 **c** 20:30

5

La discothèque est ouverte à partir de …
a 20:00 **b** 20:30 **c** 20:20

6
PISCINE MUNICIPALE · HORAIRES · D'OUVERTURE
La piscine ouvre à …
a 14:00 **b** 4:00 **c** 14:15

1 Lucie part en vacances

a *Lucie fait sa valise pour les vacances. Trouve les paires.*
Exemple: 1 *h*

1 une valise	**7** un maillot de bain
2 une veste	**8** un anorak
3 un chemisier	**9** une chemise
4 un jean	**10** un parapluie
5 des sandales (f pl)	**11** des lunettes de soleil (f pl)
6 un pyjama	**12** un appareil(-photo)

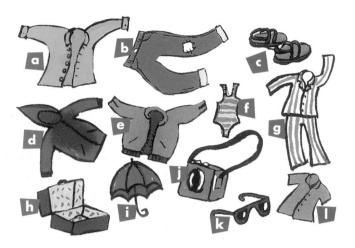

b *Lucie oublie deux choses. Écoute sa conversation avec sa mère pour les identifier.*

DOSSIER-LANGUE

Possessive adjectives

You have now learnt all the different possessive adjectives. Here they are together for you in a table.

	singular			plural
	masc.	before a vowel	fem.	m/f
my	*mon*	*mon*	*ma*	*mes*
your (with *tu*)	*ton*	*ton*	*ta*	*tes*
his, her, its	*son*	*son*	*sa*	*ses*
our	*notre*	*notre*	*notre*	*nos*
your (with *vous*)	*votre*	*votre*	*votre*	*vos*
their	*leur*	*leur*	*leur*	*leurs*

---

2 Où sont les chaussettes?

La famille Lambert part en vacances, tout le monde fait sa valise. Remplis les blancs.

Voici la valise de Christophe.
Exemple: 1 *ma*

Dans **(1)** m… valise, il y a **(2)** m… T-shirts, **(3)** m… jean, **(4)** … maillot de bain et **(5)** … chemise – et UNE chaussette blanche. Mais où est **(6)** … autre chaussette blanche?

Voici la valise d'Anne-Marie.
Exemple: 7 *ta*

Dans **(7)** t… valise, il y a **(8)** t… T-shirts, **(9)** t… jean, **(10)** … maillot de bain et **(11)** … chemisier – et UNE chaussette fleurie. Mais où est **(12)** … autre chaussette fleurie?

Voici la valise de M. Lambert.
Exemple: 13 *sa*

Dans **(13)** s… valise, il y a **(14)** s… T-shirts, **(15)** s… jean, **(16)** … maillot de bain et **(17)** … chemise – et UNE chaussette noire. Mais où est **(18)** … autre chaussette noire?

Voici Minette, la chatte de la famille Lambert. Elle déteste les vacances!

Après tout, ils ne vont pas partir sans leurs chaussettes!

3 Tu pars en vacances

Travaille avec un(e) partenaire.

a *Écris trois choses que tu prends.*
Exemple:

> Je prends mon pyjama, ... et ...

> ★ Ne montre pas ta liste à ton/ta partenaire!

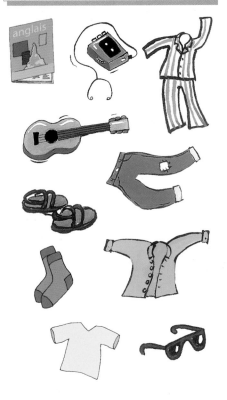

b *Pose des questions à ton/ta partenaire. Si tu écris la liste correcte avant ton/ta partenaire, tu as gagné!*
Exemple:

> Tu prends ton pyjama?

> Oui, je prends mon pyjama.

Tu écris:

> 1 Il/Elle prend son pyjama.

> Et toi, tu prends ta guitare?

> Non, je ne prends pas ma guitare. Tu prends ...?

4 À toute la bande!

*Complète la carte postale avec **notre/nos** ou **votre/vos**.*
Exemple: 1 *nos*

> À toute la bande!
> Nous passons (1) n... vacances sur l'Île d'Or avec (2) n... famille et (3) n... cousins. (4) N... village de vacances est fantastique et nous passons beaucoup de temps dans (5) n... piscine avec (6) n... nouveaux amis.
> Est-ce que vous passez de bonnes vacances dans (7) v... camping? Qui prépare tous (8) v... repas? Est-ce que (9) v... excursions sont intéressantes?
> Faites beaucoup de photos de (10) v... amis!
> À bientôt.
> Louise, Thomas et Daniel

5 On fait des photos

Dani passe ses vacances chez des amis. Un jour, il décide de faire des photos, mais il n'est pas un expert! Mets la bonne description à chaque image.
Exemple: 1 *b*

1 Il prend une photo de leur maison.
2 Il prend une photo de leur chien.
3 Il prend une photo de leurs enfants.
4 Il prend une photo de leurs chats.
5 Il prend une photo de leur voiture.

6 Les photos de Dani

Décris les photos pour Dani.
Exemple: 1 *Voici leur chien.*

Pour t'aider

Voici Ça, c'est Voilà	leur	chien. voiture. maison.
	leurs	enfants. chats.

1 Une journée idéale

Concours Vacances

À GAGNER

- des livres ou des CDs pour tes vacances.

Écris une description de ta journée idéale.

C'est faux! Corrige les erreurs.

Exemple: 1 ~~cyclisme~~ ski

1 Pour sa journée idéale, Lucie fait du cyclisme.
2 C'est au mois d'octobre.
3 Elle prend son déjeuner à une heure.
4 Elle déteste les pizzas.
5 L'après-midi, elle boit de l'orangeade.
6 Elle mange une glace à la fraise.
7 Elle achète un livre.

Voici la description de Lucie.

> Ma journée idéale se passe dans une station de ski au mois d'avril. Il y a de la neige, mais aussi du soleil. Le matin, je fais du ski avec mes copains – c'est super! À midi, on mange dans une pizzeria – mmm! – j'adore les pizzas! Je passe l'après-midi sur la terrasse d'un café. Je bois de la limonade, je mange une grosse glace à la vanille et je discute avec mes copains. Après ça, on fait du shopping: j'achète des magazines et un pull noir. Le soir, nous dînons au restaurant et après, nous allons dans une discothèque. On danse, on rit, on s'amuse jusqu'à minuit – quelle journée fantastique!
>
> Lucie (Annecy)

8 Son nouveau pull est blanc.
9 Elle dîne dans une discothèque.
10 Elle se couche à onze heures.

2 À toi!

a *Ta journée idéale est pendant quel mois?*
Quel temps fait-il?
Qu'est-ce que tu fais le matin?
Qu'est-ce que tu manges à midi?
Tu aimes ça?

Exemple:

> Ma journée idéale est en août.
> Il fait chaud.
> Le matin, je ...... C'est très amusant!
> À midi, je mange ...... J'adore ça.

b *Imagine une journée que tu n'aimes pas.*
Écris une description de la journée.

Exemple:

> Aujourd'hui, c'est samedi, mais ma mère est malade.
> Je fais la vaisselle – je n'aime pas ça!
> Puis je vais en ville avec mon petit frère.
> Ce matin, il est très méchant ...

Pour t'aider

♡	aime
♡	adore
✗	n'aime pas
✗ ✗	déteste

C'est/Ce n'est pas ennuyeux, intéressant, amusant, fantastique, super, délicieux etc.

chantez

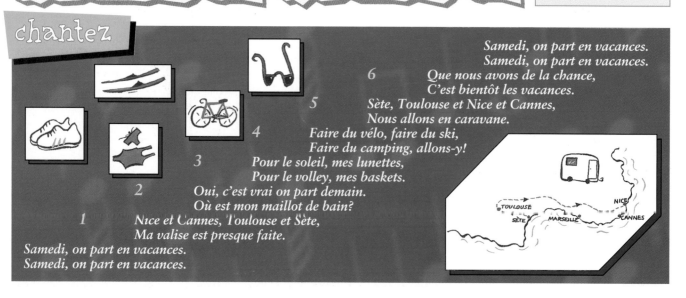

6   Samedi, on part en vacances.
Samedi, on part en vacances.
Que nous avons de la chance,
C'est bientôt les vacances.

5   Sète, Toulouse et Nice et Cannes,
Nous allons en caravane.

4   Faire du vélo, faire du ski,
Faire du camping, allons-y!

3   Pour le soleil, mes lunettes,
Pour le volley, mes baskets.

2   Oui, c'est vrai on part demain.
Où est mon maillot de bain?

1   Nice et Cannes, Toulouse et Sète,
Ma valise est presque faite.

Samedi, on part en vacances.
Samedi, on part en vacances.

vocabulaire de classe

Trouve les paires.
Exemple: 1 h

1	Qui a fini?
2	J'ai fini.
3	J'ai oublié ma trousse.
4	J'ai oublié mon cahier.
5	J'ai gagné.
6	Je n'ai pas fait mes devoirs.
7	Tu as oublié ton livre?
8	Vous avez fini?

a	*I haven't done my homework.*
b	*I've finished.*
c	*I've won.*
d	*I've forgotten my exercise book.*
e	*I've forgotten my pencil case.*
f	*Have you finished?*
g	*Have you forgotten your book?*
h	*Who has finished?*

SOMMAIRE

Now you can …

● **talk about sporting activities**

Est-ce que tu aimes le sport?		Do you like sport?	
Je joue	*au badminton.*	I play	badminton.
	au cricket.		cricket.
	au football.		football.
	au golf.		golf.
	au rugby.		rugby.
	au tennis.		tennis.
Je fais	*de la gymnastique.*	I do	gymnastics.
	du cyclisme.	I go	cycling.
	du VTT.		mountain-biking.
	de l'équitation.		horse-riding.
	de la natation.		swimming.
	de la planche à voile.		wind-surfing.
	du ski.		skiing.
	de la voile.		sailing.
	du roller.		roller blading.
	du skate.		skate-boarding.

● **talk about music …**

Est-ce que tu aimes la musique?		Do you like music?	
Je joue	*du piano.*	I play	the piano.
	du violon.		the violin.
	de la guitare.		the guitar.
	de la flûte.		the flute.
	de la flûte à bec.		the recorder.
	de la batterie.		the drums.
J'aime la musique, mais je ne joue pas d'un instrument.		I like music, but I don't play an instrument.	

● **… and other activities**

Est-ce que tu fais autre chose?		Do you do anything else?	
Je fais	*du dessin.*	I do	drawing.
	de la peinture.		painting.
	du théâtre.		drama.
	des photos.	I take	photos.
Je joue	*sur l'ordinateur.*	I play	on the computer.
	aux cartes.		cards.
	aux échecs.		chess.
	aux jeux vidéo.		computer games.

● **talk about what you do to help at home**

faire la cuisine	to cook
faire la vaisselle	to wash up
faire les courses	to do the shopping
laver la voiture	to wash the car
passer l'aspirateur	to do the hoovering
ranger la chambre	to tidy the bedroom
travailler dans le jardin	to work in the garden

● **talk about holiday items**

On part en vacances.	We're going away on holiday.
Qu'est-ce qu'on prend?	What shall we take?
anorak (m)	anorak
appareil(-photo) (m)	camera
chemise (f)	shirt
chemisier (m)	blouse
jean (m)	jeans
lunettes de soleil (f pl)	sunglasses
maillot de bain (m)	swimming costume
parapluie (m)	umbrella
pyjama (m)	pyjamas
sandales (f pl)	sandals
valise (f)	suitcase
veste (f)	jacket

● **understand the 24 hour clock**

● **use the verb *faire*** (see page 111)
● **use *jouer* + *à* with sports and games** (see page 113)
● **use *jouer* + *de* with musical instruments** (see page 113)
● **use a verb followed by an infinitive** (see page 116)
● **use possessive adjectives** (see page 118)

Connais-tu ces sports?

L'escalade

Un sport que j'aime beaucoup, c'est l'escalade. C'est un peu dangereux, mais c'est un sport individuel qu'on peut faire lentement ou vite – comme on préfère.
Moi, je fais partie d'un club d'escalade, mais ce n'est pas obligatoire. On peut toujours trouver un rocher pour pratiquer tout seul!
Éric (Lyon)

La natation synchronisée

Moi, j'adore le ballet et en plus, j'adore la natation – c'est pour ça que je fais de la natation synchronisée. C'est comme le ballet, mais dans l'eau. C'est un sport pas très bien connu et c'est un peu difficile de trouver un club. L'avantage, c'est que c'est très bon pour la santé et c'est aussi une activité très sociable.
Audrey (Orléans)

Les loisirs – ça montre qui tu es

Est-ce que tu profites de tes loisirs?

1 Pour toi, une soirée amusante, c'est …
a regarder un film vidéo à la maison – avec du coca et un paquet de chips.
b aller au club des jeunes, jouer aux cartes et discuter avec des amis.
c faire une promenade avec des amis, puis aller prendre un snack dans un café.

2 Un samedi en été, toute la bande va au parc.
a Tu décides de rester dans ton jardin.
b Tu restes assis sur un banc avec un ami et vous mangez chacun une glace énorme.
c Tu joues au tennis ou tu fais une promenade avec tes copains.

3 C'est un samedi après-midi en hiver, mais il fait beau.
a Tu regardes le match de football à la télé, en mangeant des bonbons ou des gâteaux.
b Avec tes amis, tu regardes le match au stade en ville.
c Tu joues au foot ou au volley avec des copains.

4 Pour Noël, tu voudrais …
a un gros livre de bandes dessinées, une boîte de chocolats et un jeu vidéo.
b un baladeur, un téléphone portable ou des jeux de société.
c un vélo tout terrain, des bottes de football ou des baskets.

5 Tu aimes bien la musique. Est-ce que tu préfères …
a écouter de la musique dans ta chambre?
b écouter des CDs ou des cassettes avec des amis, en discutant de vos préférences?
c jouer dans un orchestre ou un groupe ou chanter dans une chorale?

6 En général, tu préfères …
a t'amuser tout seul, chez toi, (avec des snacks et des boissons en plus).
b t'amuser avec des copains, mais sans faire des activités trop énergiques.
c faire du sport ou d'autres activités intéressantes, mais surtout physiques.

Alors, qui es-tu?
6 ou 5 x **c** Tu profites bien de tes loisirs. Tu es énergique et sociable.
6 ou 5 x **b** Tu es très sociable, mais tu es un peu paresseux. Fais un peu plus d'exercice pour rester bien en forme!
6 ou 5 x **a** S'amuser tout seul quelquefois, ça va, mais c'est bien de passer une partie de tes loisirs avec d'autres jeunes. Attention! Un peu d'exercice est préférable à un paquet de chips!

UNE RECETTE

Mousse au chocolat

1 Mets 125g de chocolat dans un bol et fais fondre dans de l'eau bouillante.

2 Prends deux grands œufs. Sépare les jaunes et les blancs d'œufs.

3 Ajoute les jaunes d'œufs au chocolat.

4 Bats les blancs d'œufs en neige.

5 Peu à peu, ajoute le chocolat.

6 Mets dans des verres – bon appétit!

Le sais-tu?

sport... sport... sport... sport... sport...

Les couleurs du judo

Le judo pratiqué aujourd'hui date de 1882, mais le sport original, le ju-jitsu, a été inventé au Japon. Le judo est très populaire en France – il y a plus de 5000 clubs et l'âge minimum pour un "judoka" est 5 ans. Ce sport est vieux, mais les ceintures de couleurs différentes datent seulement de 1935. Les couleurs représentent le progrès des élèves. Voici les couleurs dans l'ordre (le plus foncé = le meilleur niveau):

Le volley-ball – un sport pour toutes les saisons

Le volley-ball date de 1895 et il a été inventé en Amérique. On joue au volley dans deux équipes de six joueurs et c'est maintenant un sport très populaire dans beaucoup de pays. En voici quelques avantages:

- On joue dans toutes les saisons, dans une grande salle ou sur la plage.
- Il n'y a pas de contact physique direct, alors ce n'est pas un sport dangereux.
- C'est un sport très sociable – souvent, les hommes et les femmes jouent ensemble.
- Ce n'est pas un sport difficile – presque tout le monde peut jouer au volley.
- Ce n'est pas un sport qui coûte cher.
- Les règles sont assez simples.

Tout est bien qui finit bien!

unité 1 Au choix

1 Une conversation

Écoute la cassette et complète la conversation.
Exemple: 1 b

– Bonjour. (**1**) … t'appelles-tu?
– Bonjour. (**2**) … Sophie et toi?
– Je m'appelle Robert. (**3**) …
– J'ai douze ans. Et toi, quel âge as-tu?
– (**4**) … Au revoir, Sophie.
– (**5**) …, Robert.

a Je m'appelle
b Comment
c J'ai onze ans.
d Quel âge as-tu?
e Au revoir

2 Deux listes

Fais deux listes. Écris le mot français et le mot anglais.
Exemple:

un (*masculine*)	une (*feminine*)
un livre = a book	

livre calculette boîte crayon
chaise cartable stylo règle

3 C'est quel nombre?

Écris 1–10. Écoute la cassette et note la lettre.
Exemple: 1 f

4 C'est quelle image?

Trouve les paires.
Exemple: 1 b

1 Salut!
2 Bonjour, Madame.
3 Voici des affaires scolaires.
4 – Ça va?
  – Oui, ça va bien, merci.
5 – Quel âge as-tu?
6 – Ça va?
  – Non, pas très bien.
7 Où sont mes affaires scolaires?
8 Comment t'appelles-tu?

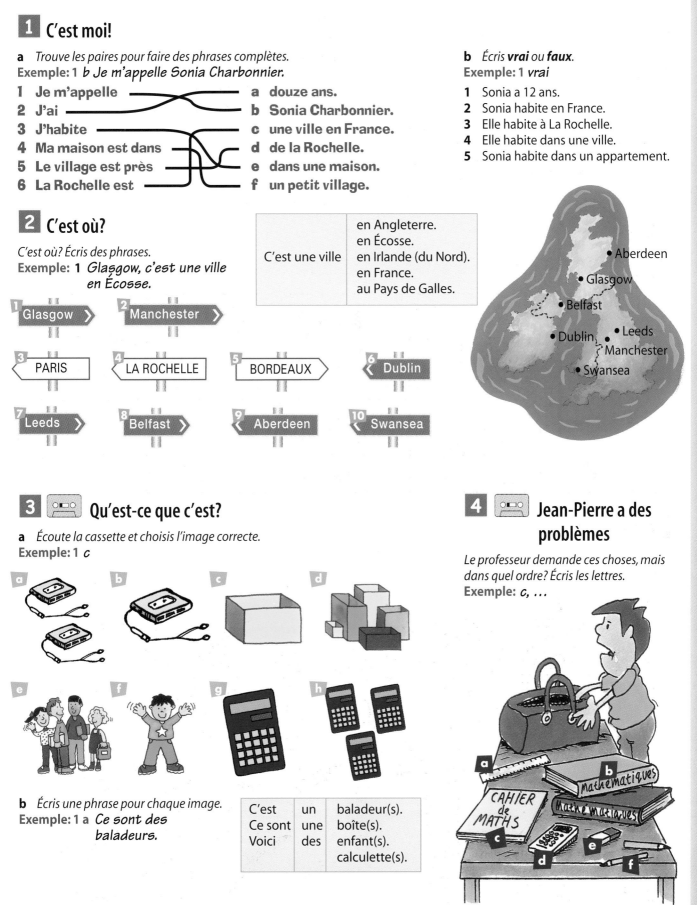

1 C'est moi!

a *Trouve les paires pour faire des phrases complètes.*
Exemple: 1 *b Je m'appelle Sonia Charbonnier.*

1 **Je m'appelle**
2 **J'ai**
3 **J'habite**
4 **Ma maison est dans**
5 **Le village est près**
6 **La Rochelle est**

a **douze ans.**
b **Sonia Charbonnier.**
c **une ville en France.**
d **de la Rochelle.**
e **dans une maison.**
f **un petit village.**

b *Écris* **vrai** *ou* **faux**.
Exemple: 1 *vrai*

1 Sonia a 12 ans.
2 Sonia habite en France.
3 Elle habite à La Rochelle.
4 Elle habite dans une ville.
5 Sonia habite dans un appartement.

2 C'est où?

C'est où? Écris des phrases.
Exemple: 1 *Glasgow, c'est une ville en Écosse.*

C'est une ville	en Angleterre.
	en Écosse.
	en Irlande (du Nord).
	en France.
	au Pays de Galles.

1 Glasgow
2 Manchester
3 PARIS
4 LA ROCHELLE
5 BORDEAUX
6 Dublin
7 Leeds
8 Belfast
9 Aberdeen
10 Swansea

- Aberdeen
- Glasgow
- Belfast
- Dublin
- Leeds
- Manchester
- Swansea

3 Qu'est-ce que c'est?

a *Écoute la cassette et choisis l'image correcte.*
Exemple: 1 *c*

a   b   c   d

e   f   g   h

b *Écris une phrase pour chaque image.*
Exemple: 1 a *Ce sont des baladeurs.*

C'est	un	baladeur(s).
Ce sont	une	boîte(s).
Voici	des	enfant(s).
		calculette(s).

4 Jean-Pierre a des problèmes

Le professeur demande ces choses, mais dans quel ordre? Écris les lettres.
Exemple: *c, …*

a
b Mathematiques
c CAHIER de MATHS
d
e
f

1 Combien?

Voici tes frères et tes sœurs (imaginaires). Combien de sœurs et de frères as-tu?
Exemple: 1 *J'ai deux frères et une sœur.*

2 La maison de la famille Lambert

Écoute la cassette et complète les phrases.
Exemple: 1 *maison*

Voici la (**1**) … et le jardin de la famille Lambert.
Dans la cuisine, il y a trois (**2**) … et une (**3**)…
Mme Lambert est dans la (**4**) …
Anne-Marie Lambert est dans le (**5**) … .
Elle regarde (**6**) …
Dans la chambre de Christophe Lambert,
il y a (**7**) … lit et aussi (**8**) … affaires de
Christophe.
Voici (**9**) … salle (**10**) … bains.

3 Où est l'ordinateur?

Regarde l'appartement. Beaucoup d'objets ne sont pas en place. Décris les erreurs.
Exemple: *L'ordinateur est dans la cuisine.*

Où est la table? Et le lit? Et la chaise? Et le sac à dos?
Et où est la télé avec les manettes?

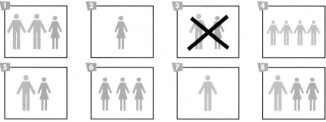

4 Jeu de mémoire

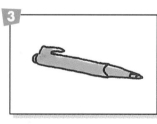

Regarde chaque image pour faire le jeu de mémoire.
Qu'est-ce que c'est? C'est à qui?
Exemple: 1 *C'est la radio de la famille Laurent.*

Des problèmes?   Regarde les pages 18 et 19.
                  Regarde les expressions dans la case.

Pour t'aider

C'est	le	lit trousse baladeur stylo	de	la famille Laurent
				Thomas
	la	radio chat lecteur de CDs sac à dos		Louise
				Daniel

1 Une histoire de chats

Suzanne et Christophe sont chez grand-mère Lambert ('Mamie') avec ses chats.
Mamie est en vacances. Les enfants trouvent la description des chats de Mamie.

César est noir et blanc et très gros.
Minette est petite et mignonne. Elle est noire et elle a douze ans.
Mimi est petite aussi, mais elle n'est pas noire, elle est grise.

Viens, César!

Voilà Mimi.

Ah oui, elle est grise.

Mimi est dans la salle à manger.

Et voilà Minette. Viens Minette!

Dans la chambre, il y a un autre chat.

Il est énorme, et il est noir, gris et blanc. Mais comment s'appelle-t-il?

Oh, regarde!

Il y a un autre chat. Il est énorme. Il est noir, gris et blanc. C'est le chat de M. Lenoir et il s'appelle Géant!

Géant – non! non! non!

Ah oui! Il s'appelle Géant!

Lis l'histoire, puis complète les phrases.
Exemple: 1 *César*

1 Il est très gros.
   Il n'est pas gris.
   C'est …

2 Elle est petite.
   Elle n'est pas dans le salon.
   C'est …

3 Il est très gros.
   Ce n'est pas le chat de Mamie.
   C'est …

4 Elle a douze ans.
   Elle est mignonne.
   C'est …

5 Il est dans la cuisine.
   C'est un chat énorme.
   C'est …

6 Elle est sur une chaise.
   Elle est grise.
   C'est …

2 Chat perdu

Chat trouvé en ville
(le 12 novembre)
Téléphonez à Mme Robert:
02 48 24 14 91

Voici une photo du chat que Mme Robert a trouvé.
Mais, c'est à qui?
Écoute les conversations au téléphone et décide.
Le chat est à …
1 Mme Duval?
2 Claire Martin?
3 François Léon?

3 Des animaux

Voici les animaux de la famille Corpuscule (à la page 16).
Écris une description de ces animaux.
Exemple: 1 *C'est un chien.*
Il est vert et noir. Il est gros. Il est méchant.

1 2 3 4 5

4 Des questions

*Invente six questions avec **Est-ce que ....***
Exemple: *Est-ce que tu as un ordinateur?*

<table>
<tr><td rowspan="5">Est-ce que</td><td>tu</td><td>as</td><td>un animal?</td></tr>
<tr><td>ta sœur
ton frère</td><td>a</td><td>beaucoup d'amis?
etc.</td></tr>
<tr><td>tu</td><td>habites</td><td>dans une maison?</td></tr>
<tr><td>ta famille</td><td>habite</td><td>etc.</td></tr>
<tr><td>ta maison</td><td>est</td><td>en ville?
près d'ici? etc.</td></tr>
</table>

5 Questions et réponses

a *Complète les questions.*
Exemple: 1 *tu as*

b *Complète les réponses.*
Exemple: b *ma sœur a*

c *Trouve les paires.*
Exemple: 1 *h*

1 Est-ce que tu … un chien?
2 Quel âge …-tu?
3 Tu … des frères ou des sœurs?
4 Tu …un animal à la maison?
5 Est-ce que ta sœur … un baladeur?
6 Est-ce que tu … une radio dans ta chambre?

7 Est-ce que ton père … un ordinateur?
8 Moi, j'… une console et des jeux dans ma chambre. Et toi?

a Oui, ma sœur … un baladeur. Elle adore la musique!
b Oui, j'… un frère et une sœur.
c Oui, j'… une radio dans ma chambre.
d Non, mais mon frère … une console dans sa chambre.
e Oui, moi, j'… un lapin et ma sœur … un hamster.
f Mon père, non, mais moi, j'… un ordinateur dans ma chambre.
g J'… douze ans.
h Non, mais mon frère … un petit chien. Il s'appelle Mickey.

6 Un échange

Lis l'histoire de Frédéric.
*C'est **vrai** ou **faux**?*
Exemple: 1 *vrai*

1 Frédéric aime beaucoup les animaux.

2 Frédéric déteste les chats.

3 Sophie adore les petits garçons.

4 Frédéric aime beaucoup les lapins et les souris.

5 Sophie adore son petit frère.

6 Frédéric n'aime pas les cochons d'Inde.

7 Les chats adorent Frédéric.

8 Sophie n'aime pas les chiens.

Voilà Sophie et Frédéric. Frédéric est le frère de Sophie.

Voilà des animaux!

J'aime les chats aussi.

J'aime les chiens.

Je n'aime pas les garçons! Moi, je préfère les chiens!

Et j'aime beaucoup les lapins, les souris, les cochons d'Inde …

1 L'année prochaine

Note les dates importantes pour l'année prochaine. Pour t'aider, consulte un calendrier.

Exemple: 1 *Mon anniversaire est le 2 septembre.*

1 Mon anniversaire
2 L'anniversaire de ma mère est …
3 L'anniversaire de mon père est …
4 L'anniversaire d'un(e) ami(e)
   (L'anniversaire de Daniel(le) est le …)
5 Le Mardi gras
6 La Fête des Mères
7 Le dimanche de Pâques

2 Notre famille

*Complète la description avec la forme correcte du verbe **être**.*
Exemple: 1 *est*

Notre famille **(1)** … *assez grande. J'ai quatorze ans et je* **(2)** … *l'aîné de la famille. Mon anniversaire* **(3)** … *le huit janvier. Mon frère, Luc, a douze ans. Il* **(4)** … *grand. Ma sœur, Sophie, a neuf ans. Elle* **(5)** … *petite. Est-ce que tu as des frères ou des sœurs ou* **(6)** …-*tu enfant unique? Nous avons un chien, Caspar. Il* **(7)** … *gros, brun et blanc. Il* **(8)** … *adorable. Sur cette photo, nous* **(9)** … *dans le jardin. Mes parents* **(10)** … *là aussi. Nous avons aussi deux cochons d'Inde, mais ils ne* **(11)** … *pas sur la photo.*

3 Des annonces

*Lis les phrases et consulte les annonces. Écris **vrai** ou **faux**. Corrige les phrases fausses.*
Exemple: 1 *Faux. C'est à Pâques.*

1 Le voyage à La Rochelle est à Noël.
2 Le voyage à La Rochelle est du samedi au mardi.
3 Vendredi, samedi et dimanche sont des jours difficiles sur les routes.
4 Le quatorze juin, il y a un feu d'artifice.
5 Le quatorze juillet il y a un bal, place de l'Hôtel de Ville.
6 À la cathédrale, il y a un concert de chants de Noël.
7 Le concert est le dix-sept, le dix-huit et le vingt-neuf décembre.

14 juillet

17h: Blanc Batou (percussions) dans la ville
21h: Bal, place de l'Hôtel de Ville
22h: Grand feu d'artifice

Week-end de Pâques à La Rochelle

Départ en car: le samedi à 9h, 67 avenue de la Cathédrale, devant le café Saint-Jacques
Retour: le mardi vers 6h

Pâques sur les routes.
Bison Futé vous annonce:
Trois jours difficiles –
vendredi,
samedi
et lundi

Faites attention sur les routes!

Noël à Paris
Chants de Noël de nos provinces. En la cathédrale Notre-Dame de Paris le 17, 18 et 19 décembre à 21h.

250 choristes, musiciens, danseurs et comédiens en costumes régionaux interprètent des chants de Noël.

4 Des vêtements pour le week-end

a *Regarde le dessin et écris la liste.*
Exemple: 1 *un jogging noir*

b  *Écoute la conversation et regarde le dessin. Note les six différences.*
Exemple: 1 *bleu*

Dans la conversation, …
1 le T-shirt est …
2 le pull est …
3 les chaussettes sont …
4 le short est …
5 la casquette est …
6 le pantalon est …

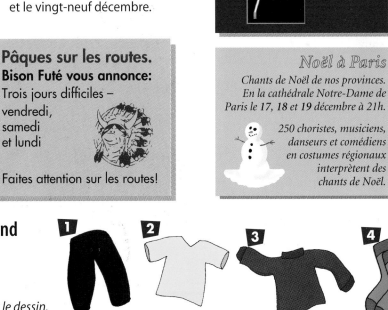

5 Des cadeaux par deux

Écris une liste de tous les cadeaux qui sont par deux.
Exemple: *deux balles de tennis*

6 Les chaussettes de Jacques

Le 15 décembre, c'est l'anniversaire de Jacques. Complète les bulles avec un mot dans la case.
Exemple: 1 *Bon*

chaussettes   rien
aime   Bon   merci
cadeau   anniversaire
rouge   beaucoup
gentil   petit

(1) … anniversaire, Jacques. Voici un petit (2) … pour toi.

Oh, (3) …! J'aime bien la couleur.

Bon (4) …, Jacques.

De (7) …

Merci (5)… . C'est très (6) …

Voici un (8) … cadeau.

Ah, des (9) …, merci.

Le (10) …, c'est ta couleur préférée, non?

Oui, c'est vrai, merci.

Cher Père Noël,
Je n'(11) … pas les chaussettes.
Merci,
Jacques

7 Une lettre illustrée

a *Écris le cadeau en français pour chaque dessin.*
Exemple: 1 *la bande dessinée*

b *C'est ton anniversaire. On t'a offert quatre cadeaux. Écris une lettre à ton (ta) correspondant(e) – avec des illustrations, si tu veux.*

Cher Dominique,

Merci beaucoup pour (1) . J'adore les livres d'Astérix.

Pour Noël, on m'a offert beaucoup de cadeaux, par exemple,

(2) , (3) , (4) et (5) .

Mon frère m'a offert (6) et ma sœur m'a offert

(7) . Même Caspar, mon chien, m'a offert un cadeau –

(8) en porcelaine. Il est très mignon.

Et toi? Qu'est-ce qu'on t'a offert?

À bientôt,

Suzanne

1 Quel temps fait-il?

Quel temps fait-il à Brighton? Et dans les autres villes?

Exemple: 1 À Brighton, il fait mauvais.

2 Les quatre saisons

> Deux mots utiles:
> souvent – often;
> quelquefois – sometimes.

Écris une phrase avec un de ces mots
pour chaque saison.
Exemple: En hiver, il y a souvent du
brouillard.

3 🔊 La météo

Écoute la météo et complète la grille
dans ton cahier.
Exemple: a Il fait froid.

ville	Cardiff	Birmingham	Édimbourg
temps	(a)	(d)	(g)
température	(b)	(e)	(h)
match de	(c)	(f)	(i)

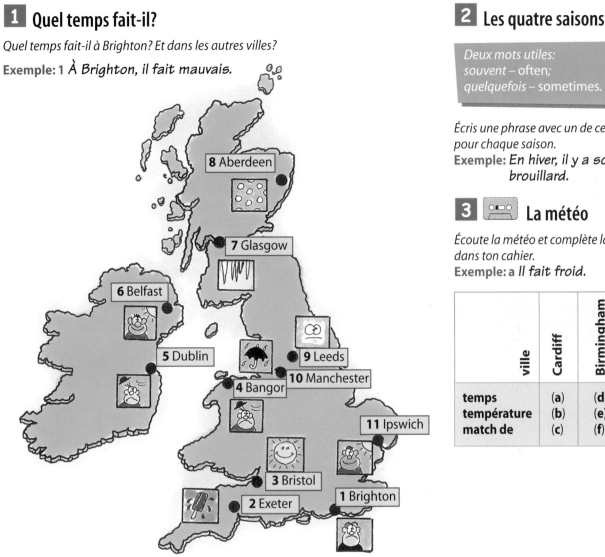

8 Aberdeen
7 Glasgow
6 Belfast
5 Dublin
9 Leeds
10 Manchester
4 Bangor
11 Ipswich
3 Bristol
2 Exeter
1 Brighton

4 Devant la télé

Tout le monde regarde la télé. Complète les phrases avec la forme correcte du verbe **regarder**.
Exemple: 1 Tu regardes la télé?

1 Tu … la télé?
2 Je … la télé.
3 Ils … la télé.
4 Vous … la télé?
5 Elles … la télé.
6 Nous … la télé.
7 On … la télé.
8 Les enfants … la télé.
9 Papa … la télé.
10 Tous les adultes … la télé.
11 Le chat s'appelle Minou.
Il … la télé aussi.

5 Une lettre de Françoise

Cher Alain,

Tu n'es pas le seul. Moi aussi, j'ai des problèmes de famille. Mon problème, c'est ma petite sœur, Sophie. Elle a sept ans et elle partage ma chambre. Elle porte mes vêtements – elle adore mes pulls et mes chaussures! Elle joue avec mes affaires. Elle dessine sur mes cahiers. Quand j'écoute de la musique, elle chante et elle danse. Quand je travaille, elle parle tout le temps. Quand je reste dans ma chambre, elle reste là aussi. Quand je ne suis pas là, elle arrive avec beaucoup d'amies et elles jouent, toutes, dans la chambre. Quel désastre!

Françoise, Dieppe

a *Lis la lettre, puis lis les phrases. C'est **vrai** ou **faux**?*
Exemple: 1 *vrai*

1 Françoise a des problèmes de famille.
2 Françoise est fille unique.
3 Françoise a une petite sœur.
4 Sophie a 17 ans.
5 Sophie et Françoise partagent une chambre.
6 Françoise porte les vêtements de Sophie.
7 Françoise n'est pas contente de la situation.

b *Complète le résumé.*
Exemple: 1 *Françoise a une petite sœur.*

1 Françoise a une petite …
2 … s'appelle Sophie.
3 Françoise et Sophie partagent une … à la maison.
4 Sophie porte les … et les … de Françoise.
5 Quand Françoise … de la musique, Sophie chante et elle …
6 Quand Françoise …, Sophie parle beaucoup.
7 Quelquefois, Sophie arrive avec des amies et elles … dans la chambre.

6 Une petite sœur difficile

Imagine que Lucie est ta sœur. Complète les phrases.
Exemple: 1 *J'ai une petite sœur difficile.*

1 J'… une petite sœur difficile.
    … s'appelle Lucie.
    Quand je …, elle … mes bonbons.
2 Elle … dans ma chambre.
3 Elle … sur mon cahier.
4 Elle … la télé.
    C'est incroyable!

7 Ça dépend du temps

Complète les phrases.
Exemple: 1 *Quand il fait froid, je porte un pull.*

1 Quand il fait froid, je …
2 Quand il y a du soleil, je …
3 Quand il neige, je …
4 Quand il fait chaud, mes amis …
5 Quand il pleut, nous …
6 Quand il fait beau, nous …

8 Mon journal de vacances

Pendant tes vacances (imaginaires), le temps est très variable. Choisis deux jours différents et décris le temps et une activité.
Exemple:

> *Lundi, il fait mauvais. Je reste à la maison et je range ma chambre.*

1 À La Rochelle

Copie et complète avec les mots dans la case.
Exemple: 1 *cette jolie* <u>*ville*</u> *française*

musées ville
tours rues
poisson cartes
vieilles magasins
très vieux

Visitez La Rochelle

Passez vos vacances d'été dans cette jolie (1) … française, avec son (2) … port et ses trois (3) … . Regardez les (4) … maisons et les petites (5) … à arcades qui sont (6) … pittoresques. Visitez les (7) … intéressants, mangez du (8) … dans les restaurants, ou choisissez des cadeaux et des (9) … postales dans les (10) …

2 C'est utile, le dictionnaire

*Voici des endroits en ville. Cherche les mots dans le Glossaire ou dans un dictionnaire. Écris le genre (**m** ou **f**) et l'anglais.*
Exemple: 1 *auberge (f) = inn*

1 auberge	6 plage
2 gare routière	7 centre sportif
3 marché aux fleurs	8 château
4 poste de police	9 marché aux poissons
5 caserne de pompiers	10 crêperie

3 Deux conversations

a *Complète les conversations.*

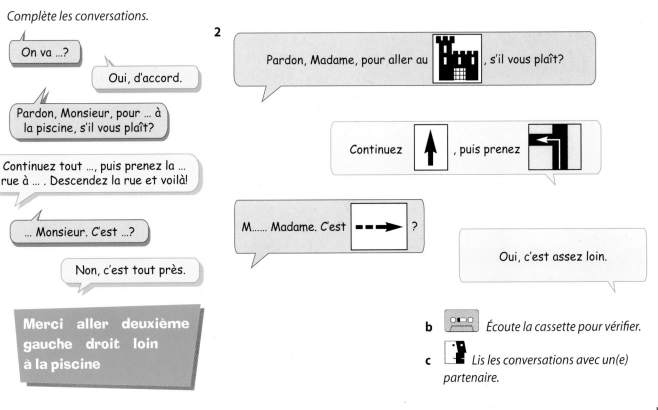

1

On va …?

Oui, d'accord.

Pardon, Monsieur, pour … à la piscine, s'il vous plaît?

Continuez tout …, puis prenez la … rue à … . Descendez la rue et voilà!

… Monsieur. C'est …?

Non, c'est tout près.

Merci aller deuxième gauche droit loin à la piscine

2

Pardon, Madame, pour aller au ⬛, s'il vous plaît?

Continuez ⬆, puis prenez ⬅

M…… Madame. C'est ⬛→ ?

Oui, c'est assez loin.

b 📼 *Écoute la cassette pour vérifier.*

c 👤 *Lis les conversations avec un(e) partenaire.*

4 Les musées, c'est intéressant!

Regarde la publicité. Voici quatre musées très populaires à La Rochelle.

a Le musée Grévin de La Rochelle

sur le Vieux Port
L'histoire de La Rochelle du XIIe siècle à nos jours
Si vous aimez le musée de Madame Tussaud en Angleterre, vous êtes sûr d'aimer ça.

b MUSÉE DES MODÈLES RÉDUITS

Musée unique.
800m² de maquettes, scènes historiques, petits trains en mouvement, voitures anciennes, 'Bataille Navale' – spectacle unique en son et lumière.
Il ne faut pas manquer ça!

c Musée des Automates

- 300 personnages en mouvement dans un décor original
- automates anciens et modernes
- figurines historiques
- les plus belles maquettes animées
Allez passer une journée intéressante dans ce musée fantastique.

d Musée maritime de La Rochelle

VISITEZ NOS NAVIRES
MUSÉE MARITIME DE LA ROCHELLE

Sur le bateau FRANCE 1
Visitez ce bateau célèbre.
Sections: Météo;
La vie à bord;
La salle des machines.

Jeux informatiques, vidéo

Un musée flottant

Ouvert tous les jours

---

a *Tu comprends ces mots? Devine!*
(Ou regarde le Glossaire ou un dictionnaire.)
Exemple: 1 en mouvement = in motion, moving

1 en mouvement	7 célèbre
2 une maquette	8 un automate
3 un bateau	9 voitures anciennes
4 un siècle	10 flottant
5 la vie à bord	11 son et lumière
6 une bataille	12 ouvert

b *Lis ces phrases et écris **vrai** ou **faux**.*
Exemple: 1 vrai

1 Le Musée Maritime est sur un bateau flottant.
2 Les maquettes sont des modèles réduits.
3 Au Musée Maritime, il y a des jeux vidéo.
4 Pour voir les automates, on va au Musée Grévin.
5 La météo vous intéresse? Allez au Musée Maritime!
6 Il y a un spectacle son et lumière au Musée des Modèles réduits.
7 Le Musée Maritime est fermé le mardi.
8 Le Musée Grévin est sur la place du Marché.
9 Dans deux de ces musées, il y a des maquettes ou des figurines animées.
10 Le Musée flottant s'appelle le Musée Grévin.

c *Corrige les erreurs.*
Exemple: 4 *Pour voir les automates, on va au <u>Musée des Automates.</u>*

5 🔊 Où sont-ils?

Écoute les conversations. Où sont-ils? (C'est peut-être un des musées de l'activité 4.)
Exemple: 1 *Luc est à la gare.*

1 Luc …
2 M. Dupont …
3 Nicole …
4 Le guide …
5 Daniel et ses frères …
6 Mme Martin …
7 Le professeur et Charlotte …
8 Les amis …

6 C'est où?

a *Pose des questions.*
Exemple: *Pour aller au centre-ville, s'il vous plaît?*

b *Réponds aux questions.*
Exemple:

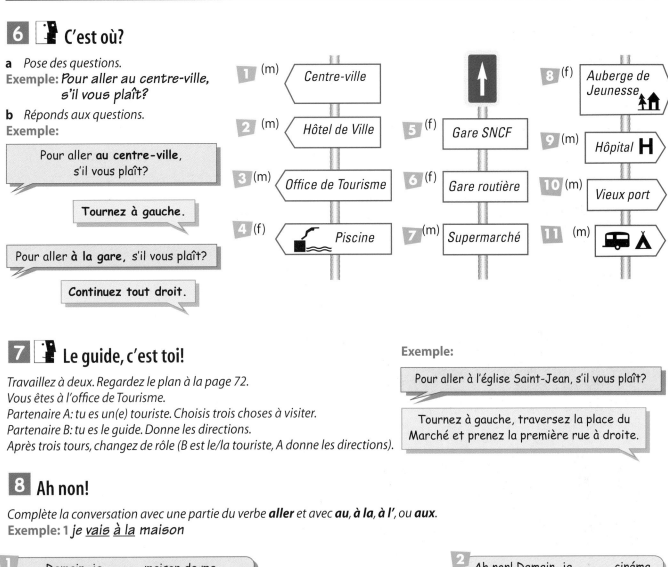

> Pour aller **au centre-ville**, s'il vous plaît?

> Tournez à gauche.

> Pour aller **à la gare**, s'il vous plaît?

> Continuez tout droit.

1 (m) Centre-ville
2 (m) Hôtel de Ville
3 (m) Office de Tourisme
4 (f) Piscine
5 (f) Gare SNCF
6 (f) Gare routière
7 (m) Supermarché
8 (f) Auberge de Jeunesse
9 (m) Hôpital **H**
10 (m) Vieux port
11 (m)

7 Le guide, c'est toi!

Travaillez à deux. Regardez le plan à la page 72.
Vous êtes à l'office de Tourisme.
Partenaire A: tu es un(e) touriste. Choisis trois choses à visiter.
Partenaire B: tu es le guide. Donne les directions.
Après trois tours, changez de rôle (B est le/la touriste, A donne les directions).

Exemple:

> Pour aller à l'église Saint-Jean, s'il vous plaît?

> Tournez à gauche, traversez la place du Marché et prenez la première rue à droite.

8 Ah non!

*Complète la conversation avec une partie du verbe **aller** et avec **au**, **à la**, **à l'**, ou **aux**.*
Exemple: 1 je *vais* *à la* maison

1 Demain, je .... maison de ma grand-mère pour l'aider un peu. Tu viens?

2 Ah non! Demain, je .... cinéma.

3 Mercredi, nous .... ferme, pour travailler avec mon oncle. Tu viens?

4 Ah non! Mercredi, je .... parc avec des amis.

5 Samedi, ma sœur .... magasins. Tu ...... avec elle?

6 Ah non! Samedi, mon frère .... match de football et moi, je .... match aussi.

7 Dimanche, nous ...... tous ...... parc Astérix en minibus.

8 Ah oui? Je viens!

9 Désolé, mais il n'y a pas de place dans le bus!

unité 8 Au choix

1 Mlle Dupont

Voici Mlle Dupont. Elle travaille pour la Poste. Elle distribue des lettres. Complète la description de sa journée.

Exemple: 1 À *six heures, elle va à la poste.*

2 Une journée en semaine

Mets les phrases dans le bon ordre.
Exemple: *d (Je me lève à sept heures.)*

Le matin

a Nous arrivons au collège à huit heures vingt.
b Nous prenons le petit déjeuner à sept heures et quart.
c À midi, nous mangeons des sandwichs.
d Je me lève à sept heures.
e Les cours commencent à huit heures et demie.
f Ma sœur et moi, nous quittons la maison à huit heures.

L'après-midi et le soir

g À quatre heures, nous rentrons à la maison.
h Normalement, je commence mes devoirs à cinq heures.
i Entre quatre heures et cinq heures, je joue sur l'ordinateur ou je regarde la télé.
j Les cours terminent à quatre heures moins vingt.
k Le soir, nous mangeons à six heures.
l Je me couche à neuf heures moins le quart.

3 Mes choses préférées

a *Complète les phrases avec des mots dans la case.*
Exemple: 1 *le douze*

b *Puis complète les phrases avec ton choix.*

1 Mon numéro préféré est …
2 Ma couleur préférée est …
3 Mon jour préféré est …
4 Mon animal préféré est …
5 Ma saison préférée est …
6 Mes distractions préférées sont …

> le samedi   le printemps   le noir
> jouer au tennis   le douze   le cheval
> écouter de la musique

4 Tu aimes mes animaux?

*Complète les réponses avec **ton**, **ta** ou **tes**.*
Exemple: 1 *ton chien*

1 J'aime … chien.
2 … souris est assez mignonne.
3 J'aime beaucoup … cheval blanc.
4 … lapins sont adorables.
5 … perroquet est magnifique.
6 J'adore … oiseau.
7 Je n'aime pas beaucoup … poissons.
8 Je préfère … hamster.
9 Et je déteste … serpent.

5 Les vêtements de Sophie

Tu parles à une amie. On discute des vêtements de sa sœur. Tu aimes tous ses vêtements rouges, mais tu n'aimes pas les vêtements d'autres couleurs. Qu'est-ce que tu dis?

Exemple: 1
J'aime son T-shirt rouge.

Exemple: 2
Je n'aime pas son short vert.

6 La chambre de Marc

Décris la chambre de Marc. Combien de phrases correctes peux-tu faire?
Exemple: *Son sac à dos est sous la table.*

> **Pour t'aider**
>
> baladeur (m)
> calculette (f)
> cassette (f)
> chaise (f)
> chaussettes (f pl)
> chaussures (f pl)
> crayon (m)
> lit (m)
> livre (m)
> pantalon (m)
> pull (m)
> sac à dos (m)
> table (f)
> trousse (f)

7 Deux amies très différentes

Louise parle de sa nouvelle amie, Mélanie. Les deux filles sont très différentes. Écoute la conversation, puis lis les phrases.
a *On parle de qui dans chaque phrase, Louise (L) ou Mélanie (M)?*
Exemple: 1 *L*

1 Elle aime le sport.
2 Elle n'aime pas le sport.
3 Elle adore la musique.
4 Elle n'aime pas beaucoup la musique.
5 Sa matière préférée, c'est les sciences.
6 Elle n'aime pas les sciences, parce qu'elle trouve ça ennuyeux.

7 Sa matière préférée, c'est l'anglais, parce qu'elle trouve ça intéressant.
8 Elle trouve l'anglais difficile.

b *Mais les deux filles ont une chose en commun. Elles aiment …*

DANIEL LAROCHE

Notre jeune reporter, Nicole Martin, interviewe le nouveau champion junior de tennis de table.

– **Bonjour Daniel et félicitations. Je peux te poser quelques questions?**
– *Mais oui, bien sûr.*

– **Bon, alors tu habites où en France?**
– *J'habite à Toulouse.*

– **Et quel âge as-tu?**
– *J'ai seize ans.*

– **Quelle est la date de ton anniversaire?**
– *Mon anniversaire est le huit février.*

– **Est-ce que tu as des frères ou des sœurs?**
– *Oui, j'ai un frère et deux sœurs.*

– **Est-ce qu'ils sont sportifs aussi?**
– *Oui, mon frère joue au tennis et mes sœurs jouent au badminton.*

– **Au lycée, quelles sont tes matières préférées?**
– *Bon, il y a le sport, évidemment, mais j'aime aussi les maths.*

– **Et comme distractions, qu'est-ce que tu fais?**
– *Alors, entre le lycée et l'entraînement, je n'ai pas beaucoup de temps libre, mais j'aime la musique et le cinéma. J'adore les films comiques.*

– **Tu regardes la télévision?**
– *Un peu, mais je préfère la radio.*

– **Tu as une couleur préférée?**
– *Oui, le vert – la couleur de la nature.*

8 Daniel Laroche

a *Lis l'interview et trouve un mot pour chaque catégorie.*
Exemple: 1 *février*

1 un mois
2 une matière scolaire
3 une distraction
4 une ville en France
5 un sport
6 une couleur
7 un nombre
8 un membre de la famille
9 un prénom
10 un nom de famille

b *Nicole écrit un petit article sur Daniel, mais elle fait huit erreurs. Écris l'article correctement.*
Exemple: *...le nouveau champion de* <u>*tennis de table*</u>

Daniel Laroche, le nouveau champion de judo, habite à Bordeaux. Il a 15 ans et la date de son anniversaire est le 18 juillet. Il a un frère et sept sœurs. Ses matières préférées sont le sport et l'histoire. Il n'a pas beaucoup de temps libre, mais comme distractions, il aime la musique et le cinéma. Il adore les films historiques. Il préfère la radio à la télévision et sa couleur préférée est le bleu.

1 Un mélange

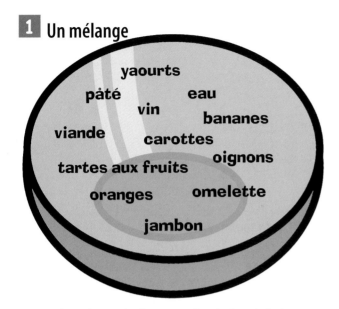

yaourts
pâté   eau
vin
viande   bananes
carottes
tartes aux fruits   oignons
oranges   omelette
jambon

Trouve deux choses de chaque catégorie dans le bol.
*Écris aussi **du**, **de la**, **de l'** ou **des**.*
Exemple: 1 *du jambon, …*

1 des hors-d'œuvre   4 des desserts
2 des plats principaux   5 des boissons
3 des légumes   6 des fruits

2 C'est utile, le dictionnaire

a *Écris ces mots dans l'ordre alphabétique. Cherche les mots dans le Glossaire ou dans un dictionnaire. Écris le genre (**m** ou **f**) et l'anglais.*
Exemple: *chips (m pl) = crisps*

miel	potage	sucre
sel	moutarde	chips
glace	poivre	

b *Complète ces phrases avec un des mots.*
Exemple: 1 *potage*

1 Comme hors-d'œuvre, il y a du …
2 Tu aimes les …?
3 Tu prends du … dans le thé?
4 Comme dessert, il y a de la …
5 J'aime les tartines avec du ..
6 Voici du … et du …
7 Tu veux de la … aussi?

3 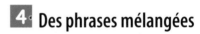 Qu'est-ce qu'ils mangent?

Écoute la cassette et regarde les dessins. Pour chaque description, il y a deux choses seulement qui sont sur le dessin. Écris ces choses.
Exemple: 1 *du pain et du beurre*

4 Des phrases mélangées

Écris ces phrases correctement.
Exemple: 1 *Le matin, je prends un bon petit déjeuner.*

1 un bon petit déjeuner   je prends   Le matin, .

2 tu prends   Qu'est-ce que   pour le petit déjeuner   ?

3 le train   pour aller   Je prends   au collège .

4 Pour la gare,   la première rue   prenez   à droite .

5 des sandwichs   je prends   À midi, .

6 prennent le déjeuner   Beaucoup d'élèves   à la cantine .

7 de l'eau   prenons   comme boisson   Nous .

5 On gagne des prix

PREMIER PRIX

Bon Repas au **RESTAURANT MAX** *pour 4 personnes*

a un repas pour quatre personnes

b un baladeur

c un lecteur de CDs

d un cédérom

BON CONCOURS RADIO JEUNESSE ENTRÉE POUR 2 PERSONNES AU **PARC ASTÉRIX**

RADIO JEUNESSE BON CONCOURS Entrée pour une personne au match de football **France–Angleterre** Paris, le 12 avril

e des billets pour le Parc Astérix

f des billets pour le match de football

a *D'abord, devine qui prend chaque prix. Lis les détails pour t'aider.*
Exemple: 1 *f*

1 Luc aime beaucoup le sport.
2 Mireille n'aime pas beaucoup les jeux électroniques, mais elle adore la musique.
3 Coralie a déjà un lecteur de CDs.
4 Christophe et sa sœur aiment les parcs d'attractions.
5 Stéphanie n'a pas de baladeur.
6 Sébastien a un ordinateur.

b *Écoute la cassette. Note qui prend quel prix.*
Exemple: 1 *Coralie prend le repas.*

1	Coralie	2	Mireille
3	Stéphanie	4	Sébastien
5	Luc	6	Christophe

c *Et toi? Quel prix prends-tu? Pourquoi?*
Exemple: *Je prends le cédérom parce que j'adore les jeux électroniques.*

6 Mes deux chats

J'ai deux chats, Napoléon et Noiraud, mais ils ne se ressemblent pas.

Complète la description de Noiraud.
Exemple: 1 *Noiraud n'est pas petit.*

1 Napoléon est petit.
2 Napoléon chasse les oiseaux.
3 Napoléon va souvent dans la rue.
4 Napoléon est tigré.
5 Napoléon mange beaucoup.
6 Napoléon joue dans le jardin.
7 Napoléon est jeune.
8 Napoléon aime explorer.

7 Les jeunes

Voici une lettre dans un journal régional.

Cher éditeur,
À mon avis, les jeunes d'aujourd'hui sont impossibles! Ils mangent du fast-food et ils fument* trop. Ils ont beaucoup d'argent et ils portent des vêtements ridicules. Ils regardent la télé ou ils jouent aux jeux vidéo tout le temps. Et le soir, ils vont dans les discothèques ou ils surfent sur le Net trop souvent.

FÉLICITÉ BEAUREGARD (77 ANS)

*fumer – to smoke
trop – too much
jeune – young
les jeunes – young people*

*Les jeunes, est-ce qu'ils sont vraiment comme ça? Pas vrai, hein?
Complète cette lettttre en réponse.*
Exemple: 1 *ne sont pas*

Cher éditeur,
À mon avis, les jeunes d'aujourd'hui (1) … impossibles! D'accord, ils aiment le fast-food, mais ils (2) … ça tout le temps. En général, les jeunes (3) … trop. Ils (4)… beaucoup d'argent et ils (5) … de vêtements ridicules (ou bien, pas souvent!). Ils (6) … la télé et ils (7) … aux jeux vidéo tout le temps. Et le soir, ils (8) … dans les discothèques et ils (9) … sur le Net trop souvent. À mon avis, la plupart des jeunes sont gentils. Tout simplement, ils (10) … comme les vieilles personnes – ils sont jeunes!

PIERRE LEGRAND

8 La fête autour du monde

Magali Bouamrani habite au Maroc. Le Maroc est un pays musulman. Magali parle du Ramadan et d'Eid.

«Le neuvième mois de l'année musulmane s'appelle Ramadan. Pendant trente jours, les adultes et les adolescents, et quelquefois, les enfants aussi ne mangent pas pendant la journée, mais la nuit, on mange et on boit. À la fin du Ramadan, il y a une fête – Eid. Pour la fête, nous portons de nouveaux vêtements et nous offrons des cadeaux aux amis. Et nous mangeons un repas magnifique avec du riz spécial, du curry d'agneau, des légumes et un dessert qui s'appelle le 'halva'.»

Thomas Friedman habite en Louisiane, aux États-Unis. Il parle du Thanksgiving.

«Le dernier jeudi de novembre, c'est le Thanksgiving. Ce n'est pas une fête religieuse, c'est une fête qui marque la première récolte des Pilgrim Fathers en 1621.

Nous ne travaillons pas ce jour-là. Nous restons à la maison et nous mangeons un grand repas avec de la dinde, des légumes et, comme dessert, de la tarte à la citrouille.»

Lalita Kahn est hindoue. Elle parle de Diwali.

«Diwali, c'est la fête des lumières. À la maison, nous allumons des lampes qui s'appellent 'divas'. Nous invitons des amis à la maison et nous préparons un repas spécial. Quelquefois, nous dansons une danse qui s'appelle 'dandia raas' – c'est une danse avec des bâtons. La musique va de plus en plus vite. C'est très amusant.»

Luc Martin est français. Il parle de Noël.

«La veille de Noël, beaucoup de familles françaises vont à l'église. Puis le jour de Noël, nous mangeons un repas traditionnel. Pour commencer, il y a souvent des huîtres, puis on mange de la dinde aux marrons et des légumes, et comme dessert, il y a la bûche de Noël. Mmm, c'est délicieux.»

Lis le texte et regarde les images.

a *Qu'est-ce que c'est? D'abord, devine le sens de ces mots. Puis cherche les mots dans le Glossaire ou dans un dictionnaire. Écris les mots avec le genre (**m** ou **f**) et l'anglais.*
Exemple: *agneau (m) = lamb*

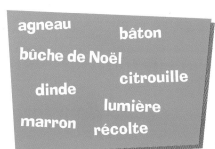

agneau **bâton**
bûche de Noël
dinde **citrouille**
lumière
marron **récolte**

b *Trouve deux phrases (**a–h**) pour décrire la fête.*
Exemple: 1 b, …

1	Eid	**3** Diwali
2	Thanksgiving	**4** Noël

a C'est une fête chrétienne.
b C'est une fête musulmane.
c C'est une fête hindoue.
d C'est une fête américaine.
e C'est une fête des lumières quand on allume des lampes.
f C'est toujours le dernier jeudi de novembre.
g On va à l'église et on mange un repas traditionnel.
h La fête a lieu après trente jours quand on ne mange pas pendant la journée.

c *Écris quelques phrases pour décrire un repas spécial (vrai ou imaginaire).*
Exemple:

Un repas de fête

Pour l'anniversaire de mon grand-père, nous mangeons un repas très spécial. Mon grand-père adore le potage, alors, pour commencer, il y a du potage de tomates. Puis il y a du poulet rôti avec des champignons et du bacon. Comme légumes, il y a des pommes de terre rôties et des petits pois. Comme dessert, il y a une tarte aux pommes avec de la crème. Il aime bien ça.

1 Questions et réponses

a *Complète les questions avec une partie du verbe **faire**.*
Exemple: 1 *tu fais*

b *Complète les réponses.*
Exemple: a *Tu fais*

c *Trouve les paires.*
Exemple: 1 *b*

1 Qu'est-ce que tu …, quand il fait beau?
2 Ta sœur, qu'est-ce qu'elle … comme sports?
3 Les filles, qu'est-ce qu'elles … ce matin?
4 Qu'est-ce qu'ils …, les garçons?
5 Qu'est-ce que je … le samedi matin? Devine!
6 Jean-Pierre, qu'est-ce qu'il …?
7 Qu'est-ce que vous … le samedi?

a Ce n'est pas difficile. Tu … du sport!
b Quand il … beau, je … de la voile.
c Elles … du cyclisme.
d Nous … de la gymnastique.
e Il … des photos.
f Ils … de la peinture.
g Elle … de la natation.

2 On fait de la voile

*Complète la conversation avec la forme correcte du verbe **faire**.*
Exemple: 1 *tu* <u>*fais*</u>

– Bonjour, Thomas. Qu'est-ce que tu (**1**) … aujourd'hui?
– Bonjour, Hassan. Je (**2**) … des courses pour maman.
– Moi aussi. Mais il (**3**) … beau. Mes amis (**4**) … de la voile aujourd'hui.
– Faire de la voile! Chic! Ma sœur aime ça. Mais aujourd'hui, elle (**5**) … ses devoirs.
– Il n'y a pas assez de place pour nous trois.
– Alors, on (**6**) … de la voile, nous deux?
– D'accord, et nous (**7**) … les courses plus tard, non?

La sœur de Thomas arrive.

– Salut, Hassan. Salut, Thomas. Qu'est-ce que vous (**8**) …?
– Nous allons au lac. Nous (**9**) … de la voile.
– Bon, j'arrive. J'aime ça.
– Mais, tu (**10**) … tes devoirs, n'est-ce pas?
– Et vous, vous (**11**) … les courses, non?

3 C'est utile, le dictionnaire

a *Écris la liste dans l'ordre alphabétique.*

b *Cherche chaque mot dans le Glossaire ou dans un dictionnaire. Écris le genre (**m** ou **f**) et l'anglais.*
Exemple: *athlétisme (m) = athletics*

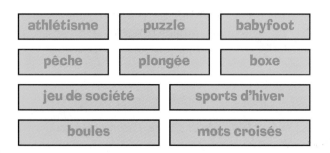

athlétisme	puzzle	babyfoot
pêche	plongée	boxe
jeu de société		sports d'hiver
boules		mots croisés

4 Spécial-loisirs

Écoute la cassette et complète les descriptions avec les mots dans la case.
Exemple: 1 *(b) le sport; …*

Benoît
Il aime … et il regarde la télévision. Comme sports, il joue … et il fait … Le week-end, il fait … …

Céline
Elle n'aime pas le sport. Elle aime … et les puzzles et elle joue … et aux échecs. Le …, elle va en discothèque.

Dominique
Il fait … Il aime la musique et il joue … et de la flûte. En été, il fait …

Agnès
Elle a … et elle aime faire …

Malik
Il joue …
Il aime la musique et il fait du dessin et …

a	de l'athlétisme	**h**	de la voile
b	le sport	**i**	les jeux de société
c	aux cartes	**j**	de la peinture
d	du piano	**k**	de la lecture
e	samedi	**l**	un ordinateur
f	au football	**m**	au tennis
g	du cyclisme	**n**	des jeux vidéo

5 Des opinions sur les loisirs

Écris des phrases. Tu peux utiliser les expressions dans les cases, si tu veux.
Exemple: 1 *J'aime beaucoup aller en ville ou regarder la télévision parce que c'est amusant.*

1 J'aime beaucoup … ou … parce que c'est / ce n'est pas … . Mais, je n'aime pas … parce que c'est / ce n'est pas …
2 Quelquefois, j'aime …, mais normalement, je préfère … et … parce que c'est / ce n'est pas …
3 Mon ami(e) aime … ou/et … mais il/elle déteste … parce que c'est / ce n'est pas …

Pour t'aider

faire les courses	sortir avec mes amis		amusant
ranger ma chambre	aller	en ville	ennuyeux
faire une promenade		à la piscine (etc.)	facile
avec le chien	faire de l'équitation		difficile
(etc.)	rester à la maison		intéressant
	jouer au football (etc.)		utile

amusant
ennuyeux
facile
difficile
intéressant
utile
nul
moche
fatigant
super

6 C'est quand?

Parc d'attractions et zoo

**Planète-Loisirs
pour toute la famille**
Horaires …
du parc   10h à 19h
des attractions   10h30 à 18h30
du zoo   11h à 18h15

CONCERT
LE 19 ET LE 20 JUIN
AU STADE DE FRANCE
samedi 21h30
dimanche 20h45

Ne manquez pas …
Le futur en marche
une nouvelle série télévisée
sur les inventions scientifiques
mardi à 17h55

Simba

Série animée
– Télétoon –
Soirée spéciale, samedi à 20h35,

puis tous les jours sauf mercredi à 16h

Réponds aux questions de tes amis, en consultant les détails.

Exemple: 1 *À partir de onze heures*.*

1 Le zoo est ouvert à partir de quelle heure?
2 Le zoo ferme à quelle heure?
3 Le concert de Claudine Denis, ça commence à quelle heure, samedi?
4 Les attractions ferment quand?
5 La nouvelle série scientifique, ça commence à quelle heure?
6 Le parc, Planète-Loisirs, ferme à quelle heure?
7 Je voudrais regarder Simba, samedi soir. Ça commence à quelle heure?
8 Est-ce que le parc est ouvert à neuf heures du matin?
9 Simba est à quelle heure, le vendredi?
10 Le concert de Claudine Denis, c'est à quelle heure, dimanche?

*À partir de (onze heures) –
from (11o'clock) onwards

7 Au pique-nique

*Tu es avec ta famille et ton chien au parc. Vous trouvez un bon endroit pour un pique-nique, puis vous jouez au ballon.
C'est l'heure du déjeuner, mais …*

Que dis-tu?
Exemple:

> **1** Où est notre pain?

> Et où est … chien?

Pour t'aider

	est	notre	biscuits? chips? fromage? jambon? pain?
Où	sont	nos	pommes? saucisson?

8 L'Île d'Or

a *Vous allez en vacances à l'Île d'Or. Complète le poster avec* **votre** *ou* **vos**.
Exemple: 1 *votre appareil*

N'oubliez pas…
1 … appareil
2 … lunettes de soleil
3 … maillot de bain
4 … t-shirts, shorts et sandales
Laissez à la maison …
5 … anorak et … parapluie
6 … voiture

b *Lis les phrases et trouve les paires.*
Exemple: 1 *f*

a Il ne pleut pas en été.
b Il y a de belles piscines et il y a la mer, bien sûr.
c Le soleil brille.
d Il n'y a pas de voitures sur l'île.
e Il fait chaud.
f L'île est très jolie.

9 Au bureau des objets trouvés

*Charles Ventoux travaille au bureau des objets trouvés dans une grande gare à Paris. Il y a beaucoup à faire, mais, normalement, il trouve son travail assez intéressant. Quelquefois, c'est même très amusant.
Il parle de son travail:*
«Les voyageurs laissent beaucoup de choses différentes dans le train, c'est vraiment extraordinaire! Par exemple, ils perdent très souvent leur appareil-photo ou leur anorak et aussi leurs sacs et leurs parapluies. Ça, c'est facile à comprendre. Mais ils perdent aussi leurs lunettes, leur baladeur, leur téléphone portable et quelquefois, même leurs chaussettes! Il y a même un homme et sa femme, très gentils, mais très vieux, qui, de temps en temps, laissent leur chien dans le train!»

Lis l'article et les questions et complète les réponses.
Exemple: 1 *Non, il travaille dans un bureau des objets trouvés.*

1 Est-ce que Charles travaille dans un bureau de poste?
Non, il …
2 Comment trouve-t-il son travail, généralement?
Il le trouve …, et quelquefois, …
3 Qu'est-ce que les voyageurs perdent souvent?
Ils perdent souvent … (Choisis deux choses.)
4 Écris une chose amusante qu'on laisse quelquefois dans le train.
On laisse quelquefois son/ses…
5 Qu'est-ce qu'un vieux couple perd de temps en temps?
Ils laissent … (Où?) …

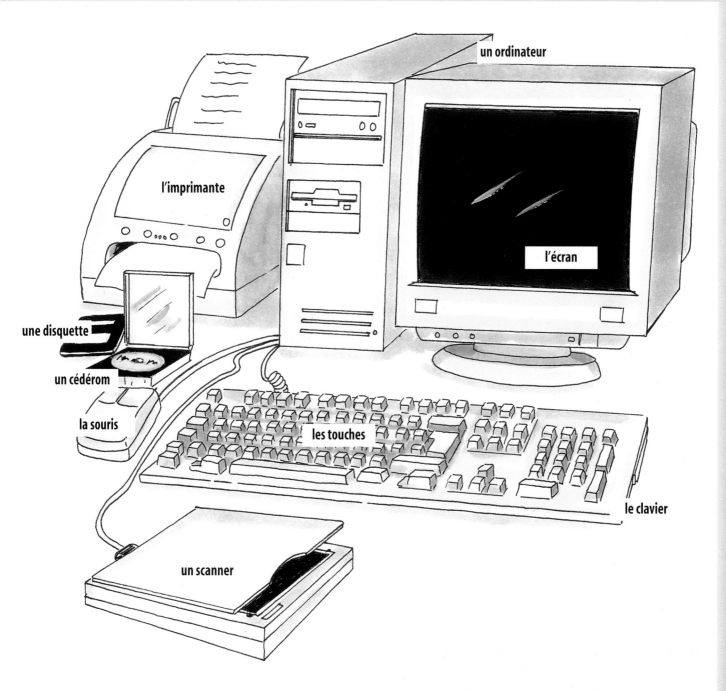

un ordinateur

l'imprimante

l'écran

une disquette

un cédérom

la souris

les touches

le clavier

un scanner

un ordinateur	a computer	*le clavier*	the keyboard
un ordinateur portatif	a laptop computer	*les touches (f pl)*	the keys
un cédérom	a CD-ROM	*la souris*	the mouse
une disquette	a floppy disk	*un scanner*	a scanner
l'écran (m)	the screen	*le réseau*	the network
l'imprimante (f)	the printer		

Parts of the computer and accessories

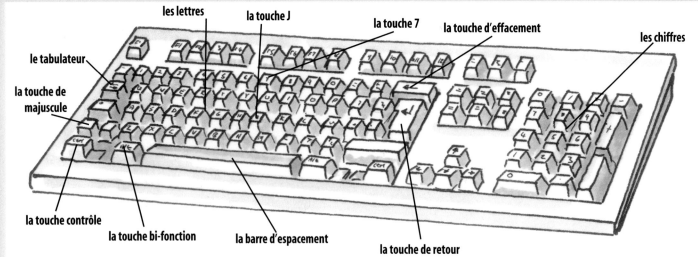

les lettres
la touche J
la touche 7
la touche d'effacement
les chiffres
le tabulateur
la touche de majuscule
la touche contrôle
la touche bi-fonction
la barre d'espacement
la touche de retour

When working on the computer

la barre d'espacement	the space bar
le clavier numérique	the number keypad
le curseur	the cursor
un fichier	a file
une image	a picture
le menu	the menu
le texteur	the word processor
la touche de retour	the return key
la touche bi-fonction	the alt key
la touche contrôle	the control key
la touche d'effacement	the delete key
la touche de majuscule	the shift key
le tabulateur	the tab key

Useful verbs for using the computer

allumer l'ordinateur	to switch on the computer
appuyer sur la touche X	to press the X key
cliquer sur la souris	to click on the mouse
connecter	to log on
déconnecter	to log off
déplacer le curseur	to move the cursor
effacer (un mot)	to delete (a word)
fermer un fichier	to close a file
imprimer	to print
marquer le texte	to highlight the text
ouvrir un fichier	to open a file
ouvrir le texteur	to open the word processor
regarder le clavier	to look at the keyboard
regarder l'écran	to look at the screen
retourner au menu	to return to the menu
sauvegarder le fichier	to save the file
taper le texte	to type the text
vérifier l'orthographe	to spell check

J'AME LEZ ORDANITUERS!
J'ECRIS BURECOUP DE MESAJES
ÉLEKTRONIQE À MES AMIS.

Comment vérifier l'orthographe?

Using the Internet

Tu as l'Internet?	Do you have the Internet?
visiter un site web	to look at a web site
surfer sur le Net	to surf the Net
une page web	a web page
autonome	off line
en ligne	on line
un navigateur	a browser

Sending and receiving e-mail

As-tu une adresse e-mail?	Have you got e-mail?
Quelle est ton adresse e-mail?	What's your e-mail address?
Je regarde mes messages électroniques/e-mails.	I look at/I'm looking at my e-mails.
J'écris des e-mails.	I write/I'm writing e-mails.
Je tape des messages.	I type/I'm typing messages.

Je regarde mes messages électroniques.

Talking about ICT as a hobby

jouer sur une console	to play on a games console
On joue aux jeux électroniques/aux jeux vidéo.	We are playing computer games.
utiliser l'ordinateur	to use a computer
J'utilise l'ordinateur.	I am using the computer.
Je suis passionné(e) d'informatique!	I am an ICT fanatic!
Si tu aimes l'informatique, envoie-moi un e-mail.	If you like ICT, send me an e-mail.
Pourquoi ne pas surfer sur le Net et regarder un site végétarien/un site sportif (etc.)?	Why not surf the Net and look at a vegetarian/sport (etc.) site?

Problems

Ça ne marche pas.	It isn't working.
(L'imprimante) ne marche pas.	(The printer) isn't working.
On est tombé en panne.	It's crashed.
Je ne trouve pas mon fichier.	I can't find my file.
Il n'y a pas de papier.	There's no paper.
Le papier est coincé.	The paper has jammed.
Ce n'est pas le bon cédérom.	It's not the right CD-ROM.
Comment déplacer le curseur?	How do you move the cursor?

unité 1 Écoute et parle

Introduction

In this section, you will learn about the main sounds of French and have a chance to practise pronunciation and speaking in French, using the cassette. Here are some points to bear in mind:

● In French, each syllable of a word is normally stressed equally, whereas in English, there is often a stronger emphasis on one syllable. Listen to the difference in pronunciation of these words which are spelt in the same way in both languages. First you will hear the English pronunciation, then the French.
table, parent, article, nature, solution, impossible

● If *t*, *d* or *p* (and most other consonants) come at the end of a French word, they are not normally pronounced. Compare the English and French pronunciation of these words.
content, art, concert, sport, camp

● However, if there is an *e* after the consonant, then the consonant is sounded, but not the *e*. Listen to these examples, first in English, then in French.
post, *poste*; salad, *salade*; tent, *tente*; list, *liste*; artist, *artiste*; visit, *visite*

● The same sounds can be spelt in different ways in French. Listen to these groups of words – the endings all rhyme, but they are spelt differently.
trois, moi, droit
nous, joue, où
et, parlez, cahier, café
gros, beau, mot, faux

Now you are ready to start work on the practice items.
You will soon build up your pronunciation skills with regular practice on these units.

1 Les sons français

La lettre *i*

a *Écris 1–6. Écoute et écris la lettre.*

Exemple: 1 *d*

a dix
b lis
c merci
d riche
e il
f famille

b *Prononce ces mots. Écoute et vérifie.*

six
écris
livre
dis
oui
fille

2 Une phrase ridicule

Lis la phrase, puis écoute et répète.
Read the sentence, then listen and repeat.
La souris lit dix livres à Paris et dit «merci».

Merci.

3 C'est anglais ou français?

Some words in English were borrowed from the French. They are pronounced in the same way or almost the same way and can give us some clues about how French pronunication works.

a Although these words are spelt differently, they end with the same sound. Write 1–5. Listen carefully and write down the letter of each word as you hear it.
Exemple: 1 *c*

a café
b pâté
c bouquet
d ballet
e papier mâché

b These words all have a *t* near the end, but you don't hear it in one of the words. Which one?
1 serviette
2 croissant
3 route

c Listen to see how *ch* is pronounced at the beginning of these words. Compare this to the English pronunciation of 'ch' in children. Is it the same or different?
1 chef
2 Champagne
3 chauffeur
4 chic

4 C'est quel nombre?

Écoute et écris le nombre. **Exemple: 12**

5 vocabulaire de classe

Regarde la page 8. Écoute la cassette et écris le nombre de chaque instruction dans l'ordre de la cassette.
Look at page 8. Listen to the cassette and write the number of each instruction in the order of the cassette.
Exemple: *2*

6 Une conversation

a *Écoute les questions et réponds pour Alex.*

prénom:	Alex
âge:	11 ans

b *Écoute les questions et réponds pour toi.*

1 Les sons français

La lettre é

Sometimes the letter *e* has an acute accent (*un accent aigu*).

a *Écris 1–6. Écoute et écris la lettre.*
Exemple: 1 *c*

  a écoute
  b cinéma
  c détail
  d énorme
  e école
  f éléphant

b *Prononce ces mots. Écoute et vérifie.*

  Écosse
  écris
  télévision
  réponds
  téléphone

La terminaison -ez

The ending *-ez* is pronounced in the same way as *é*.

a *Écris 1–5. Écoute et écris la lettre.*
Exemple: 1 *b*

  a Travaillez
  b Parlez
  c Écrivez
  d Chantez
  e Rangez

b *Prononce ces mots. Écoute et vérifie.*

  Répétez
  Commencez
  Devinez
  Tournez

2 Une phrase ridicule

Lis la phrase, puis écoute et répète.
Un éléphant énorme écrit une encyclopédie en Écosse.

3 C'est anglais ou français?

Words which look the same (or almost the same) and have the same meaning are called **cognates**, because they have come from a common source, often from Latin or Greek.

a Listen first to hear how each word is pronounced in English, then in French.

Listen in particular for the final *t* in these words. Can you hear it in French?
  1 concert
  2 accident
  3 sport
  4 biscuit

Listen to how *j* is pronounced in these words.
  5 Jonathan
  6 Julie
  7 jaguar
  8 judo

b *Puis écris 1–8. Écoute. Si le mot est prononcé à la française, écris* **F**, *sinon, écris* **A**.
Then write 1–8. Listen. If the word is pronounced in the French way, write **F**, otherwise write **A**.
Exemple: 1 *F*

4 C'est quel nombre?

Écris 1–6. Écoute et écris la lettre. Note aussi le nombre.
Exemple: 1 *d 28*

a vingt	**c** quatorze	**e** quinze
b vingt-deux	**d** vingt-huit	**f** vingt-cinq

5 C'est un ou une?

Écoute, copie et complète la liste.
Exemple: 1 *un* **appartement**

1 … appartement	**3** … porte	**5** … classeur
2 … ordinateur	**4** … ville	**6** … maison

6 C'est au pluriel?

The pronunciation of the plural word in French often sounds the same as the singular, so you need to listen to the article (*un, une, des*) or a number to find out whether the word is singular or plural.
Écris 1–6. Écoute et note ***a*** *ou* ***b***.
Exemple: 1 *b*

1	**a** une calculette	**b**	des calculettes
2	**a** une gomme	**b**	des gommes
3	**a** un cahier	**b**	cinq cahiers
4	**a** un livre	**b**	des livres
5	**a** un sac	**b**	quatre sacs
6	**a** une règle	**b**	neuf règles

7 vocabulaire de classe

Regarde la page 13. Écoute la cassette et écris le nombre de chaque instruction dans l'ordre de la cassette.
Exemple: 4

8 Une conversation

a *Écoute les questions et réponds pour Chris.*

prénom:	Chris
âge:	12 ans
habite:	Bristol, Angleterre

b *Écoute les questions et réponds pour toi.*

unité 3 Écoute et parle

1 Les sons français

La lettre è
Sometimes, the letter *e* has a grave accent (*un accent grave*).

a *Écris 1–4. Écoute et écris la lettre.*
Exemple: 1 *c*

a frère
b mère
c lève-toi
d près

père
très
après
chère

b *Prononce ces mots. Écoute et vérifie.*

A grave accent is sometimes used with other vowels, but it doesn't change the pronunciation (e.g. *à, où*). It distinguishes two different meanings, e.g.

à – to, at   *a* – part of the verb *avoir*   *où* – where   *ou* – or

Les lettres *qu*

a *Écris 1–5. Écoute et écris la lettre.*
Exemple: 1 *d*

a quel
b qui
c que
d quarante
e qu'est-ce que c'est?

b *Prononce ces mots. Écoute et vérifie.*

quelle
quand
quatre
question
quatorze

2 Des phrases ridicules

Lis les phrases, puis écoute et répète.
Mon père et ma mère préfèrent les desserts de mon frère.

Quelles sont les quinze questions que Quasimodo pose aux quiches?

3 C'est quel mot?

*Écris 1–6. Écoute. On dit les deux mots, puis on répète un des mots seulement. Écris **a** ou **b**.*
Exemple: 1 *b*

1 a je
   b j'ai
2 a j'ai
   b j'aime

3 a je
   b j'aime
4 a trois
   b toi

5 a la
   b pas
6 a fils
   b fille

4 C'est anglais ou français?

a Listen first to hear how the word is pronounced in English, then in French.
Listen for the different way in which the ending *-tion* is pronounced.

1 conversation   3 instruction
2 nation   4 description

Listen to the *r* at the beginning of these words and the silent *t* at the end of words 5–7.

5 rat   7 restaurant
6 Robert   8 rare

b *Puis écris 1–8. Écoute. Si le mot est prononcé à la française, écris **F**, sinon, écris **A**.*
Exemple: 1 *F*

5 C'est quel nombre?

*Écris 1–6. Écoute et écris **a** ou **b**. Note aussi le nombre.*
Exemple: 1 *a 30*

1 a trente   b quarante
2 a soixante   b cinquante
3 a vingt et un   b trente et un
4 a quarante-six   b soixante-dix
5 a cinquante-neuf   b quarante-neuf
6 a seize   b treize

6 Et après?

Écris 1–6. Écoute le jour et dis le jour qui suit.
Listen to the day and say the day that follows.
Exemple: 1 *mercredi*

7 Vocabulaire de classe

Regarde la page 21. Écoute la cassette et écris le nombre de chaque instruction dans l'ordre de la cassette.
Exemple: 7

8 Une conversation

a *Écoute les questions et réponds pour Dominic.*

habite: Aberdeen, Écosse

famille: Duncan, âge 8 ans,
Lucie, âge 3 ans

b *Écoute les questions et réponds pour toi.*

1 Les sons français

La lettre *h*
The letter *h* is not pronounced at the beginning of a word.

La lettre *r*
The French *r* sound is much more pronounced in French than in English. It is produced in the back of the throat. Try to exaggerate it.

a *Écris 1–6. Écoute et écris la lettre.*
Exemple: 1 *d*

a	Henri	**d**	hôpital
b	héros	**e**	haut
c	hiver	**f**	hôtel

b *Prononce ces mots. Écoute et vérifie.*

habite   homme
heure   huit
histoire

a *Écris 1–6. Écoute et écris la lettre.*
Exemple: 1 *d*

a	Roland	**d**	riche
b	résiste	**e**	refuse
c	rat	**f**	risque

b *Prononce ces mots. Écoute et vérifie.*

revoir   rue
rouge   réponds
radio

2 Des phrases ridicules

Lis les phrases, puis écoute et répète.
Huit hamsters habitent en haut de l'hôtel en hiver.
Le rat, dans une rage, rentre avec la radio dans le garage.

3 C'est anglais ou français?

a Here are some more examples with *h* at the beginning of the word. Notice the difference between the English and the French pronunciation.

Listen to the way these endings are pronounced in English, then in French.

1	hockey	**3**	horizon	**5**	possible	**7**	nature
2	hamster	**4**	horrible	**6**	article	**8**	village

b *Puis écris 1–8. Écoute. Si le mot est prononcé à la française, écris **F**, sinon, écris **A**.*
Exemple: 1 *A*

4 C'est quel mot?

*Écris 1–6. Écoute. On dit les deux mots, puis on répète un des mots seulement. Écris **a** ou **b**.*
Exemple: 1 *a*

1	**a**	blanc	**3**	**a**	petit	**5**	**a**	gris
	b	blanche		**b**	petite		**b**	grise
2	**a**	vert	**4**	**a**	grand	**6**	**a**	gros
	b	verte		**b**	grande		**b**	grosse

5 Comment ça s'écrit?

a *Écris 1–6. Écoute. Écris les lettres. Qu'est-ce que c'est en anglais?*
Exemple: 1 *c-h-a-t = chat = cat*

b *Il y a un mot qui ne va pas avec les autres. C'est quel mot?*

6 Vocabulaire de classe

Regarde la page 31. Écoute la cassette et écris le nombre de chaque instruction dans l'ordre de la cassette.
Exemple: *6*

7 Une conversation

Écoute les questions et réponds comme indiqué.

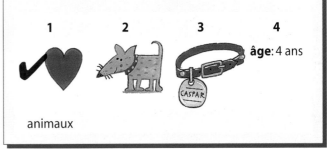

1   **2**   **3**   **4**

âge: 4 ans

animaux

1 Les sons français

Le son *u*

a *Écris 1–5. Écoute et écris la lettre.*
Exemple: 1 *b*

a du
b utile
c pur
d jupe
e Lulu

b *Prononce ces mots. Écoute et vérifie.*

rue
sud
sur
tu
judo

Le son *ou*

a *Écris 1–5. Écoute et écris la lettre.*
Exemple: 1 *e*

a nous
b joue
c août
d tout
e trousse

b *Prononce ces mots. Écoute et vérifie.*

vous
où
douze
joues
groupe

4 C'est quel mot?

*Écris 1–6. Écoute. On dit les deux mots, puis on répète un des mots seulement. Écris **a** ou **b**.*
Exemple: 1 *a*

1	**a** sous	**4**	**a** tout	
	b sur		**b** tu	
2	**a** rue	**5**	**a** douze	
	b tu		**b** du	
3	**a** nous	**6**	**a** pur	
	b tout		**b** sur	

2 Des phrases ridicules

Lis les phrases, puis écoute et répète.

Tu mets une jupe et du sucre dans la rue?

Douze souris rouges jouent à Toulouse.

5 Comment ça s'écrit?

a *Écris 1–6. Écoute. Écris les lettres. Qu'est-ce que c'est en anglais?*
Exemple: 1 *j-u-p-e* = jupe
= skirt

b *Il y a un mot qui ne va pas avec les autres. C'est quel mot?*

6 vocabulaire de classe

Regarde la page 47. Écoute la cassette et écris le nombre de chaque instruction dans l'ordre de la cassette.
Exemple: 7

3 Les sons français

La lettre *s*

If the letter *s* falls at the end of a word, you often don't hear it, but you may hear a *z* sound. This is called a **liaison**.

a *Écris 1–6. Écoute.*
Listen to the end of the first word in each phrase.
If you hear a *z* sound, write **z**. If you can't hear any *s* or *z* sound, write –.
Exemple: 1 a *z*
b –

1	**a** mes animaux	**3**	**a** les chaises	**5**	**a** tes chevaux
	b mes livres		**b** les enfants		**b** tes oiseaux
2	**a** tes lapins	**4**	**a** des garçons	**6**	**a** les hôtels
	b tes amis		**b** des insectes		**b** les chats

b Now look at your answers and the letter which follows the *s*. Is there a pattern?

7 Une conversation

Écoute les questions et réponds comme indiqué.

date d'anniversaire:

aujourd'hui

âge: *13*

cadeaux:

1 Les sons français

La lettre ê
Sometimes the letter e is written with a circumflex (un accent circonflexe).

a Écris 1–3. Écoute et écris la lettre.
Exemple: 1 *b*

  a arrête
  b pêche
  c prêt

b Prononce ces mots. Écoute et vérifie.

  êtes   fête
  être   fenêtre

A circumflex accent is sometimes used with other vowels, but it doesn't change the pronunciation, e.g. août, île, hôtel, Pâques.

Nasal vowels (1)
When a syllable ends in n or m, the n or m is not pronounced, but the vowel before it is pronounced slightly differently. When this happens, the vowel is called a nasal vowel. There are four nasal vowels in French. Here are two of them.

Le son $\tilde{a}$
This can be spelt am, an, em, and en.

a Écris 1–6. Écoute et écris la lettre.
Exemple: 1 *d*

  a janvier
  b camping
  c enfant
  d ensemble
  e différent
  f cent

b Prononce ces mots. Écoute et vérifie.

  camp   entre
  dans   blanc
  trente

Le son $\tilde{ɔ}$
This is usually spelt on.

a Écris 1–5. Écoute et écris la lettre.
Exemple: 1 *c*

  a oncle
  b nation
  c ton
  d concours
  e melon

b Prononce ces mots. Écoute et vérifie.

  concert   non
  question sont
  pantalon

2 Des phrases ridicules

Lis les phrases, puis écoute et répète.
La pêche s'arrête à la fenêtre pour voir la fête.
Mon oncle, Léon, entend souvent son cochon, Néron, manger du melon.

3 C'est anglais ou français?

a Listen first to hear how the word is pronounced in English, then in French.

Listen to the nasal vowels (en, an in particular).

Listen to the different stress in English and French pronunciation.

  1 danger
  2 excellent
  3 intelligent
  4 incident
  5 nature
  6 table
  7 imagination
  8 important

b Puis écris 1–8. Écoute. Si le mot est prononcé à la française, écris **F**, sinon, écris **A**.
Exemple: 1 *F*

4 Comment ça s'écrit?

a Écris 1–6. Écoute. Écris les lettres.
Exemple: 1 *j-a-n-v-i-e-r = janvier*

b Un mot ne va pas avec les autres. C'est quel mot?

5 Quel son est différent?

Écris 1–6. Écoute les mots. Décide quel mot a un son différent. Écris **a**, **b** ou **c**. Puis note les **terminaisons** qui ont le même son.
Write 1–6. Listen to the words. Decide which word has a different sound. Write **a**, **b** or **c**. Then note the **endings** which have the same sound.
Exemple: 1 *b, -er, -ez*

  1 a écouter   3 a travaillent   5 a aime
     b écoutes   b travaille   b aiment
     c écoutez   c travaillons   c aimons
  2 a cliques   4 a regarde   6 a est
     b cliquez   b regardez   b es
     c cliquent   c regarder   c êtes

6 vocabulaire de classe

Regarde la page 61. Écoute la cassette et écris le nombre de chaque instruction dans l'ordre de la cassette.
Exemple: 5

7 Une conversation

Écoute les questions et réponds comme indiqué.

  1   2   3

1 Les sons français

Nasal vowels (2)
When a syllable ends in *n* or *m*, the *n* or *m* is not pronounced, but the vowel before becomes a nasal vowel. There are four nasal vowels in French. You have already practised two (see page 155). Here are the other two.

Le son ɛ̃
This can be spelt *in, ain, im.*

a *Écris 1–4. Écoute et écris la lettre.*

Exemple: 1 *d*

a impossible
b coin
c magasin
d américain

b *Prononce ces mots. Écoute et vérifie.*

lapin
train
important
intéressant

Le son œ̃
This can be spelt *un, um.*

a *Écris 1–4. Écoute et écris la lettre.*

Exemple: 1 *c*

a parfum
b brun
c Verdun
d trente et un

b *Prononce ces mots. Écoute et vérifie.*

un
lundi
vingt et un
humble

2 Une phrase ridicule

Lis la phrase, puis écoute et répète.

Cinquante et un lapins bruns rentrent dans leur coin à Verdun.

3 Anglais ou français?

a Listen first to hear how the word is pronounced in English, then in French.

Listen to the nasal vowels (*in, im* in particular)

1 cousin   3 influence
2 train   4 impossible

Can you hear the final consonant of these words in French?

5 camp   7 Paris
6 parent   8 absent

b *Puis écris 1–8. Écoute. Si le mot est prononcé à la française, écris* **F**, *sinon, écris* **A**.
Exemple: 1 *F*

4 C'est quel mot?

Écris 1–6. Écoute. On dit les deux mots, puis on répète un des mots seulement. Écris **a** *ou* **b**.
Exemple: 1 *a*

1 a un   4 a ont
   b une   b sont
2 a brun   5 a lampe
   b brune   b camp
3 a cousin   6 a train
   b cousine   b vin

5 C'est une question?

In French, you can ask a question by raising your voice at the end of a sentence in a questioning way. This task practises recognising this form of question.

On dit chaque phrase deux fois: une fois, c'est une question, une fois, ce n'est pas une question. Écris 1–6. Écoute bien. Identifie la **question** *et écris* **a** *ou* **b**.

Each sentence is said twice: once as a question, once not as a question. Write 1–6. Listen carefully. Identify the **question** and write **a** or **b**.
Exemple: 1 *b*

1 La piscine, c'est loin
2 Le parc, c'est près d'ici
3 C'est un cahier
4 Nicole aime le sport
5 Marc chante dans le concert
6 Ils vont à la gare

6 Et après?

Écris 1–8. Écoute le mois et dis le mois qui suit.
Exemple: 1 *février*

7 vocabulaire de classe

Regarde la page 76. Écoute la cassette et écris le nombre de chaque instruction dans l'ordre de la cassette.
Exemple: 3

8 Une conversation

Pose des questions comme indiqué, puis écoute la question pour vérifier et écoute la réponse.

1 [icon] , c'est loin?

2 Est-ce qu'il y a [icon] près d'ici?

3 Pour aller [icon] , s.v.p.?

4 Où est [icon] , s.v.p.?

5 Est-ce qu'il y a [icon] ?

1 Les sons français

La lettre c (douce)

The letter *c* is sometimes written with a mark underneath it. This is called a cedilla (*une cédille*) and it has the effect of making the *c* sound soft, like an *s*, before the letters *a, o* and *u*.
Here is a riddle:

Why is a cedilla like a diver?
Because it's always under the c (sea)!

The letter *c* is always pronounced like an *s* before *e* and *i*, so a cedilla is not needed then.
This rhyme might help you remember the rule:

Soft is c
before i and e
and so is g.

a *Écris 1–4. Écoute et écris la lettre.*
Exemple: 1 *c*

a ciel
b ça
c certainement
d reçu

b *Prononce ces mots. Écoute et vérifie.*

garçon
cent
cinq
c'est ça

La lettre c (dure)

When the letter *c* (without a cedilla) is followed by *a, o* or *u*, it is pronounced like a *k*.

a *Écris 1–4. Écoute et écris la lettre.*
Exemple: 1 *b*

a cage
b content
c curieux
d calculette

b *Prononce ces mots. Écoute et vérifie.*
café   couleur
coin   cuisine

2 Des phrases ridicules

Lis les phrases. Écoute et répète.
Un garçon descend du ciel avec cinq cents citrons. Ça, c'est sensationnel!
Coco compte les carottes et les calculettes dans un coin de la cuisine.

3 Et après?

Écris 1–10. Écoute le nombre et dis le nombre qui suit.
Exemple: 1 *trente*

4 Les sons français

Les lettres ch

a *Écris 1–6. Écoute et écris la lettre.*
Exemple: 1 *d*

a chasse   d chic
b chance   e Chine
c château   f chocolat

b *Prononce ces mots. Écoute et vérifie.*

chambre   cherche
chez   chaise
chat   change

Les lettres ph et th

ph is pronounced like *f*, as in English;
th is pronounced like *t* in French.
Écoute et complète ces mots avec **ph** *ou* **th**.
Exemple: 1 *pharmacie*

1 …armacie
2 …oto
3 …éâtre
4 …ysique
5 …ermomètre
6 …rase
7 …éorie
8 …ilippe

5 Des phrases ridicules

Lis les phrases. Écoute et répète.
Le chat cherche du chocolat dans la chambre du château.

Sur la photo, Philippe apprend la physique dans la pharmacie.
Le terrible Thierry terrifie le théâtre avec ses théories.

6 vocabulaire de classe

Regarde la page 92. Écoute la cassette et écris le nombre de chaque instruction dans l'ordre de la cassette.   **Exemple: 10**

7 Une conversation

a *Écoute les questions et réponds comme indiqué.*

b *Écoute les questions et réponds pour toi.*

collège:	Henri IV
classe:	29 élèves
matières:	♡♡ les sciences – utile
	✗ la géographie – difficile

1 Les sons français

Les lettres *oi*

a *Écris 1–6. Écoute et écris la lettre.*
Exemple: 1 *b*

a	soir	**d**	revoir
b	boisson	**e**	boîte
c	toi	**f**	quoi

b *Prononce ces mots. Écoute et vérifie.*

histoire
soixante
moi
emploi
droite

Les lettres *ai*

a *Écris 1–4. Écoute et écris la lettre.*
Exemple: 1 *c*

a	vrai
b	saison
c	raison
d	vaisselle

b *Prononce ces mots. Écoute et vérifie.*

lait
mai
maison
j'ai

2 Des phrases ridicules

Lis les phrases. Écoute et répète.
Toi, tu as histoire ce soir, alors, moi, je dis «au revoir».
C'est vrai, tu as raison. En mai, j'ai du lait dans la maison.

3 Les mots qui riment

Écoute les listes.

a *Trouve les mots qui riment.*
Exemple: 1 *d*

b *Ecoute et vérife.*

	Liste A		Liste B
1	faux	**a**	qui
2	vrai	**b**	gare
3	sont	**c**	là
4	quart	**d**	beau
5	êtes	**e**	je
6	si	**f**	fête
7	pas	**g**	mon
8	ne	**h**	vais

4 Les sons français

La lettre *s* à la fin d'un mot
Here's some more practice of the letter *s*. Listen to the letter *s* at the end of the first word in each phrase. If you can't hear it, write –. If you hear a *z* sound, write **z**.
Écris 1–6.
Exemple: 1 a –
          b z

1	**a**	nous travaillons
	b	nous avons
2	**a**	vous jouez
	b	vous êtes
3	**a**	nous aimons
	b	nous regardons
4	**a**	vous habitez
	b	vous pensez
5	**a**	nous cherchons
	b	nous écoutons
6	**a**	vous ouvrez
	b	vous fermez

5 Et après?

Écris 1–16. Écoute la lettre et dis la lettre qui suit dans l'alphabet.
Exemple: 1 *d*

6 Plus dix

Écris 1–8. Écoute le nombre et écris (ou dis) le nombre + 10.
Exemple: 1 *quatre-vingt-dix*

7 vocabulaire de classe

Regarde la page 107. Écoute la cassette et écris le nombre de chaque instruction dans l'ordre de la cassette.
Exemple: *5*

8 Une conversation

a *Écoute les questions et réponds comme indiqué.*

b *Écoute les questions et réponds pour toi.*

petit déjeuner:	
boisson préférée:	
♡♡	

1 Les sons français

Les lettres *ui*

a *Écris 1–5. Écoute et écris la lettre.*

Exemple: 1 *b*

- **a** produit
- **b** parapluie
- **c** circuit
- **d** minuit
- **e** bruit

b *Prononce ces mots. Écoute et vérifie.*

nuit
huit
biscuit
pluie

La lettre *i*

Sometimes the letter *i* sounds like *ye*.

a *Écris 1–4. Écoute et écris la lettre.*

Exemple: 1 *d*

- **a** nation
- **b** cahier
- **c** solution
- **d** conversation

b *Prononce ces mots. Écoute et vérifie.*

natation
viande
maillot
équitation

2 Des phrases ridicules

Lis les phrases, puis écoute et répète.
La nuit, la souris fait du bruit, quand elle mange huit fruits, à minuit.

Toute la nation écoute la conversation ou fait de la natation, mais pas de l'équitation.

3 Chasse à l'intrus

a *Trouve le mot qui ne rime pas. Écoute et vérifie.*

Exemple: 1 *c*

	a	**b**	**c**	**d**
1	délicieux	paresseux	cadeaux	généreux
2	lit	riz	dis	lait
3	mai	c'est	le	j'ai
4	trois	nos	droit	toi
5	gros	nous	joue	où
6	les	je	thé	et
7	aux	beau	ou	vos
8	saison	boisson	maison	raison
9	jeu	feu	beau	peu
10	animaux	chevaux	château	choux

b In some of the above groups of words, such as 2, the same sound is written in different ways. Can you find three more groups, where the same sound has a different spelling?

4 Comment ça s'écrit?

Remember that the final consonant is not normally sounded unless followed by e.
Écris 1–10. Écoute. Si le mot en français se termine par e, écris **e**.

Exemple: 1 *e*

1. artist_
2. art_
3. salad_
4. port_
5. port_
6. grand_
7. grand_
8. haut_
9. haut_
10. point_

5 Vocabulaire de classe

Regarde la page 121. Écoute la cassette et écris le nombre de chaque instruction dans l'ordre de la cassette.
Exemple: *6*

6 Une conversation

a *Écoute les questions et réponds comme indiqué.*

b *Écoute les questions et réponds pour toi.*

♡

♡ ✔

✗ ✗

pour aider:

1 Nouns and articles

A noun is the name of someone or something or the word for a thing, e.g. Melanie, Mr. James, a book, a pen, work.

The definite article is the word for 'the' (*le, la , l', les*) used with a noun, when referring to a particular person or thing.

The indefinite article is the word for 'a', 'an', 'some' (*un, une, des*) used with a noun.

In French, the article indicates whether the noun is masculine (*le, un*), feminine (*la, une*) or plural (*les, des*). Articles are often missed out in English, but not in French.

1.1 Masculine and feminine

All nouns in French are either masculine or feminine.

masculine singular	feminine singular
le garçon *un* village	*la* fille *une* ville
before a vowel *l'*appartement	before a vowel *l'*épicerie

Nouns which refer to people often have a special feminine form, which usually ends in *-e*.

masculine	feminine
un ami *un Français* *un client*	*une ami**e*** *une Français**e*** *une client**e***

But sometimes there is no special feminine form.

un touriste *un élève* *un enfant*	*une touriste* *une élève* *une enfant*

1.2 Singular and plural

Nouns can be singular (referring to just one thing or person) or plural (referring to more than one thing or person):

un chien   *des chiens*

Most nouns form the plural by adding an *-s*. This is not usually sounded, so the word may sound the same when you hear or say it.

The words *le, la* and *l'* become *les* in the plural and this does sound different. The words *un* and *une* become *des*.

singular	plural
le chat *la maison* *l'ami* *un livre* *une table*	*les chats* *les maisons* *les amis* *des livres* *des tables*

However, a few words have a plural ending in *-x*. This is not sounded either.

un cadeau *un oiseau* *un jeu* *un chou*	*des cadeau**x*** *des oiseau**x*** *des jeu**x*** *des chou**x***

Nouns which already end in *-s, -x* or *-z* don't change in the plural.

un repas *le prix*	*des repas* *les prix*

1.3 Some or any (the partitive article)

The word for 'some' or 'any' changes according to the noun it is used with.

singular			plural
masculine	feminine	before a vowel	(all forms)
du pain	*de la viande*	*de l'eau*	*des poires*

2 Adjectives

An adjective is a word which tells you more about a noun.

In French, adjectives agree with the noun, which means that they are masculine, feminine, singular or plural to match the noun.

Look at the patterns in the tables below to see how adjectives agree.

2.1 Regular adjectives

singular		plural	
masculine	feminine	masculine	feminine

Many adjectives follow this pattern:

grand *intelligent* *petit*	*grande* *intelligente* *petite*	*grands* *intelligents* *petits*	*grandes* *intelligentes* *petites*

Adjectives which end in *-u, -i* or *-é* follow this pattern, but although the spelling changes, they don't sound any different when you say them:

bleu *joli*	*bleue* *jolie*	*bleus* *jolis*	*bleues* *jolies*

Adjectives which already end in *-e* (with no accent) have no different feminine form:

jaune *mince*	*jaune* *mince*	*jaunes* *minces*	*jaunes* *minces*

Adjectives which already end in *-s* have no different masculine plural form:

français	*française*	*français*	*françaises*

Adjectives which end in *-er* follow this pattern:

cher	*chère*	*chers*	*chères*

Adjectives which end in *-eux* follow this pattern:

délicieux	*délicieuse*	*délicieux*	*délicieuses*

Some adjectives double the last letter before adding an *-e* for the feminine form:

mignon *gros* *bon*	*mignonne* *grosse* *bonne*	*mignons* *gros* *bons*	*mignonnes* *grosses* *bonnes*

2.2 Irregular adjectives

Many common adjectives are irregular, and you need to learn each one separately. Here are two common ones:

blanc *long*	*blanche* *longue*	*blancs* *longs*	*blanches* *longues*

A few adjectives do not change at all:

marron	*marron*	*marron*	*marron*

Words like this are known as 'invariable'.

3 Possession

3.1 Possessive adjectives

Possessive adjectives are words like 'my', 'your', 'his', 'her', 'its', 'our', 'their'. They show who something belongs to. In French the possessive adjective agrees with the noun that follows (the possession) and not with the owner. Be careful when using *son*, *sa* and *ses*. *Sa mère* can mean his mother, her mother or its mother, depending on the context.

	singular			plural
	masculine	feminine	before a vowel	(all forms)
my	*mon*	*ma*	*mon*	*mes*
your	*ton*	*ta*	*ton*	*tes*
his/her/its	*son*	*sa*	*son*	*ses*
our	*notre*	*notre*	*notre*	*nos*
your	*votre*	*votre*	*votre*	*vos*
their	*leur*	*leur*	*leur*	*leurs*

Son, sa, ses can mean 'his', 'her' or 'its'. The meaning is usually clear from the context.

Paul mange son déjeuner.	Paul is eating his lunch.
Marie mange son déjeuner.	Marie is eating her lunch.
Le chien mange son déjeuner.	The dog is eating its lunch.

Before a feminine noun beginning with a vowel, you use *mon, ton* or *son*:

Mon amie s'appelle Nicole.	My (girl)friend is called Nicole.
Où habite ton amie Anne?	Where does your friend Anne live?
Son école est fermée aujourd'hui.	His/Her school is closed today.

3.2 de + noun

There is no use of apostrophe 's' in French, so to say Lucie's bag or Marc's book, you have to use *de* + the name of the owner.

| *C'est le sac de Lucie.* | It's Lucie's bag. |
| *C'est le cahier de Marc.* | It's Marc's exercise book. |

If you don't use a person's name, you have to use the correct form of *de*.

C'est le livre du professeur.	It's the teacher's book.
C'est la voiture de la famille française.	It's the French family's car.
Il est dans la salle des profs.	He is in the staffroom.

3.3 à + name

Another way of saying who something belongs to is to use *à* + the name of the owner or an emphatic pronoun (*moi, toi* etc.)

C'est à qui, ce livre?	Whose book is this?
C'est à toi?	Is it yours?
Non, c'est à Jean-Pierre.	No, it's Jean-Pierre's.
Ah oui, c'est à moi.	Oh yes, it's mine.

4 Prepositions

A preposition is a word like 'to', 'at' or 'from'. It often tells you where a person or thing is located.

4.1 à (to, at)

The word *à* can mean 'to' or 'at'. When it is used with *le, la, l'* and *les* to mean 'to the …' or 'at the …', it takes the following forms:

singular			plural
masculine	feminine	before a vowel	(all forms)
au parc	*à la piscine*	*à l'épicerie à l'hôtel*	*aux magasins*

On va au parc?	Shall we go to the park?
Luc va à la piscine.	Luc is going to the pool.
Ma mère va à l'hôtel.	My mother's going to the hotel.
Moi, je vais aux magasins.	I'm going to the shops.

The word *à* can be used on its own with nouns which do not have an article (*le, la, les*):

| *Il va à Paris.* | He is going to Paris. |

4.2 de (of, from)

The word *de* can mean 'of' or 'from'. When it is used with *le, la, l'* and *les* to mean 'of the …' or 'from the …', it takes the same forms as when it means 'some' or 'any' (see section **1.3**):

singular			plural
masculine	feminine	before a vowel	(all forms)
du parc	*de la piscine*	*de l'épicerie de l'hôtel*	*des magasins*

The word *de* is often used together with other words, e.g. *en face de* (opposite), *à côté de* (next to), *près de* (near).

La poste est en face des magasins.	The post office is opposite the shops.
La banque est à côté de l'hôtel.	The bank is next to the hotel.
La piscine est près du camping.	The swimming pool is near the campsite.

The word *de* can be used on its own with nouns which do not have an article (*le, la, les*):

| *Il arrive de Paris aujourd'hui.* | He is arriving from Paris today. |

4.3 en (by, in, to, made of)

En is used with most means of transport:

| *en autobus* | by bus |
| *en voiture* | by car |

You use *en* with dates, months and seasons (except *le printemps*)

en 1900	in 1900
en janvier	in January
en hiver	in Winter (but *au printemps* – in Spring)

4.4 Other prepositions

à côté de	beside	*entre*	between
dans	in	*loin de*	far from
derrière	behind	*près de*	near to
devant	in front of	*sur*	on
en face de	opposite	*sous*	underneath, below

La poste est à côté de la banque.	The post office is next to the bank.
La piscine est en face du parc.	The pool is opposite the park.
L'auberge de jeunesse est assez loin de la gare.	The youth hostel is quite a long way from the station.
Mon village est près de Dieppe.	My village is near Dieppe.

5 Time, numbers and dates

5.1 Time

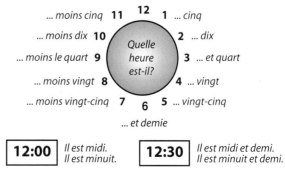

5.2 24 hour clock

The 24 hour clock is used widely in France for times of events, bus and train timetables etc.

Le train part à treize heures quinze.
> The train leaves at 13.15. (1.15pm)

Le concert commence à vingt heures trente.
> The concert begins at 20.30. (8.30pm)

5.3 Numbers

0	*zéro*	21	*vingt et un*
1	*un*	22	*vingt-deux*
2	*deux*	23	*vingt-trois*
3	*trois*	30	*trente*
4	*quatre*	31	*trente et un*
5	*cinq*	40	*quarante*
6	*six*	41	*quarante et un*
7	*sept*	50	*cinquante*
8	*huit*	51	*cinquante et un*
9	*neuf*	60	*soixante*
10	*dix*	61	*soixante et un*
11	*onze*	70	*soixante-dix*
12	*douze*	71	*soixante et onze*
13	*treize*	72	*soixante-douze*
14	*quatorze*	80	*quatre-vingts*
15	*quinze*	81	*quatre-vingt-un*
16	*seize*	82	*quatre-vingt-deux*
17	*dix-sept*	90	*quatre-vingt-dix*
18	*dix-huit*	91	*quatre-vingt-onze*
19	*dix-neuf*	100	*cent*
20	*vingt*	1000	*mille*

premier (première) first   *deuxième* second   *troisième* third

5.4 Days of the week

lundi	Monday	*jeudi*	Thursday	*samedi*	Saturday
mardi	Tuesday	*vendredi*	Friday	*dimanche*	Sunday
mercredi	Wednesday				

5.5 Months of the year

janvier	January	*juillet*	July
février	February	*août*	August
mars	March	*septembre*	September
avril	April	*octobre*	October
mai	May	*novembre*	November
juin	June	*décembre*	December

6 The negative

To say what is **not** happening or **didn't** happen (in other words to make a sentence negative), you put *ne* (*n'* before a vowel) and *pas* round the verb.

*Je **ne** joue **pas** au badminton.*
> I don't play badminton.

*N'oublie **pas** ton argent.*
> Don't forget your money.

*Il n'aime **pas** le football.*
> He doesn't like football.

*Elle **ne** mange **pas** de viande.*
> She doesn't eat meat.

7 Questions

7.1 Question words

Qui est-ce?	Who is it?
Quand arrivez-vous?	When are you arriving?
Comment est-il?	What is it/he like?
Comment ça va?	How are you?
Il y a combien d'élèves dans votre classe?	
	How many pupils are there in your class?
Qu'est-ce que c'est?	What is it?
C'est à quelle heure, le concert?	What time is the concert?

Où est le chat?	Where's the cat?
Qu'est-ce qu'il y a à la télé?	What's on TV?
De quelle couleur est ton sac?	What colour is your bag?
Quel temps fait-il?	What's the weather like?
Pourquoi?	Why?

7.2 Asking questions

There are several ways of asking a question in French.

- You can just raise your voice in a questioning way:
  Tu as des frères et des sœurs?
  > Do you have brothers and sisters?

- You can add *Est-ce que* to the beginning of the sentence:
  Est-ce que tu as un animal?   Do you have a pet?

- You can turn the verb around:
  Avez-vous des idées?   Do you have any ideas?
  Jouez-vous au badminton?   Do you play badminton?

- You can use *Qu'est-ce que (qu')* …? meaning 'What …?'.
  Qu'est-ce qu'il fait?   What is he doing?
  Qu'est-ce que tu prends comme petit déjeuner?
  > What do you have for breakfast?
  Qu'est-ce que tu aimes comme musique?
  > What kind of music do you like?

- You can use a question word, e.g.
Qui?	Who?
Où?	Where?
Quand?	When?
Pourquoi?	Why?

7.3 Pourquoi? Parce que …

The question *Pourquoi?* (Why?) is often answered by the phrase *parce que (qu')* … (because).

Tu n'aimes pas l'anglais. Pourquoi?
> You don't like English. Why?

Parce que c'est ennuyeux.
> Because it's boring.

Parce que le prof est très sévère.
> Because the teacher is very strict.

Ton frère ne va pas au match. Pourquoi?
> Your brother isn't going to the match. Why?

Parce qu'il a beaucoup de travail.
> Because he has a lot of work.

8 Conjunctions

Conjunctions (a type of connective) link two parts of a sentence and enable you to write more complex sentences.

et	and
mais	but
ou	or
parce que (qu')	because
où	where
quand	when
comme	as

Quand nous n'avons pas école, ma sœur reste au lit jusqu'à onze heures ou même midi.
> When we don't have school, my sister stays in bed until 11.00 or even midday.

Moi, je mange bien et je bois du lait.   I eat well and I drink milk.

Mon frère ne mange pas de légumes, mais il adore le chocolat et les gâteaux.
> My brother doesn't eat vegetables, but he loves chocolate and cakes.

Comme il n'est pas végétarien, ma mère est contente.
> As he's not a vegetarian, my mother is happy.

La banque, où mon père travaille, est près d'ici.
> The bank, where my father works, is near here.

9 Adverbs

Adverbs are words which add more meaning to verbs. They usually tell you how, when, how often or where something happened or how much something is done.

There are different kinds of adverbs:

Adverbs of time:

aujourd'hui	today
ce matin	this morning
bientôt	soon

Adverbs of frequency:

de temps en temps	from time to time
normalement	normally
quelquefois	sometimes
souvent	often

Adverbs of place:

ici	here
là-bas	over there
loin	far
près	near

Adverbs of manner:

bien	well
lentement	slowly
mal	badly
vite	quickly

Adverbs of degree:

These are sometimes called qualifiers or intensifiers and tell you more about another adverb.

assez	quite
plus	more
très	very

*Je joue **assez souvent** au tennis.*   I play tennis **quite often**.
*Parlez **plus lentement**, s'il vous plaît.*   Speak **more slowly**, please.
*Il fait **très froid** ici en hiver, et de temps en temps, il neige.*
     It's **very cold** here in winter, and from time to time it snows.

10 Verbs

Most verbs describe what people or things are doing or what is happening.
Je regarde un film.   I am watching a film.
Je passe le week-end chez ma grand-mère.
          I'm spending the weekend at my grandma's.

If you look up a verb in a dictionary, it will be listed under the infinitive, e.g. *parler* – to speak. From the infinitive you have to choose the correct form to go with the **person** you are talking about.

Verbs are often set out in a special way (known as a **paradigm**) in verb tables and grammar books (see below).

The **tense** of the verb tells you when something is happening. Each verb has several tenses. In this book, only the present tense is used.

10.1 The present tense

The present tense describes what is happening now, at the present time or what happens regularly.

There is only one present tense in French. It is used to translate 'I speak', 'I'm speaking' and 'I do speak'.
Je travaille ce matin.   I am working this morning.
Elle joue au tennis le samedi.   She plays tennis on Saturdays.
Il parle anglais.   He does speak English.

10.2 Some regular -*er* verbs

All regular -*er* verbs, including the verbs listed below, follow the same pattern as *parler*.

adorer	to love, adore	*jouer*	to play
aimer	to like, love	*penser*	to think
arriver	to arrive	*regarder*	to watch, look at
chercher	to look for	*rentrer*	to come back
cliquer	to click	*rester*	to stay
détester	to hate	*surfer*	to surf
écouter	to listen to	*taper*	to type
entrer	to enter	*téléphoner*	to phone
habiter	to live in	*travailler*	to work

A regular -*er* verb

The part of the verb which stays the same is called the **stem** – in this case *parl-*.

Each pronoun (*je*, *tu*, *il* etc. – the **person** of the verb) has its own matching ending, e.g. *nous parlons, ils parlent*.

Most of the endings of -*er* verbs sound the same or are silent, although they are not spelt the same. Only these two **sound** different.

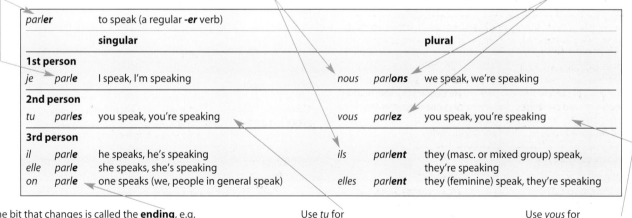

*parl**er***	to speak (a regular -***er*** verb)				
	singular			**plural**	
1st person					
je	*parl**e***	I speak, I'm speaking	*nous*	*parl**ons***	we speak, we're speaking
2nd person					
tu	*parl**es***	you speak, you're speaking	*vous*	*parl**ez***	you speak, you're speaking
3rd person					
il	*parl**e***	he speaks, he's speaking	*ils*	*parl**ent***	they (masc. or mixed group) speak,
elle	*parl**e***	she speaks, she's speaking			they're speaking
on	*parl**e***	one speaks (we, people in general speak)	*elles*	*parl**ent***	they (feminine) speak, they're speaking

The bit that changes is called the **ending**, e.g. -*er*, -*e* and all the parts in bold type in this box.

Use *tu* for
● a friend,
● a close relative,
● someone of the same age or younger,
● an animal.

Use *vous* for
● two or more people,
● an older person.

10.3 Slightly irregular -er verbs

Some verbs are only slightly different.

The second accent on *préférer* changes to a grave accent in the singular and in the 3rd person plural.

préférer	je	préfère	nous	préférons
(to prefer)	tu	préfères	vous	préférez
	il/elle/on	préfère	ils/elles	préfèrent

Verbs like *manger*, *ranger* and *partager* have an extra -e- in the *nous* form. This is to make the *g* sound soft, as in *géographie*.

manger	je	mange	nous	mangeons
(to eat)	tu	manges	vous	mangez
	il/elle/on	mange	ils/elles	mangent

In *commencer*, the *nous* form has a ç (c cedilla) to make the *c* sound 'soft' (as in *centre*) rather than 'hard' (as in *combien*).

commencer	je	commence	nous	commençons
(to begin)	tu	commences	vous	commencez
	il/elle/on	commence	ils/elles	commencent

Another verb that follows this pattern is *lancer* – to throw. This rhyme might help you remember the rule:

> Soft is c
> before i and e
> and so is g

10.4 Reflexive verbs

Reflexive verbs are used with a reflexive pronoun (myself, yourself, himself, herself) and often have the meaning of doing something to oneself, e.g. *je m'appelle* (I call myself). They are listed in a dictionary with the reflexive pronoun *se* in front of the infinitive, e.g. *se lever* – to get up. You will learn more about reflexive verbs later in the course.

Here are some examples, which occur in this book.

Je me lève.	I get (myself) up.
Je me couche.	I go to bed. (lit. I lay myself down.)
Comment tu t'appelles?/	What's your name?
Comment t'appelles-tu?	(lit. What do you call yourself?)
Lève-toi!	Stand up!
Il s'appelle Marc.	He's called Marc.
Elle s'appelle Sophie.	She's called Sophie.

10.5 Imperative

To tell someone to do something, you use the imperative or command form of the verb. This form is used for instructions in the Students' Book and for classroom instructions. Here are some examples.

The *tu* form is used when the instruction is for an individual student. With -er verbs, the pronoun *tu* and the final -s on the verb are omitted.

Écoute la cassette.	Listen to the cassette.
Complète les phrases.	Complete the sentences.
Copie la liste.	Copy the list.

With other verbs, the final -s is not dropped.

Écris la bonne lettre.	Write the correct letter
Lis le texte.	Read the text.

When a teacher talks to two or more students, the *vous* form is used. The pronoun *vous* is omitted, but the verb remains exactly the same.

Travaillez à deux.	Work in pairs.
Rangez vos affaires.	Put your things away.

10.6 Uses of avoir

In French, *avoir* is used for certain expressions where the verb 'to be' is used in English:

J'ai quatorze ans.	I'm fourteen.
Tu as quel âge?	How old are you?

Two common expressions with *avoir* are:

il y a	there is, there are
il n'y a pas	there isn't, there aren't

10.7 Uses of faire

The verb *faire* is used with weather phrases.

Il fait beau.	The weather's fine.
Il fait froid.	It's cold.

It is also used to describe some activities and sports.

faire des courses	to go shopping
faire de la voile	to go sailing
faire de l'équitation	to go horse-riding

10.8 Verb + infinitive

Sometimes a verb is used with the infinitive of a second verb.

Est-ce que tu aimes écouter de la musique?
Do you like listening to music?

Oui, mais je préfère faire du sport.	Yes, but I prefer doing sport.
Moi, je déteste jouer au hockey.	Me, I hate playing hockey.
J'adore utiliser l'ordinateur.	I love using the computer.

10.9 Irregular verbs

aller – to go	je vais	nous allons
	tu vas	vous allez
	il va	ils vont
	elle va	elles vont
	on va	
avoir – to have	j'ai	nous avons
	tu as	vous avez
	il a	ils ont
	elle a	elles ont
	on a	
dire – to say	je dis	nous disons
	tu dis	vous dites
	il dit	ils disent
	elle dit	elles disent
	on dit	
écrire – to write	j'écris	nous écrivons
	tu écris	vous écrivez
	il écrit	ils écrivent
	elle écrit	elles écrivent
	on écrit	
être – to be	je suis	nous sommes
	tu es	vous êtes
	il est	ils sont
	elle est	elles sont
	on est	
faire – to do, make	je fais	nous faisons
	tu fais	vous faites
	il fait	ils font
	elle fait	elles font
	on fait	
mettre – to put	je mets	nous mettons
	tu mets	vous mettez
	il met	ils mettent
	elle met	elles mettent
	on met	
prendre – to take	je prends	nous prenons
	tu prends	vous prenez
	il prend	ils prennent
	elle prend	elles prennent
	on prend	

a

il/elle **a** he/she has (from **avoir** see p.45)
à (au, à l', à la, aux) in, at, to (see p.73)
d' **abord** first, at first
un **abricot** apricot
absent absent, not there
d' **accord** okay, agreed, all right
être d'accord to be in agreement
acheter to buy
une **activité** activity
adorer to adore, love
une **adresse** address
les **affaires (f pl)** things, belongings
une **affiche** poster
l' **agneau (m)** lamb
agréable pleasant
j' **ai** I have (from **avoir** see p.45)
j'ai … ans I am … years old
aider to help
aigre sour, bitter
aimer to like
il/elle a l' **air** he/she seems
ajouter to add
alcoolisé (e) alcoholic (drink)
l' **Allemagne (f)** Germany
aller to go
aller à la pêche to go fishing
allez! come on! (from **aller**)
allumer to light, switch on
alors so, therefore, well
un **ami** friend (male)
une **amie** friend (female)
amitiés (at end of letter) best wishes
amusant amusing, enjoyable, fun
amuse-toi bien! have a good time!
un **an** year
ancien (ancienne) very old
un **âne** donkey
anglais English
l' **Angleterre (f)** England
un **animal (pl des animaux)** animal
une **année** year
un **anniversaire** birthday
bon anniversaire! happy birthday
une **annonce** advert
un **anorak** anorak
août August
à l' **appareil** on the phone, speaking
un **appareil électrique** electric appliance
un **appareil-photo** camera
un **appartement** flat
je m' **appelle …** my name is …
il/elle s' **appelle** his/her name is … (from **s'appeler**)
apprendre to learn
après after(wards)
l' **après-midi (m)** (in the) afternoon(s)
un **aquarium (m)** aquarium
un **arbre** tree
un **arbre généalogique** family tree
à **arcades** with arcades
l' **argent (m)** money
un **arrêt d'autobus** bus stop
il/elle s' **arrête** (it) stops (from **s'arrêter**)
l' **arrivée (f)** arrival
arriver to arrive
tu **as** you have (from **avoir** see p.45)
un **aspirateur** vacuum cleaner
assez quite, enough
assieds-toi (là)! sit down (there)!
une **assiette** plate
assis seated, sitting
l' **athlétisme (m)** athletics
attendre to wait (for)
attentivement attentively
au in, at, to (see p.73)
une **auberge** inn
une **auberge de jeunesse** youth hostel
au revoir goodbye
aujourd'hui today
aussi also, as well
un **autobus** bus
en autobus by bus
un **automate** automatic model, automaton

l' **automne (m)** autumn
en automne in autumn
autre other
avancez go forward (from **avancer**)
avant before
avec with
vous **avez** you have (from **avoir** see p.45)
avez-vous …? have you …?
un **avion** plane
par/en avion by plane
avoir to have (see p.45)
avril April

b

le **babyfoot** table football
le **badminton** badminton
une **baguette** type of French loaf
un **bal** dance
un **baladeur** personal stereo
un **balcon** balcony
une **balle** (small) ball
un **ballon (de football)** (foot)ball
une **banane** banana
une **bande dessinée (BD)** comic strip book
une **banque** bank
une **barbe** beard
la **barbe à papa** candyfloss
le **basket** basketball
les **baskets (f pl)** trainers
une **bataille** battle
un **bateau** boat
un **bâtiment** building
un **bâton** stick
la **batterie** drums, percussion
une **BD (bande dessinée)** comic strip book
beau (f belle, before vowel **bel)** beautiful
il fait beau the weather's fine
un **beau-frère** brother-in-law
beaucoup a lot, very much
beaucoup de many
pas beaucoup not much
la **Belgique** Belgium
une **belle-sœur** sister-in-law
un **besoin** need
bête silly
comme tu es bête! what an idiot you are!
le **beurre** butter
une **bibliothèque** library
bien fine, well
c'est très bien it's (that's) fine
ce n'est pas bien that's no good
bien sûr of course
bientôt soon
à bientôt see you soon
un **billet** ticket, bank-note
une **biscotte** toast-like biscuit
un **biscuit** biscuit
blanc (f blanche) white
le **blanc d'œuf** egg white
bleu blue
bleu marine navy blue
blond blonde
je **bois** I drink (from **boire**)
tu **bois** you drink (from **boire**)
une **boisson** drink
une boisson alcoolisée alcoholic drink
elle **boit** she drinks (from **boire**)
une **boîte** box, tin
une **boîte aux lettres** letter box
ils **boivent** they drink (from **boire**)
un **bol** bowl
un **bon** voucher
bon (f bonne) good
c'est bon! it tastes good!
bon appétit! polite phrase, said before a meal, meaning 'enjoy your meal'
un **bonbon** sweet
bonjour hello, good morning
bonne idée good idea
bonne nuit goodnight
au **bord de la mer** at the seaside
des **bottes (f pl)** boots
un **boulanger** baker

une **boulangerie** bakery, baker's shop
une **bouteille** bottle
les **boules (f pl)** bowls
la **boxe** boxing
bravo! well done!
le **brouillard** fog
il y a du brouillard it's foggy
(il) **brûle** burns (from **brûler**)
brun brown
une **bûche de Noël** Christmas log
une **bulle** speech bubble, caption
un **bureau** office
un **bureau de poste** post office
un **bureau des objets trouvés** lost property office
un **bureau de tourisme** tourist office

c

ça that
ça fait … that makes …
ça ne fait rien that (it) doesn't matter
ça ne va pas it's no good, things aren't going well
ça va? all right? how are you?
ça y est that's it
cacher to hide
un **cadeau (pl des cadeaux)** present
un **café** café
un **café au lait** a cup of coffee with milk
un **café-crème** a cup of coffee with cream
un **café-tabac** café selling tobacco, stamps etc.
une **cage** cage
un **cahier** exercise book
une **caisse** cash desk, checkout
une **calculette** calculator
la **campagne** country, countryside
à la campagne in the country
un **camping** campsite
faire du camping to go camping
une **cantine** dining hall, canteen
un **car** coach
une **carotte** carrot
un **cartable** school bag
une **carte** card, map
jouer aux cartes to play cards
une **carte postale** postcard
une **case** printed box (on form or grid)
une **caserne de pompiers** fire station
un **casque** helmet
une **casquette** baseball hat
se **casser** to break
elle s'est cassé la jambe she's broken her leg
une **cassette** cassette
une **cassette vidéo** video cassette
au **cassis** blackcurrant flavoured
une **cathédrale** cathedral
un **CD** CD, compact disc
ce (cet, cette, ces) this, that
un **cédérom** CD-ROM
une **ceinture** belt
célèbre famous
c'est it is
c'est vrai? really
ce n'est pas it's not
ce sont they are, these are
cela that
Cendrillon Cinderella
cent (one) hundred
le **centre** centre
un **centre sportif** sports centre
le **centre-ville** town centre
des **céréales (f pl)** cereal
ces these, those
cet (cette) this, that
une **chaîne hi-fi** stereo system
une **chaise** chair
une **chambre** bedroom
un **champignon** mushroom
chance, avoir de la ~ to be lucky
changer to change
une **chanson** song
le **chant folklorique** folk singing
chanter to sing

Glossaire Français-anglais

un **chanteur** (f une **chanteuse**) singer
un **chapeau** hat
chaque each, every
à **chaque fois** each time
chasser to chase
un **chat** (f une **chatte**) cat
un **château** castle
il fait **chaud** it's hot
des **chaussettes** (f pl) socks
des **chaussures** (f pl) shoes
des **chaussures de sport** (f pl) trainers
un **chemin** way, path
une **chemise** shirt
un **chemisier** blouse
cher (f **chère**) dear … (beginning of letter), expensive
chercher to look for
un **cheval** (pl des **chevaux**) horse
chez at, to (someone's house)
chez Marc at Marc's house
chez moi at home
chez toi to/at your house
un **chien** dog
la **Chine** China
des **chips** (m pl) crisps
le **chocolat** chocolate
en chocolat made of chocolate
un **chocolat chaud** hot chocolate drink
un **choix** choice, selection
au choix choice of …
un grand choix a large selection
une **chorale** choir
une **chose** thing
quelque chose something
un **chou** cabbage
chouette! great!
un **chou-fleur** cauliflower
chrétien(ne) Christian
le **ciel** sky
un **cinéma** cinema
cinq five
cinquante fifty
la **circulation** traffic
un **cirque** circus
un **citron** lemon
au citron lemon flavoured
une **citrouille** pumpkin
clair light
bleu clair light blue
une **classe** class
en classe in class
un **classeur** file, ring binder
une **clinique** hospital
cliquer to click
classique classical
un **club** club
un club des jeunes youth club
le **coca** coca cola, coke
une **coche** mark, tick
cocher to tick, mark
un **cochon d'Inde** guinea pig
un **collant** pair of tights
un **collège** school for students aged 11–16 approx.
un **collier** collar
colorié coloured
colorier to colour
combien (de)? how many, how much?
c'est **combien?** how much is it?
le **combien sommes-nous?** what's the date?
comme as, like
comme il fait chaud! how hot it is!
commencer to begin
comment? what? pardon?
comment s'appelle-t-il/elle? what's his/her name?
comment tu t'appelles? what's your name?
en **commun** in common
comprendre to understand
composé de made up of
un **concert** concert

le **concombre** cucumber
un **concours** competition
confortable comfortable
la **confiture** jam
connu well-known
content happy
vous **continuez** you continue (from **continuer**)
contre against
un **contrôle** assessment, test
un **copain** friend (male)
une **copine** friend (female)
un(e) **correspondant(e)** penfriend
à **côté de** next to
une **côte** coast
le **coton** cotton
je me **couche** I go to bed (from **se coucher**)
il se **couche** he goes to bed (from **se coucher**)
une **couleur** colour
un **coup de téléphone** telephone call
couper to cut
la **cour** school grounds
un **cours** class, lesson
courses, faire des ~ to go shopping
court short
couvert covered, indoor
une **cravate** tie
un **crayon** pencil
une **crèche** crib
la **crème anglaise** custard
une **crêpe** pancake
une **crêperie** pancake restaurant/stall
le **cricket** cricket
critiquer to criticise
je ne **crois pas** I don't think so
un **croissant** croissant (crescent-shaped roll)
une **cuillerée** spoonful
une **cuisine** kitchen
curieux (f **curieuse**) strange, odd
le **cyclisme** cycling

d

d'abord at first, first of all
d'accord okay, all right
dans in, on
la **danse** dance, dancing
danser to dance
une **date** date
de of, from
débarasser to clear away
être **debout** to be (standing) up
décembre December
(il) **découvre** (he) discovers (from **découvrir**)
découvrir to discover
décrire to describe
un **défilé** procession
déguisé(e) in fancy dress
le **déjeuner** lunch
le petit déjeuner breakfast
délicieux (f **délicieuse**) delicious
demain tomorrow
à demain see you tomorrow
demi half
un **demi-frère** half brother, step brother
une **demi-heure** half an hour
une **demi-sœur** half sister, step sister
un **dépliant** leaflet
dernier last
derrière behind
des some (see p.98)
vous **descendez** you go down (from **descendre**)
ils/elles **descendent de l'autobus** they get off the bus (from **descendre**)
désespéré in despair, desperate
vous **désirez?** what would you like? (from **désirer**)
désolé very sorry
un **dessert** dessert, sweet
un **dessin** sketch, drawing, art
dessiner to draw

e

dessus on (it), above
détester to hate
deux two
nous deux the two of us
deuxième second
devant in front of
les **devoirs** (m pl) homework
deviner to guess
difficile difficult
le **dimanche** (on) Sunday(s)
une **dinde** turkey
on **dîne** they have dinner (from **dîner**)
un **dîner** dinner
un **dinosaure** dinosaur
dire to say
directement directly
une **discothèque** discotheque
en discothèque to a disco
discuter (de) to chat, to talk about things
en **discutant (de)** while talking about
un **disque** record
une **distraction** leisure activity
dix ten
dix-huit eighteen
dix-neuf nineteen
dix-sept seventeen
dodo sleep
dominos, jouer aux – to play dominoes
donc therefore
donner to give
donnez-moi … give me …
tu **dors** you sleep (from **dormir**)
il **dort** he sleeps (from **dormir**)
Douvres Dover
douze twelve
un **drapeau** flag
à **droite** on the right
drôle funny
du of the, in the
du (de la, de l', des) some (see p. 98)

l' **eau** (f) water
l'eau bouillante boiling water
l'eau minérale mineral water
une **écharpe** scarf
échecs, jouer aux – to play chess
un **éclair** eclair (type of cake)
une **école** school
une école primaire school for students aged 6–11
écouter to listen to
tu ne m'écoutes pas! you're not listening to me!
écrire to write
écris-moi bientôt write soon
l' **Écosse** (f) Scotland
Édimbourg Edinburgh
une **église** church
un **électrophone** record player
un **éléphant** elephant
un(e) **élève** pupil, student
elle she, it, her
elles they (feminine form)
un **e-mail** an e-mail
une **émission** broadcast, programme
un **emploi du temps** timetable
en **en** in
en ville in town
encore more, again
un **endroit** place
en effet in fact
un **enfant** child
enfin finally, at last
ennuyeux (f **ennuyeuse**) boring
énorme huge
une **enquête** enquiry, survey
enregistrer to record
l' **enseignement** (m) education, instruction
ensemble together
ensuite next
entendre to hear

l' **entraînement (m)** training (session)
entre between
une **entrée (f)** entrance, fee
entrer to enter
environ about
envoyer to send
une **épreuve** test
l' **EPS (éducation physique et sportive) (f)** PE
une **épicerie** grocer's shop
une **équipe** team
l' **équitation** horse riding
une **erreur** mistake
tu **es** you are (from **être** see p.37)
l' **escalade (f)** climbing
un **escargot** snail
l' **Espagne (f)** Spain
essayer to try (on)
l' **est (m)** east
est is (from **être** see p.37)
est-ce que …? question form (see p.26)
est-ce qu'il y a …? is there …?
est-ce que je peux …? can I …? may I …?
(il) **était** (it) was
l' **été (m)** summer
en été in summer
étranger foreign
être to be
un **événement** event
une **excursion** excursion
par **exemple** for example
un **extrait** extract
extraordinaire extraordinary

f

en **face (de)** opposite
facile easy
j'ai **faim** I'm hungry
faire to do, make, go
faire du camping to go camping
faire des courses to go shopping
faire mes devoirs to do my homework
faire de l'équitation to go horse riding
faire de la gymnastique to do gymnastics
faire la lessive to do the washing
faire de la planche à voile to go windsurfing
faire une promenade to go for a walk
faire du ski to go skiing
faire la cuisine to do the cooking
faire la vaisselle to do the washing up
faire le total to add up, to total
faire un tour à vélo to go for a bike ride
faire les valises to pack
faire du vélo to go cycling
faire de la voile to go sailing
il **fait** he is making (from **faire** see p.111)
il fait beau it's fine weather
il fait chaud it's hot
il fait froid it's cold
il fait mauvais it's bad weather
il fait soleil it's sunny
il fait du vent it's windy
vous **faites** you do (from **faire** see p.111)
une **famille (nombreuse)** (large) family
fantaisie fancy, fun
fantastique fantastic
fatigant tiring
fatigué(e) tired
il ne **faut pas manquer ça** you mustn't miss that
faux (f fausse) false, wrong
un **favori** favourite
félicitations! congratulations!
une **femme** woman, wife
une **fenêtre** window
jour **férié** public holiday
une **ferme** farm

fermé closed
fermer to close
une **fête** Saint's day, festival
la **Fête des Mères** Mothers' Day
la **Fête Nationale** French national holiday (Bastille day, 14th July)
fêter to celebrate
un **feu** fire
un **feu d'artifice** firework display
une **feuille** piece of paper, leaf
février February
une **figurine animée** moving puppet
une **fille** girl, daughter
un **film** film
un **fils** son
la **fin** end
finalement finally
c'est **fini** it's finished
une **flèche** arrow
une **fleur** flower
le **flipper** pinball machine
une **flûte** flute
une **flûte à bec** recorder
une **fois** once
(à) chaque fois each time
une fois par mois once a month
trois fois three times
foncé dark
le plus **foncé** the darker
ils/elles **font** they do, make (from **faire** see p.111)
le **football** football
en **forme** fit
formidable terrific
une **fraise** strawberry
la **France** France
français French
à la **française** in the French way
un **frère** brother
les **frites (f pl)** chips
froid cold
il fait froid it's cold
le **fromage** cheese
un **fruit** fruit

g

un(e) **gagnant (e)** winner
gagner to win
une **galette** large, flat cake
la galette des rois special cake for Epiphany (6th January)
des **gants (m pl)** gloves
un **garage** garage
un **garçon** boy
garder to keep
une **gare** station
une **gare routière** bus and coach station
un **gâteau (pl des gâteaux)** cake
à **gauche** on the left
un **géant** giant
généralement usually
génial brilliant
gentil kind
la **géographie** geography
une **gerbille** gerbil
une **glace** ice cream
le **golf** golf
une **gomme** rubber
le **goûter** tea
le **grammaire** grammar
une **gramme** gram
grand big
pas **grand-chose** not much
une **grand-mère** grandmother
les **grands-parents (m pl)** grandparents
un **grand-père** grandfather
gratuit free
la **grille** grid
gris grey
gros (f grosse) large, fat, big (of animals)
un **groupe** group
une **guitare** guitar
la **gymnastique** gymnastics

h

un **habitant** inhabitant
habiter to live in or at
d' **habitude** usually
un **hamster** hamster
les **haricots verts (m pl)** green beans
haute technologie high tech
hélas! alas!
un **hérisson** hedgehog
une **heure** time, hour
une demi-heure half an hour
un quart d'heure a quarter of an hour
à (trois) heures at (three) o'clock
quelle heure est-il? what time is it?
une **histoire** story
l' **histoire (f)** history
historique historical
l' **hiver (m)** winter
en hiver in winter
un **homme** man
un **hôpital** hospital
un **horaire** timetable
horaire d'ouverture opening hours
horizontalement across
une **horloge** clock,
la tour de l'horloge clock tower
un **hors-d'œuvre** first course, hors-d'œuvre
un **hôtel** hotel
un **hôtel de ville** town hall
l' **huile (f)** oil
huit eight

i

ici here
idéal (e) ideal
une **idée** idea
il he, it
il y a there is, there are
ils they (masculine form)
une **île** island
illustré illustrated
en **images** in pictures
un **imperméable** raincoat
imper (short for **imperméable**)
impoli impolite, bad mannered
important important
incroyable unbelieveable
l' **Inde (f)** India
une **indice** clue
l' **informatique (f)** ICT, computing, information technology
les **ingrédients (m pl)** ingredients
inquiet (f inquiète) anxious, concerned
un **instrument (de musique)** musical instrument
intéressant interesting
une **interview** interview
interviewer to interview
inviter to invite
l' **Irlande (f)** Ireland
l' **Italie (f)** Italy

j

la **jambe** leg
le **jambon** ham
janvier January
le **Japon** Japan
un **jardin** garden
jaune yellow, tan
le **jaune d'œuf** egg yolk
je I
un **jean** pair of jeans
un **jeu (pl jeux)** game
un jeu électronique computer game
un jeu de société board game or card game (for two or more players)
un jeu vidéo video game
le **jeudi** (on) Thursday(s)
jeune young
un **jogging** jogging trousers, tracksuit
joli pretty
jouer to play
un **jouet** toy
un **joueur** player
un **jour** day, one day
le **jour de l'An** New Year's Day

Glossaire

k

l

une **journée** day
juillet July
juin June
des **jumeaux (f des jumelles)** twins
une **jupe** skirt
un **jus de fruit** fruit juice
le **jus de viande** gravy
jusqu'à until, as far as
juste fair

un **kilo** kilogram
un **demi-kilo** half a kilogram
un **kilomètre** kilometre

là there
là-bas over there
un **lac** lake
laisser to leave
le **lait** milk
un **lapin** rabbit
laver to wash
le, (l', f la, l', pl les) the
un **lecteur de CDs** CD player
la **lecture** reading
une **légende** key (to symbols)
un **légume** vegetable
lentement slowly
une **lettre** letter
leur (pl leurs) their (see p.90)
je me **lève** I get up (from **se lever**)
il se **lève** he gets up
se **lever** to get up
lève-toi! get up
levez-vous! get up!
libre free
libre-service self-service
un **lieu** place
il a **lieu** it's taking place …(from **avoir lieu**)
la **limonade** lemonade
une **liste** list
un **lit** bed
un **livre** book
loin a long way, far
les **loisirs (m pl)** leisure
Londres London
long (f longue) long
lui him
une **lumière** light
le **lundi** (on) Monday(s)
les **lunettes (f pl)** glasses
un **lycée** school for students aged 15+

m

ma my (see p.16)
une **machine (à laver)** (washing) machine
madame (pl mesdames) Mrs, madam
mademoiselle (pl mesdemoiselles) Miss
un **magasin** shop
un **magnétophone** tape recorder
un **magnétoscope** video recorder
magnifique magnificent, great
mai May
un **maillot de bain** swimming costume
une **main** hand
maintenant now
mais but
une **maison** house
à la maison at home, home
mal bad
une **maladie** illness
maman Mum
Mamie Granny, Grandma
la **Manche** English Channel
manger to eat
j'en ai assez mangé I've eaten enough
en **mangeant** eating
les **manettes (f pl)** game controllers
manquer to miss
un **manteau** coat
une **maquette** model
un **marché** market

le **marché aux fleurs** flower market
le **marché aux poissons** fish market
marcher to work (of a machine etc.), to walk
le **mardi** (on) Tuesday(s)
le **Mardi gras** Shrove Tuesday
un **marin** sailor
marron (doesn't change form) brown
mars March
un **match** match
le **matériel** equipment
les **maths (les mathématiques f pl)** maths
une **matière** school subject
le **matin** (in the) morning
une **matinée** morning
mauvais bad
il fait mauvais the weather is bad
mécanique mechanical
méchant nasty, naughty, fierce
les **méchantes sœurs** ugly sisters (from Cinderella)
meilleur better
mes **meilleur(e)s ami(e)s** my best friends
mélanger to mix
un **melon** melon
même same, even
le **menu du jour** today's menu
la **mer** sea
au bord de la mer at the seaside
merci (beaucoup) thank you (very much)
mercredi Wednesday
une **mère** mother
mes my (see p.16)
un **message électronique** e-mail
mettre to put, to put on
un **meuble** piece of furniture
midi midday
le **miel** honey
mignon sweet
le **milieu** middle
minuit midnight
une **minute** minute
la **mi-temps** half-time
moche horrible, awful
la **mode** fashion
à la mode in fashion
un **modèle réduit** scale model
moi me
moins less
un **mois** month
au **mois de …** in the month of …
moment, pour le ~ for the moment
mon my (see p.16)
Monsieur (pl Messieurs) Mr, sir
un **monsieur** gentleman
une **montagne** mountain
monter to climb up, get on, go up
une **montre** watch
on **montre** they show (from **montrer**)
un **morceau** piece
un **mot** word
une **moto** motorbike
en moto by motorbike
les **mots croisés** crossword
(des) **mots mêlés (m pl)** wordsearch
la **moutarde** mustard
en **mouvement** moving
moyen medium, means
au **mur** on the wall
un **musée** museum
un(e) **musicien(ne)** musician
la **musique** music
musulman(e) Muslim

n

n' … pas not (before a vowel)
nager to swim
la **natation** swimming
naturellement naturally
ne … pas not
il **neige** it's snowing
n'est-ce pas? isn't it? don't you?
neuf nine

une **nièce** niece
un **niveau** level
Noël Christmas
noir black
aux **noisettes** with nuts
un **nom** name
un **nombre** number
non no
le **nord** north
normalement normally
notre (pl nos) our (see p.89)
la **nourriture** food, feeding time
nous we, us
nouveau (f nouvelle) new
nouvel (before masc. noun beginning with a vowel) new
novembre November
nul rubbish, useless
un **numéro** number

o

octobre October
un **œuf** egg
un **œuf à la coque** boiled egg
des **œufs au bacon** eggs and bacon
on m'a **offert** I was given
un **office de tourisme** tourist office
une **offre d'emploi** job vacancy
un **oignon** onion
un **oiseau (pl oiseaux)** bird
une **omelette** omelette
on one, we
on y va? shall we go?
ils/elles **ont** they have (from **avoir** see p.45)
un **oncle** uncle
onze eleven
une **orange** orange
une **orangeade** orangeade
un **ordinateur** computer
organiser to organise
un **ornement** ornament
ou or
où where
oublier to forget
l' **ouest (m)** west
oui yes
ouvert open
il/elle **ouvre** he/she opens (from **ouvrir**)
ils/elles **ouvrent** they open (from **ouvrir**)
ouvrez open (from **ouvrir**)
nous **ouvrons** we open (from **ouvrir**)

p

le **pain** bread
un **pain au chocolat** bread roll with chocolate inside
une **paire de …** a pair of …
un **panier** basket
un **pantalon** pair of trousers
papa dad
une **papeterie** stationer's
Pâques Easter
un **paquet** parcel, packet
par by
un **parapluie** umbrella
un **parasol** sunshade
un **paravent** draught screen, windbreak
un **parc** park
un **parc d'attractions** theme park
parce que because
pardon excuse me
un **pare-brise** windscreen
un **pare-choc** car bumper
un **pare-étincelles** fireguard
les **parents (m pl)** parents
paresseux lazy
un **parfum** flavour, perfume
un **parking** car park
parler to talk, to speak
les **paroles (f pl)** words
partager to share
une **partie** part
à partir de … heures from … o'clock
partout everywhere
un **pas** step

ne ... **pas** not
pas beaucoup not much
pas ici not here
pas mal not bad
du **passé** of the past
un **passeport** passport
passer to spend, to pass
passer l'aspirateur to vacuum
passez un tour miss a turn
un **passe-temps** hobby
passionné de a fanatic about
le **pâté** meat paste, pâté
le **patin à roulettes** roller skating
une **patinoire** ice rink
pauvre poor
payer to pay
le **Pays de Galles** Wales
une **pêche** peach
la **pêche** fishing
aller à la pêche to go fishing
la **peinture** painting
pendant during, for
je **pense à quelque chose** I am thinking of
or about something (from **penser**)
ils **perdent** they lose (from **perdre**)
perdu lost (from **perdre**)
perdre to lose
un **père** father
le **Père Noël** Father Christmas
un **perroquet** parrot
une **perruche** budgerigar, parakeet
un **personnage** character
petit small
un **petit** young (animal)
le **petit déjeuner** breakfast
un **petit-fils** grandson
les **petits pois (m pl)** peas
un **peu** a little
peu à peu gradually
peut-être perhaps
on **peut** you (one) can
ça **peut** that can
peux, est-ce que je –? can I?
tu **peux ...?** can you ...?
une **photo** photo
la **photographie** photography
une **phrase** sentence
un **piano** piano
une **pièce** coin, room
à **pied** on foot
le **ping-pong** table tennis
un **pique-nique** picnic
une **piscine** swimming pool
pittoresque picturesque
une **pizza** pizza
une **place** square
en **place** in the right place
une **plage** beach
un **plan de la ville** street plan
la **planche à roulettes** skateboard
la **planche à voile** windsurfing
un **plancher** floor
une **plante** plant
un **plat** dish
le **plat principal** main course/dish
en **plein air** open-air
il **pleut** it's raining
la **plongée** diving
la **pluie** rain
la **plupart** most
en **plus** as well
une **poche** pocket
un **point** point
une **poire** pear
un **poisson** fish
poisson d'avril April Fool
un **poisson rouge** goldfish
le **poivre** pepper
la **police** police
poliment politely
une **pomme** apple
une **pomme de terre** potato
un **pont** bridge

le **porc** pork
un **port** port
une **porte** door
porter to wear
une **portion de** a portion of
poser une question to ask a question
la **poste** post office
le **poste de police** police station
un **potage** soup
le **potage aux légumes** vegetable soup
une **poule** hen
le **poulet** chicken
une **poulette** a little hen, pullet
pour in order to, for
pourquoi? why?
préféré favourite
préférer to prefer
premier (f première) first
prendre to take, have (see p.101)
un **prénom** first name, forename
préparer to prepare
près de near
à **présent** at present
presque almost, nearly
prêt ready
le **printemps** Spring
au printemps in Spring
principale, la place – main square
un **prix** price, prize
prochain next
mercredi prochain next Wednesday
un **professeur (prof)** teacher
profiter de to make the most of
un **projet** plan
une **promenade** walk, excursion
se **prononcer** to be pronounced
protéger to protect
des **provisions (f pl)** provisions, groceries
puis then, next
un **pull** pullover
puni punished (from **punir**)
punir to punish
un **puzzle** jigsaw
un **pyjama** pair of pyjamas

q

quand when
quand même all the same
quarante forty
un **quartier** district, locality
quatorze fourteen
quatre four
que ...? what ...?
quel (quelle, quels, quelles) what?
which?
quel âge as-tu? how old are you?
quel désastre! what a disaster!
quel désordre! what a mess!
quel parfum? which flavour?
quel temps! what terrible weather!
quel temps fait-il? what's the
weather like?
de quelle couleur est-il? what colour
is it (he)?
quelle heure est-il? what time is it?
quelle journée! what a day!
quelque chose something
quelquefois sometimes
quelques jours a few days
qu'est-ce que ça veut dire? what does
that mean?
qu'est-ce que c'est? what is it?
qu'est-ce que tu fais? what are you
doing?
qu'est-ce que tu veux/vous voulez?
what do you want?
qu'est-ce qu'il y a? what is there? what
is the matter?
qu'est-ce qu'on t'a offert? what were
you given?
qui who
qui est-ce? who is it?
quinze fifteen
quinze jours fortnight
quitter to leave
quoi! what!

r

raconter to tell, talk about
une **radio** radio
un **raisin** grape
un **rang** row (in class)
ranger des affaires to tidy up
râpé(e)(s) grated
un **rappel** reminder
une **raquette de tennis** tennis racket
un **rat** rat
une **recette** recipe
rechercher to search for
une **récolte** harvest
reconnaître to recognise
la **récréation** break
un **reçu** receipt
reculez go back (from **reculer**)
regarder to watch, look at
une **règle** ruler, rule
je **regrette** I'm sorry (from **regretter**)
remplacer to replace
remplir to fill, fill in
rencontrer to meet
un **rendez-vous** meeting place
la **rentrée** return to school
rentrer to return
un **repas** meal
répondre to reply
une **réponse** reply, answer
un **restaurant** restaurant
rester (à la maison) to stay (at home)
rester en forme to stay fit
les **résultats (m pl)** results
un **résumé** summary
en **retard** late
retourner to return
retrouver to meet up with
au **revoir** goodbye
riche rich
de **rien** it's nothing, think nothing of it
rien de spécial nothing much
on **rit** we laugh (from **rire**)
rire to laugh
le **riz** rice
une **robe** dress
un **rocher** rock
un **roi** king
le **roller** roller skating
rond(e) round
rose pink
rôti roast
rouge red
une **route** road
une **rue** street
le **rugby** rugby

s

sa his, her, its (see p.88)
un **sac** bag
un sac à dos rucksack
sage good
je ne **sais pas** I don't know (from **savoir**)
une **saison** season
la **Saint Sylvestre** New Year's Eve
une **salade (verte)** lettuce, (green) salad
une **salle de bains** bathroom
une **salle de classe** classroom
une **salle à manger** dining room
une **salle de séjour** living room
un **salon** lounge, sitting room
salut! hello, hi
(le) **samedi** (on) Saturday(s)
les **sandales (f pl)** sandals
un **sandwich** sandwich
sans without
une **sardine** sardine
la **santé** health
un **saucisson** continental spicy sausage
sauf except
sauter to jump
savoir to know
les **sciences (f pl)** science
scolaire to do with school
seize sixteen
le **sel** salt
une **semaine** week

Glossaire **Français-anglais**

séparer to separate
sept seven
septembre September
un **serpent** snake
sers-toi! help yourself
ses his, her, its (see p.88)
seul alone
  tout seul all alone
seulement only
sévère strict
un **short** pair of shorts
si if, yes
s'il te plaît/s'il vous plaît please
un **siècle** century
simple easy
sinon otherwise
situé situated
six six
un **skate** skateboard
le **ski (nautique)** (water) skiing
un **snack** snack (bar)
une **sœur** sister
un **sofa** sofa, settee
le **soir** (in the) evening(s)
soixante sixty
soixante-dix seventy
le **soleil** sun
  il y a du soleil it's sunny
un **sommaire** summary
nous **sommes** we are (from **être** see p.37)
un **son** sound
son his, her, its (see p.88)
un **sondage** survey, opinion poll
sonner to ring
ils/elles **sont** they are (from **être** see p.37)
elle **sort** she goes out (from **sortir**)
sortir to go out
soudain suddenly
souligné underlined
souligner to underline
le **souper** supper
une **souris** mouse
sous under
souvent often
un **spectacle** show
le **sport** sport
sportif (f sportive) fond of sports
les **sports d'hiver (m pl)** winter sports
un **stade** stadium
un **stage** course
une **station (de radio)** (radio) station
un **stylo** pen
le **sucre** sugar
le **sud** south
je **suis** I am (from **être** see p.37)
(il) **suit** it follows (from **suivre**)
la **Suisse** Switzerland
suivant following
super great
un **supermarché** supermarket
sur on
surfer (sur le Net) to surf (the Net)
une **surprise-partie** party
surtout above all
un **sweat-shirt** sweatshirt
sympa nice, good
sympathique nice
un **Syndicat d'Initiative** tourist office

t

ta your (see p.16)
une **table** table
un **tableau** board, picture, table in a book
un **taille-crayon** pencil sharpener
tais-toi!/taisez-vous! be quiet!
une **tante** aunt
un **tapis d'ordinateur** mouse mat
une **tarentule** tarantula spider
une **tarte** tart
une **tarte aux pommes** apple tart
une **tartine** piece of bread and butter and/or jam
un **taxi** taxi
la **technologie** technology

à la **télé** on TV
un **téléphone portable** mobile phone
téléphoner to telephone
une **télévision (la télé)** television (TV)
le **temps** weather, time
  Quel temps fait-il? What's the weather like?
  avoir le temps to have time
le **tennis** tennis
  le tennis de table table tennis
les **tennis (f pl)** tennis shoes
une **tente** tent
terminer to end
tes your (see p.16)
le **thé** tea
  un thé au citron lemon tea
un **théâtre** theatre
  faire du théâtre to do drama
tiens! hey, look!
tigré tabby (cat)
un **timbre** stamp
un **titre** title, heading
toi you
un **toit** roof
une **tomate** tomato
une **tombola** tombola, raffle
(il) **tombe** (it) falls (from **tomber**)
ton your (see p.16)
une **tortue** tortoise
toujours still, always
une **tour** tower
un **tour** turn (in game)
tournez turn (from **tourner**)
la **Toussaint** All Saint's day and Autumn half-term holiday
tous all
tous les jours every day
tout everything
  en tout in all
  c'est tout that's all
  à tout à l'heure see you later
  tout de suite straight away, immediately
  tout droit straight ahead
  tout le monde everyone
  tout le temps all the time
  tout près very near
un **train** train
au **travail!** down to work!
travailler to work
traverser to cross
treize thirteen
trente thirty
très very
un **tricot** jumper (or anything knitted)
trois three
troisième third
un **trombone** trombone, paperclip
une **trompette** trumpet
trop ... too ...
une **trousse** pencil case
trouver to find
se **trouver** to be situated
un **T-shirt** T-shirt
tu you (familiar form) (see p.29)
typique typical

u

un (une) **a, one**
un **uniforme** uniform
unique only
use wear out (of shoes) (from **user**)
utile useful

v

il/elle **va** he/she/it goes (from **aller** see p.74)
  ça va? how are you?
en **vacances** on holiday
  les grandes vacances summer holidays
je **vais** I go (from **aller** see p.74)
une **valise** suitcase
  faire les valises to pack
à la **vanille** vanilla flavoured
végétarien(ne) vegetarian

un **vélo** bicycle
le **vélo tout terrain (VTT)** mountain bike, (biking)
un **vendeur (une vendeuse)** shop assistant
on **vend** they're selling (from **vendre**)
vendre to sell
le **vendredi** (on) Friday(s)
venez voir come and see
venir to come
le **vent** wind
  il y a du vent it's windy
vérifier to check
un **verre** glass
vert green
verticalement down
une **veste** jacket
les **vêtements (m pl)** clothes
qui **veut ...?** who wants ...? (from **vouloir**)
je **veux** I want (from **vouloir**)
  je veux bien I'd like to
tu **veux ...?** do you want ...? (from **vouloir**)
la **viande** meat
une **vidéo** video
la **vie (à bord)** life (on board)
viens come here (from **venir**)
vieux (f vieille) old
un **village** village
une **ville** town
  en ville in (to) town
le **vin** wine
le **vinaigre** vinegar
vingt twenty
un **violon** violin
une **visite guidée** guided tour
visiter to visit
vite quickly
la **vitesse** speed
  vive les vacances! long live the holidays!
voici here is, here are
voilà there is, there are
la **voile** sailing
voir to see
une **voiture** car
une **voix** voice, vote
le **volley** volleyball
elles **vont** they go (from **aller** see p.74)
une **vote** vote
votre (pl vos) your (see p.89)
je **voudrais** I'd like
vous you (polite form)
un **voyage** journey
voyager to travel
voyons let's see (from **voir**)
une **voyelle** vowel
vrai true
vraiment really
une **vue** view

w

un **walkman** walkman
le **week-end** (at the) weekend

y

y there
un **yaourt** yoghurt
les **yeux (m pl)** eyes

z

zéro zero
un **zoo** zoo
zut! blast!

a

a un, une
activity une activité
to **adore** adorer
after après
afternoon l'après-midi m
again encore
age l'âge m
agreed d'accord
all tout (toute, tous, toutes)
already déjà
also aussi
always toujours
I **am** je suis (**from** être)
amusing, enjoyable, fun amusant
an un, une
and et
animal un animal, des animaux
answer une réponse, une solution
to **answer** répondre
apple une pomme
apricot un abricot
April avril
there **are** il y a
they **are** ils/elles sont (**from** être)
to **arrive** arriver
art, drawing le dessin
as comme
to **ask** demander
to **ask a question** poser une question
athletics l'athlétisme m
August aôut
autumn l'automne m
  in autumn en automne
awful affreux/affreuse

b

bad mauvais
  the weather's bad il fait mauvais
badminton le badminton
bag un sac
ball (football, large ball) un ballon
ball (tennis, small ball) une balle
banana une banane
bank une banque
baseball cap une casquette
basketball le basket
bathroom la salle de bains
to **be** être
beach une plage
beautiful beau (bel, belle, beaux, belles)
because parce que
bed un lit
  to go to bed se coucher, aller au lit
bedroom une chambre
before avant (de)
to **begin** commencer
behind derrière
Belgium la Belgique
beside à côté de
best wishes (at end of letter) Amitiés
between entre
bicycle, bike un vélo
big grand; **(for animals)** gros/grosse

to **go biking** faire du vélo
bird un oiseau
birthday un anniversaire
  happy birthday! bon anniversaire!
a **bit** un peu
black noir
blouse un chemisier
blue bleu
boat un bateau
book un livre
boring ennuyeux
bottle une bouteille
box une boîte
boy un garçon
bread le pain
  bread and butter une tartine
break (time) la récréation, la pause
breakfast le petit déjeuner
bridge un pont
brilliant! génial!
British britannique
brochure une brochure
brother un frère
browser un navigateur
budgerigar une perruche
building un bâtiment
bus un (auto)bus
but mais
butter le beurre
by par

c

cabbage le chou
café un café
cage une cage
cake un gâteau
calculator une calculette
I am **called** je m'appelle
camera un appareil (photo)
campsite un camping
canteen la cantine
car une voiture
car park un parking
card une carte
  to play cards jouer aux cartes
careful! attention!
carpet un tapis
carrot une carotte
to **carry** porter
cartoon un dessin animé
  cartoon strip une bande dessinée
cassette une cassette
castle un château
cat un chat, une chatte
cathedral une cathédrale
cauliflower le chou-fleur
CD un CD
CD player un lecteur de CDs
CD-ROM un cédérom
centre le centre
cereal des céréales f pl
chair une chaise
to **chat** discuter
to **check** vérifier
cheese le fromage
to play **chess** jouer aux échecs

d

chicken le poulet
child un(e) enfant
  I am an only child je suis fils/fille unique
chips les frites f pl
chocolate le chocolat
Christmas Noël
church une église
cinema un cinéma
class la classe
classroom la salle de classe
to **click** cliquer
to **close** fermer
clothes les vêtements m pl
Coca-Cola un coca
coffee le café
cold froid
  the weather's cold il fait froid
colour une couleur
comic strip une bande dessinée (BD)
computer un ordinateur
computer disk une disquette
computer game un jeu électronique (des jeux électroniques); un jeu vidéo (des jeux vidéo)
to **count** compter
concert un concert
to **cook** faire la cuisine
corner le coin
cricket le cricket
cursor le curseur
cycling le cyclisme

to **dance** danser
date la date
daughter une fille
day un jour
dear cher/chère
December décembre
to **delete** effacer
delicious délicieux
design and technology le TME (travail manuel éducatif)
dictionary un dictionnaire
difficult difficile
dining room la salle à manger
dinner (evening meal) le dîner
disco une discothèque
to **do** faire
dog un chien
door une porte
to do **drama** faire du théâtre
to **draw** dessiner
drawing le dessin
dress une robe
drink une boisson
to **drink** boire
drums la batterie
during pendant

e

e-mail un e-mail, un message électronique
  to look at my e-mail regarder mes messages électroniques

Glossaire **Anglais-français**

east l'est m
Easter Pâques
easy facile
to **eat** manger
egg un œuf
England l'Angleterre f
English anglais
enough assez
evening le soir
evening meal le dîner
for **example** par exemple
exercise un exercice
exercise book un cahier

false faux
family la famille
far (away) loin
farm une ferme
father le père
  Father Christmas le père Noël
favourite préféré, favori/favorite
festival une fête
file (computer) un fichier;
  (ring binder) un classeur
film un film
it's **fine weather** il fait beau
first le premier/la première
fish le poisson
  goldfish un poisson rouge
  to go fishing aller à la pêche
flat un appartement
flute la flûte
it's **foggy** il y a du brouillard
football le football, le foot
football match un match de
  football
for pour
France la France
French français
Friday vendredi
friend un(e) ami(e), un copain/une
  copine
in **front of** devant
fruit un fruit
  fruit juice un jus de fruit
fun amusant
it's **fun** c'est amusant

game un jeu
garage un garage
garden un jardin
geography la géographie
German allemand
Germany l'Allemagne f
I **get up** je me lève
girl une fille
to **go** aller
golf le golf
good bon/bonne
goodbye au revoir
grandfather le grand-père
grandmother la grand-mère
grand-parents les grands-parents
grape un raisin
great! super!
green vert

grey gris
to **guess** deviner
guinea pig un cochon d'Inde
guitar une guitare
gymnastics la gymnastique

half demi
  half-brother un demi-frère
  half-sister une demi-sœur
ham le jambon
hamster un hamster
happy content
to **hate** détester
to **have** avoir
hello bonjour
her son, sa, ses
here ici
here are voici
here is voici
hi! salut!
his son, sa, ses
history l'histoire f
hobby un passe-temps
hockey le hockey
holidays les vacances f pl
at **home** à la maison
to go **home** rentrer
homework les devoirs m pl
to **hoover** passer l'aspirateur
horse un cheval
to go **horse-riding** faire de l'équitation
hospital un hôpital
hot chaud
  it's hot il fait chaud
hotel un hôtel
hour une heure
house une maison
  at my house chez moi
how comment
  how are you? (comment) ça va?
  how old are you? quel âge as-tu?
  how do you spell that? comment
  ça s'écrit?
how many? combien (de)

I je
ice cream une glace
ICT l'informatique f
idea une idée
in dans
interesting intéressant
Internet l'Internet m, le Net
Ireland l'Irlande f
  Northern Ireland l'Irlande du
  Nord
he/she/it **Irish** irlandais
is est (**from** être)
there **is** il y a
it is c'est
it isn't ce n'est pas
its son, sa, ses

jacket une veste
jam la confiture
January janvier
jeans un jean

jogging trousers un jogging
journey un voyage
judo le judo
July juillet
jumper un pull, un tricot
June juin

key (on keyboard) une touche;
  (for lock) une clef, une clé
keyboard un clavier
kilo un kilo
kilometer un kilomètre (1km.)
kind gentil/gentille
kitchen la cuisine
kiwi fruit un kiwi
I **know** je sais
I don't **know** je ne sais pas

large grand
last dernier/dernière
leaflet un dépliant, une brochure
on the **left** à gauche
lemon un citron
lemonade la limonade
lesson un cours
letter une lettre
lettuce la salade
to **like** aimer
  I would like je voudrais
list une liste
to **listen to** écouter
little petit
a **little** un peu
to **live** habiter
  where do you live? où habites-
  tu?
  I live in London j'habite à
  Londres
living room la salle de séjour
to **log off** déconnecter
to **log on** connecter
long long/longue
to **look at** regarder
to **look for** chercher
a **lot** beaucoup
lounge le salon
to **love** adorer
lunch le déjeuner

main course le plat principal
to **make** faire
man un homme
many beaucoup
map (town) un plan de la ville
March mars
market le marché
marmalade la confiture d'oranges
maths les maths f pl
May mai
maybe peut-être
me moi
meal un repas
meat la viande
melon le melon
menu (computer) le menu
midday midi

n

midnight minuit
milk le lait
minus moins
mistake une erreur
Monday lundi
month le mois
morning le matin
mother la mère
mountain bike le VTT (vélo tout terrain)
to go **mountain biking** faire du VTT
mouse une souris
mouse mat un tapis d'ordinateur
Mr. Monsieur (M.)
Mrs. Madame (Mme)
museum un musée
music la musique
musical instrument un instrument de musique
my mon, ma, mes

name un nom
  my name is je m'appelle
naughty méchant
near (to) près (de)
nearby tout près
new nouveau (nouvel, nouvelle, nouveaux, nouvelles)
  New Year's Day le jour de l'An
nice sympa
  the weather's nice il fait beau
night la nuit
no non
not ne … pas; pas
November novembre
now maintenant

o

October octobre
of de
office le bureau
often souvent
OK d'accord, OK
old vieux (vieil, vieille, vieux, vieilles)
  how old are you? quel âge as-tu?
omelette une omelette
on sur
on-line en ligne
only seulement
  only child enfant unique
open ouvert
to **open** ouvrir
or ou
orange une orange
orchestra un orchestre
other autre
our notre, nos
over there là-bas

p

to **pack a suitcase** faire sa valise
page la page
to do **painting** faire de la peinture
paper clip un trombone
parent un parent
park un parc
parrot un perroquet
party une fête, une boum

peach une pêche
pear une poire
peas des petits pois m pl
pen un stylo
pencil un crayon
pencil case une trousse
pencil sharpener un taille-crayon
penfriend un(e) correspondant(e)
pet un animal (domestique)
  have you any pets? as-tu des animaux à la maison?
peut-être perhaps
person une personne
personal stereo un baladeur
photography la photographie
to take **photos** faire des photos
physical education l'éducation physique f (l'EPS)
piano le piano
picture une image, un dessin
to **play** jouer (à + **games**, de + **instruments**)
please s'il vous plaît, s'il te plaît
post office la poste
postcard une carte postale
poster une affiche, un poster
potato une pomme de terre
to **prefer** préférer
to **prepare** préparer
present un cadeau
to **press** appuyer
pretty joli
to **print** imprimer
printer une imprimante
pullover un pull, un tricot (**knitted jumper or top**)
pupil un(e) élève
to **put (on)** mettre
pyjamas un pyjama

q

quarter un quart
question une question
quickly vite
quite assez

r

rabbit un lapin
radio une radio
it's **raining** il pleut
to **record** enregistrer
recorder une flûte (à bec)
read lis/lisez (**from** lire)
red rouge
religious education la religion, l'éducation religieuse f
to **reply** répondre
restaurant un restaurant
to **return (home)** rentrer
on the **right** à droite
ring binder un classeur
road (street) la rue, (**main road**) la route
to **roller skate/blade** faire du roller
roller blades des rollers m pl
roller skates des patins à roulettes m pl
room (in house) une pièce, (**in school**) une salle

rubber une gomme
rucksack un sac à dos
rugby le rugby
ruler une règle

s

to go **sailing** faire de la voile
salad une salade
salt le sel
sandals des sandales f pl
sandwich un sandwich
Saturday samedi
to **save (file)** sauvegarder
say dis/dites (**from** dire)
school (primary) une école, (**secondary**) un collège, un lycée
school bag un cartable
science les sciences f pl
scissors des ciseaux m pl
Scotland l'Écosse f
Scottish écossais
screen un écran
sea la mer
season une saison
second deuxième
sentence une phrase
September septembre
to **set the table** mettre la table
several plusieurs
she elle
shirt (boy's) une chemise, (**girl's**) un chemisier
shoe une chaussure
shop un magasin
to go **shopping** faire des courses
shorts un short
Shrove Tuesday Mardi gras
to **sing** chanter
sister une sœur
sit down assieds-toi/asseyez-vous
to **skate** faire du patin
skateboard une planche à roulettes
to go **skiing** faire du ski
skirt une jupe
sky le ciel
slowly lentement
small petit
snake un serpent
it's **snowing** il neige
so alors, donc
sock une chaussette
something quelque chose
sometimes quelquefois
son un fils
song une chanson
soon bientôt
  see you soon! à bientôt!
(I am) **sorry** (je suis) désolé(e)
soup le potage
south le sud
to **speak** parler
to **spend (time)** passer
sport le sport
sporty sportif/sportive
spring le printemps
  in spring au printemps

(town) square une place
staffroom la salle des profs
to start commencer
starter (meal) un hors-d'œuvre
station la gare
to stay (at home) rester (à la maison)
step-brother un demi-frère
step-sister une demi-sœur
stereo (system) une (chaîne) stéréo
story une histoire
straight ahead tout droit
strawberry une fraise
street une rue
student un(e) étudiant(e)
school subject une matière
sugar le sucre
suitcase une valise
summer l'été m
 in summer en été
 summer holidays les grandes vacances f pl
sun le soleil
it's sunny il y a du soleil
Sunday dimanche
sunglasses des lunettes de soleil f pl
supermarket un supermarché
to surf the Net surfer sur le Net
surname le nom de famille
sweet (adj.) mignon/mignonne
sweet (noun) un bonbon
(to go) swimming (faire de) la natation
swimming costume un maillot de bain
swimming pool une piscine
to switch on allumer

t

table une table
table tennis le tennis de table, le ping-pong
to take prendre
to talk parler
tall grand
tape recorder un magnétophone
tea (drink) le thé; **(meal)** le goûter
teacher un professeur
team une équipe
technology la technologie
to telephone téléphoner
television la télévision
tennis le tennis
terrible affreux
test un contrôle
thank you merci
then alors, puis
there là
there is, there are il y a
therefore donc
they ils/elles
thing une chose
things (possessions) les affaires f pl
to think penser
third troisième
this is c'est
Thursday jeudi

to tidy up ranger
tie une cravate
from time to time de temps en temps
what time is it? quelle heure est-il?
school timetable un emploi du temps
tired fatigué
tiring fatigant
toast le toast
today aujourd'hui
together ensemble
toilets les toilettes f pl
tomato une tomate
too (much) trop
tortoise une tortue
tourist un(e) touriste
tourist office un office de tourisme
towards vers
town une ville
 in town en ville
town centre le centre-ville
town hall l'hôtel de ville
train un train
trainers des baskets f pl
trousers un pantalon
true vrai
trumpet une trompette
trunks (swimming) un maillot de bain
T-shirt un T-shirt
Tuesday mardi
TV la télé
twin un jumeau/une jumelle
to type taper

u

umbrella un parapluie
under sous
I (don't) understand je (ne) comprends (pas)
uniform un uniforme
United Kingdom le Royaume-Uni
until jusqu'à
useful utile
useless nul
usual normal
usually normalement, d'habitude

v

to vacuum passer l'aspirateur
vegetable un légume
vegetarian végétarien/végétarienne
very très
very much beaucoup
video une vidéo
video cassette une cassette vidéo
video recorder un magnétoscope
village un village
violin un violon
to visit visiter
volleyball le volley

w

Wales le Pays de Galles
Welsh gallois
to walk, to go for a walk faire une promenade
walkman (personal stereo) un baladeur

I want je veux (**from** vouloir)
you want tu veux, vous voulez (**from** vouloir)
it's warm il fait chaud
to wash the car laver la voiture
to wash up faire la vaisselle
to watch regarder
watch out! attention!
water l'eau f
we nous
to wear porter
the weather is bad il fait mauvais
web page une page web
Wednesday mercredi
week une semaine
weekend le week-end
well bien
west l'ouest m
what (pardon) comment?
what colour is it? de quelle couleur est-il?
what is it? qu'est-ce que c'est?
what's the date? quelle est la date aujourd'hui?/quel jour sommes-nous?
what's the weather like? quel temps fait-il?
what time is it? quelle heure est-il?
when quand
where où
which quel (quelle, quels, quelles)
white blanc/blanche
who qui
why pourquoi
to win gagner
to go windsurfing faire de la planche à voile
it's windy il y a du vent
window une fenêtre
wine du vin
winter l'hiver f
 in winter en hiver
with avec
without sans
woman une femme
word un mot
word processor un texteur
to work travailler
write écris/écrivez (**from** écrire)
it's wrong c'est faux

y

year un an, une année
yellow jaune
yes oui
yoghurt un yaourt
you tu, toi, vous
your ton, ta, tes; votre, vos
youth hostel une auberge de jeunesse

What your teacher might say
In general

Assieds-toi/Asseyez-vous.	Sit down.
Lève-toi/Levez-vous.	Stand up.
Combien?	How many?
Commence/Commencez	Begin/Start
Compte/Comptez	Count
Dessine/Dessinez	Draw
Devine/Devinez	Guess
Donne-moi/Donnez-moi	Give me
Écoutez bien.	Listen carefully.
Écris/Écrivez ça au tableau.	Write that on the board.
Efface/Effacez	Rub out
encore une fois	once more, again
Essaie/Essayez	Try
Essuie le tableau.	Clean the board.
Es-tu/Êtes-vous prêt(s)?	Are you ready?
Fais voir ton travail/ton cahier.	Show me your work/your book.
Ferme/Fermez le livre.	Close the book.
Ouvre/Ouvrez le livre.	Open the book.
Lis/Lisez le texte à haute voix.	Read the text aloud.
Mettez-vous en groupes.	Get into groups.
Parlez français.	Speak French.
Qu'est-ce que tu veux?	What do you want?
Qu'est-ce qu'il y a?	What's the matter?
Qui va commencer?	Who is going to begin?
Qui a fini?	Who has finished?
Rangez vos affaires.	Put away your things.
Répète/Répétez	Repeat
Retourne à ta place/ Retournez à vos places.	Go back to your place(s).
Sortez vos affaires.	Take out your books.
Tourne/Tournez à la page …	Turn to page …
Travaillez en groupes.	Work in groups.
Tu comprends/Vous comprenez?	Do you understand?
Tu as compris/Vous avez compris?	Did you understand?
Tu as fini/Vous avez fini?	Have you finished?
Vérifiez votre travail.	Check your work.
Viens/Venez ici.	Come here.
N'oublie pas/N'oubliez pas	Don't forget
Ne parle pas/Ne parlez pas anglais.	Don't speak English.

When using equipment and books
(see also page 148)

Allume/Éteins le magnétophone/ le projecteur.	Switch on/off the tape recorder/ the projector.
Va/Allez chercher le magnétophone.	Get the tape recorder.
Fais marcher le magnétophone.	Start the tape recorder.
Range/Rangez les livres.	Put the books away.
Distribue/Distribuez les cahiers/livres	Give out the exercise books/books

When talking about homework

Pour vos devoirs …	For your homework …
Apprenez le vocabulaire à la page …	Learn the vocabulary on page …
C'est pour lundi.	It's for Monday.
C'est pour un contrôle, vendredi.	It's for a test on Friday.
Copiez vos devoirs.	Copy your homework.
Faites l'exercice à la page …	Do the exercise on page …
Lisez «X» à la page …	Read "X" on page …

When using flashcards

Choisis la bonne carte.	Choose the right card.
Donne-moi la carte.	Give me the card.
Montre la carte à la classe.	Show the card to the class.
Prends une carte.	Take a card.
Tourne la carte.	Turn over the card.

When commenting on what you say or write

Assez bien	Quite good
Bien	Good
Très bien	Very good
Bon effort	Good effort

C'est ça.	That's right.
C'est correct/juste.	That's correct.
Ce n'est pas correct.	That's not right.
Ce n'est pas difficile/facile.	It's not difficult/easy.
Pas tout à fait.	Not quite.

What you may want to ask or tell your teacher

Ça s'écrit comment?	How is it spelt?
Comment ça s'écrit?	How do you spell that?
Comment ça se prononce?	How is that pronounced?
C'est masculin ou féminin?	Is it masculine or feminine?
Comment dit-on en français 'pencil'?	How do you say 'pencil' in French?
Est-ce que je peux …?	Can I …?
aller aux toilettes	go to the toilet
avoir un livre	have a book
avoir une feuille	have a piece of paper
travailler avec X	work with X
Je n'ai pas de stylo/mon livre.	I haven't got a pen/my book.
Je n'ai pas fait mes devoirs.	I haven't done my homework.
Je n'ai pas fini.	I haven't finished.
Je ne comprends pas le mot 'Tricolore'/ce mot.	I don't understand the word 'Tricolore'/this word.
Je ne sais pas.	I don't know.
Je ne trouve pas mon cahier.	I can't find my exercise book.
Je voudrais un livre, s'il vous plaît.	I'd like a book, please.
Qu'est-ce que c'est en anglais?	What is it in English?
Qu'est-ce qu'il faut faire?	What do we/I have to do?
Qu'est-ce que ça veut dire?	What does that mean?
Répétez la question, s'il vous plaît.	Repeat the question, please.

Useful phrases for working together

C'est à moi/toi.	It's my/your turn.
C'est à qui (le tour)?	Whose turn is it?
On commence?	Shall we start/begin?
On fait un jeu?	Shall we play a game?
On va demander au prof.	We'll ask the teacher.
J'ai gagné.	I've won.
Qui a gagné?	Who has won?
Qui commence?	Who's starting?
Tu as gagné.	You've won.
Tu poses une question.	You ask a question.

Instructions in the Students' Book

Avec les lettres qui restent, écris …	With the remaining letters, write …
Barre les mots incorrects.	Cross out the wrong words.
Ça peut être …	That can be …
C'est à qui?	Whose is it?/Who does it belong to?
C'est faux?	Is it wrong?
C'est où?	Where is it?
C'est quelle phrase?	Which sentence is it?
C'est qui?	Who is it?
Change les mots en couleurs/ soulignés.	Change the words in colour/ underlined.
Chantez	Sing
Chasse à l'intrus	Find the odd one out
chaque fois	each time
Cherche les mots dans le Glossaire.	Look up the words in the Glossary.
Choisis	Choose
la bonne phrase	the right sentence
la réponse/l'image correcte	the right answer/picture
le bon mot	the right word
Coche la bonne case.	Tick the right box.
Colorie	Colour in
Combien?	How many?
Combien de phrases correctes peux-tu faire?	How many correct sentences can you make?
Complète	Complete
avec les mots dans la case	with the words in the box
avec les voyelles	with the vowels
la grille/le tableau	the grid/table
les bulles	the speech bubbles
les phrases/les réponses	the sentences/replies
Compte les voix/les votes.	Count the votes.

Vocabulaire de classe

Compte un point	Count one point
pour chaque réponse correcte.	for each correct answer.
Consulte la carte/le tableau.	Consult the map/the table.
Continue comme ça.	Continue like that.
Copie la liste	Copy the the list
dans ton cahier.	into your exercise book.
Corrige les erreurs/	Correct the mistakes/
les phrases fausses.	the wrong sentences.
D'abord, …	First of all …
D'accord ou pas d'accord?	Agreed or not?
Décide qui parle.	Decide who is speaking.
Décris	Describe
Dessine (une flèche)	Draw (an arrow)
Devine	Guess
le mot anglais	the English word
le sens de ces mots	the meaning of these words
Dis pourquoi	Say why
Donne l'opinion	Give the opinion
Écoute la cassette/la conversation.	Listen to the cassette/conversation.
Écoute encore une fois.	Listen once again.
Écris	Write
ces mots correctement	these words correctly
ces mots dans l'ordre	these words in alphabetical
alphabétique	order
des phrases complètes	full sentences
la lettre/la phrase qui correspond	the letter/sentence that
	corresponds
le genre	the gender
le numéro	the number
les mots au singulier/au pluriel	the words in the
	singular/plural
les mots qui manquent	the missing words
quelques phrases	a few sentences
une liste dans l'ordre	a list in order
En bas	Below
Encercle les mots	Draw a circle round the words
Explique pourquoi, si possible.	Explain why, if possible.
Fais des phrases.	Make up sentences.
Fais deux listes en français	Write two lists in French
et en anglais.	and in English.
Fais le total des points	Work out the total
Fais un résumé	Do a summary
Fais un sondage	Carry out a survey
Fais une description	Make up a description?
Il y a combien de …?	How many … are there?
Il y en a combien?	How many of them are there?
Il y a une question qui	There is one question that
ne va pas avec les autres.	doesn't fit (with the rest).
Ils sont à qui?	Who do they belong to?
Inventez des conversations.	Make up conversations.
Indique avec une flèche	Show with an arrow
Jette un dé.	Throw a dice.
Jouez à deux/en équipes	Play in pairs/teams.
Lis les mots/les phrases/	Read the words/the sentences/
l'histoire/les textes	the story/the captions
Mets la bonne description	Put the right description with
à chaque image.	each picture.
Mets les mots/	Put the words/sentences in the
les phrases dans le bon ordre.	right order.
Montre les résultats	Show the results
Note	Note (down)
l'heure correcte	the correct time
la bonne lettre	the right letter
les numéros qui correspondent	the numbers which correspond
les réponses	the answers/replies
N'oublie pas	Don't forget
les accents	the accents
de vérifier si c'est un mot	to check whether it's a masculine
masculin ou féminin	or feminine word
Où sont-ils?	Where are they?
par deux	in pairs
pas vrai	not true
Pose des questions.	Ask questions.
Pour chaque question,	For each question, there are two
il y a deux réponses possibles.	possible replies.
Pour découvrir la réponse	To find the answer
Pour savoir/vérifier	To find out/check
Pour t'aider	To help you
Prépare une réponse.	Prepare an answer.
Présente les résultats sous la	Present the results
forme d'un tableau.	in a graph/table.
Puis vérifie dans le Glossaire.	Then check in the Glossary.
Qu'est-ce qu'ils demandent?	What are they asking?
Qu'est-ce qu'on cherche?	What are they looking for?
Qu'est-ce que c'est?	What is it?
Quand?	When?
Quel mot ne va pas avec les autres?	Which word is the odd one out?
Quelle description correspond?	Which description matches?
Quelle image correspond à	Which picture corresponds to each
chaque conversation?	conversation?
Quelle phrase …?	Which sentence …?
Quelles sont les différences?	What are the differences?
Qui est-ce?	Who is it?
Qui parle?	Who is speaking?
Regarde les images/les dessins/	Look at the pictures/drawings/
les verbes/le tableau.	verbs/the table.
Relis la page 00/les questions.	Reread page 00/the questions.
Remplis la grille/les blancs.	Fill in the grid/the blanks.
Répète	Repeat
Réponds oui ou non/pour toi/	Answer yes or no/for yourself/
aux questions.	the questions.
Souligne le mot qui ne va pas	Underline the word that doesn't fit.
avec les autres.	
Si tu écris la liste complète avant ton/	If you write the complete list
ta partenaire, tu gagnes.	before your partner, you win.
si tu veux	if you like
Suis les lignes.	Follow the lines.
Tape le bon mot.	Type the right word.
Tourne à la page …	Turn to page …
Travaillez à deux.	Work in pairs.
Travaille avec un(e) partenaire.	Work with a partner.
Trouve	Find
les erreurs	the mistakes
les paires	the pairs
le bon dessin	the right drawing
le mot qui ne va pas avec les autres	the word that doesn't fit
les deux parties du mot	the two parts of the word
des choses qui commencent avec c	things that begin with c
un mot pour chaque catégorie	a word for each category
deux phrases qui vont ensemble	two sentences that go together
les mots qui riment	words that rhyme
la bonne bulle	the right speech bubble
les mots au pluriel	words in the plural
la bonne description pour	the right description for
chaque image	each picture
la bonne réponse	the right answer
Une personne pose la question.	One person asks the question.
Une personne donne la réponse.	One person gives the reply.
Utilise les mots dans la case.	Use the words in the box.
Vérifie les réponses.	Check the answers.
Voici des idées/des questions.	Here are some ideas/questions.
vrai ou faux	true or false